JN441707

안병무의 신학사상

김명수 지음

한울
아카데미

이 책은 2011학년도 경성대학교 학술연구비 지원을 받아 수행한 연구입니다.

이 도서의 국립중앙도서관 출판시도서목록(CIP)은
e-CIP홈페이지(http://www.nl.go.kr/ecip)와
국가자료공동목록시스템(http://www.nl.go.kr/kolisnet)에서 이용하실 수 있습니다.
(CIP제어번호: CIP2011004129)

발간사

심원 안병무 선생님이 소천하신 때가 1996년 10월 19일이니 금년이 15주기입니다. 그간에 한국의 정치적·사회적 변화는 실로 엄청났습니다. 15년 세월 속에서 우리는 김대중 국민의 정부와 노무현의 참여정부 하에서, 심원 선생님께서 생존해 계셨으면 어떠셨을까, 얼마나 기뻐하셨을까, 한편으로 얼마나 충정어리고 혜안의 고언과 조언을 마다하지 않으셨을까, 그리고 민중신학의 진로와 신학사상의 창조적 미래를 어떻게 열고 또 방향을 잡아주셨을까, 참으로 추모하는 마음 간절했지만, 그 10년을 억울하게 잃었다는 세력, 이명박 정권이 국민의 정부와 참여정부가 이룬 그 10년의 소중한 가치와 민주화, 평화통일 지향을 뒤집어 과거 독재 시대로 역행·회귀하는 이 암울한 현실에서, 아, 선생님이 생존하셨으면 얼마나 애통하시고 가슴 저미는 아픔으로 사실까, 하지만 역설적이게도 차라리 선생님 못 보실 것투성이인 이 현실을 훌쩍 피하신 것은 한없는 은총이지 하는 또 다른 마음으로 심원 선생님의 15주기를 맞습니다.

그동안 심원 안병무 선생 기념사업회에서는 추모문집 『갈릴래아의 예수와 안병무』를 비롯해 안병무의 신학평론으로 『기독교개혁을 위한 신학』 등 다수의 심원 저술을 출판했고, 해마다 열린 추모 강연과 심원 선생님의 신학사상을 연구 주제로 한 강연을 『안병무 신학사상의 맥』(I, II)으로 묶어 출판하고, 『안병무 저작선집』(3권) 출판에다, 심원 안병무 아키브(simone.or.kr)를 만들었으며, '심원안병무기념저작상'을 제정해 수여하고, '콜로키움' 장을 열어 심원 사상의 연구 심화를 시도하며, 장학사업도 꾸준히 펼쳐왔습니다. 그러나 부족하고 미완인 것이 더 많은 것도 사실입니다. 다행히 우리 기념사업회가 해야 할 과제를 대신(?)해서 심원 선생에 대한 존경과 추모의 애정으로 2007년 사계절에서 출판한 『안병무 평전: 성문 밖에서 말하다』(김남일 지음)와 김명수 교수가 살림 출판사를 통해 또 다른 평전인 『안병무: 시대와 민중의 증언자』(2006)를 출판한 것은 우리 모두의 기쁨이 아닐 수 없습니다.

그런데 금번 심원 선생님의 15주기를 즈음해 김명수 교수는 『안병무의 신학사상』을 저술하고 그 옥고를 심원 안병무 선생 기념사업회에 헌정했고, 우리는 이를 도서출판 한울을 통해 발간하게 되었습니다. 저자 김명수 교수는 심원 선생님의 한신 출신 제자이면서, 그가 설립한 한국신학연구소에서 연구하고, 심원 선생님의 유학길을 따라 독일에서 학위를 취득 후, 현재 경성대학교 신학대학 교수로 재직하면서 많은 저서를 내고 꾸준히 논문과 강연으로 민중신학의 창조적 발전에 크게 기여하고 있습니다. 특히 안병무 스승의 신학사상을 동양사상의 맥에서 연구하는 등 심원의 생애와 신학사상 연구에 누구의 추종도 불허하듯 심혈을 기울여오더니, 드디어 스승에 대한 존경과 추모의 마음을 가득 담아 『안병무의 신학사상』을 펴냈습니다. 이러한 그의 노고를 치하하고 감사하지 않을 수 없습니다. 그러니 하늘의 스승께서도 향후의 그의 신학의 길을 지켜보시고 또 축복하시리라 믿습니다.

또한 도서출판 한울에서 귀한 책을 출판하면서, 저자처럼 안병무 선생에 대한 존경과 추모의 정성까지 기울인 것으로 압니다. 김종수 대표 이하 수고한 모든 임직원에게도 고마운 마음을 표합니다.

2011년 9월

심원 안병무 선생 기념사업회 회장 황성규

책을 펴내며

한국 교회 민중신학의 정초자요, 그 신학운동을 세계 교회와 신학계에 널리 알리는 데 기여한 안병무 선생이 우리 곁을 떠난 지 어느덧 15년이라는 시간이 흘렀다. 그동안 한국 사회와 한국 교회는 크게 변했다. 한국은 국민소득이 2만 달러의 시대에 접어들었으며, 경제 규모는 세계 10위권에 다가서는 등 부강한 나라 대열에 끼게 되었다.

한국 기독교는 선교의 외적인 면에서 볼 때 그야말로 괄목할 만한 성과를 거두었다. 신도 수는 전 국민 인구의 20%에 해당하는 1,000만 명에 이르며, 세계 대형 교회 50개 중 절반 이상이 한국에 있다고 한다. 겨우 1세기 전만 해도 복음의 수입국이었던 한국이 지금은 미국에 이어 세계 최대의 복음 수출국으로 탈바꿈하게 되었다. 동남아, 남미, 아프리카를 비롯해 세계 방방곡곡에 수만 명에 이르는 한국 선교사들이 파견되어 복음을 전하는 데 열과 성을 다하고 있다.

그러나 요즈음 한국 사회에 비춰지는 한국 개신교의 모습은 어떠한가? 신앙의 정치권력화, 타종교에 대한 배타주의적 경향, 기복주의와 맘몬주의 신앙, 목회자들의 성윤리 타락, 금권선거, 폭력의 난무 등에서 볼 수 있듯이, 한국 개신교는 사회 통합의 기능을 하기는커녕, 오히려 사회의 분열과 갈등을 조장하는 일에 앞장서고 있다. 말 그대로 사회로부터 지탄의 대상이 되고 있는 것이 오늘날 한국 개신교의 현실이다.

한국 사회의 현실은 어떠한가? 안병무 선생이 살던 시대에 견주어 물질적으로는 훨씬 잘살게 되었는지도 모른다. 그래서인지 한국 사회에서는 더 이상 민중이 존재하지 않으며 따라서 민중신학은 더 이상 존재 가치가 없고 박물관에나 가야 한다고 말하는 사람도 더러 눈에 띈다. 그들의 이러한 주장도 일면 타당성이 있어 보인다. 그러나 한국 사회가 예전보다 경제적으로 잘살게 되었다고 해서 과연 민중계층이 사라졌다고 볼 수 있는가? 필자가 보기에는 그렇지 않다. 보수정권이 들어선 이후, 부익부 빈익빈의 사회구조화로 말미암아 사회의 양극화 현상은 예전보다 더욱 심화되고 있을 뿐이다. 예를 들면 비정규직 노동자, 청소년 실업자, 노인, 중소기업이나 중소상인, 외국인 노동자들을 포함해 삶의 뿌리를 잃어버린 사회적 소수자들의 열악한 현실은 오늘날 중요한 사회문제로 부각되고 있다. 한국 사회에서 민중이 사라진 것이 아니라, 단지 민중의 범주가 바뀌었을 뿐이다. 예전에는 사회에서 삶의 터전을 상실한 도시 근로자, 농민, 도시 빈민이 민중의 주요 범주에 속했다면, 지금은 앞서 언급한 사회의 소수자들이 그 범주에 속한다.

필자는 아무리 사회가 선진화된다 해도 사회를 이루고 있는 구성원 간의 계급갈등은 여전히 사라지지 않을 것이라고 본다. 1인당 국민소득 2만 달러 시대를 이룬다 해도 계급갈등은 여전히 존재할 것이다. 계급사회에서는 지배자와 피지배자 사이의 갈등이 존재할 수밖에 없고, 사회 소수자들의 권익 보호를 위한 운동도 있게 마련이다. 그런 의미에서 인류 역사가 존재하는 한, 민중신학의 존재 의의는 사라질 수 없다는 것이 필자의 소신이다.

필자는 한국신학대학 재학 시절 학생운동에 연루되어 옥고를 치르다 석방된 후(1975년 10월~1980년 1월) 독일로 유학을 떠나기 전까지 4년 여 동안 한국신학연구소에서 학술부장으로 일한 적이 있다. 그곳에서 계간 ≪신학사상≫ 편집과 '국제성서주석' 시리즈를 비롯한 신학서적을 출간하는 일에 몸담았다. 당시 안병무 선생께서 필자에게 자주 하시던 말씀이 생각난다. 바로 '민중'을 신학의 테마로 삼게 된 것이 행운이었다는 것이다. 안병무 선생과의 만남은 필자에게 큰 행운이었다. 그분과 만나지 못했다면 아마도 학자로서 길을 걸어온 오늘의 나는 존재하지 않았을 것이다. 그분은 평생에 걸쳐 내 삶의 이정표가 되고 있으며 학문을 하는 데 결정적인 영향을 끼치고 있다. 그분이 나의 삶과 신학 속에서 지금도 여전히 살아 있음을 고백하지 않을 수 없다.

안병무 선생이 비록 우리 곁을 떠난 지 열다섯 해가 흘렀지만, 그분의 신학사상과 정신은 그를 사랑하고 기억하는 많은 사람들에 의해 지금도 여전히 계승되고 있으며, 한국 사회와 한국 교회가 나아가야 할 길을 밝히는 등불이 되고 있다. 그의 서거 15주년에 즈음하여, 필자는 그의 신학사상을 정리하는 일도 의미가 있는 작업이라고 생각했다. 이 책의 출판을 허락해주신 안병무기념사업회의 황성규 위원장님과 위원님들 그리고 이 책의 출판을 위해 수고해주신 도서출판 한울 편집부 직원 여러분께 심심한 감사를 드린다.

2011년 9월

부산 금련산 화락재(和樂齋)에서

일손(日損) 김명수

차례

제1장

안병무의 생애 스케치

광주가 무참히 짓밟혔을 때, 수천 명이 죽었다는 유언비어가 들려왔을 때, 한동안 실어증에 빠졌던 안병무는 울었다. 도청을 끝까지 사수하다가 죽은 자들은 난놈들이 아니라, 날품팔이, 양아치, 구두닦이, 때밀이, 미장이, 신문팔이, 공돌이, 공순이, 실업자들이었다는 말을 들었을 때 안병무는 울었다. 예수가 그 시대의 소외된 민중에게서 하느님 나라의 희망을 보았다면, 안병무는 이 시대의 민중에게서 인류 미래의 희망을 본 것이다. 민중만이 희망이었다. 민중은 풀처럼 눕지만 결코 뽑히지 않는다. 다시 일어난다. 민중은 고통을 겪으면서 놀랍게도 자기 초월의 능력을 지니게 된다.

한 인물의 사상을 바르게 이해하려면 그가 살았던 시대적 상황과 그 생애에 대한 이해가 전제되어야 할 것이다. 인간의 생각에 힘입어 그가 몸담고 있는 주변 환경이 변화하기도 하지만, 그와 반대로 주변 환경이 한 인간의 사상이나 생각을 규정하는 측면도 무시하지 못할 것이기 때문이다. 인간 사회에서 생각과 환경, 곧 의식과 존재는 따로 떨어진 것이 아니다. 의식과 존재는 서로 의존해 있고 서로 관계를 맺으며 존재한다.

민중신학의 기초를 놓았던 한 사람인 안병무의 신학사상을 살펴보는 문제에서도, 이러한 점들이 고려되지 않으면 안 될 것이다. 안병무의 민중신학은 이른바 상아탑에서 형성된 아카데미즘과는 성격을 달리하며, 사변 위주의 강단신학과도 거리가 멀다 하겠다. 안병무는 한때 독일에서 유학하는 동안, 당시 구라파 지성계를 휩쓸던 실존주의 철학에 바탕을 둔 실존주의 신학에 몰두한 적도 있었지만, 거기에 안주하지는 않았다.

귀국 후 그는 한국 근대화의 격동기를 온몸으로 살아오면서 서구 실존주의 신학과 단절을 선언한다. 안병무가 치열하게 살았던 1970~1980년대 한국의 사회적·정치적 격동기는 그의 신학사상 형성에 결정적인 영향을 끼쳤다.

어린 시절

안병무는 1922년 6월 23일, 음력으로는 5월 23일, 평안남도 안주군 신안주면 운송리에서 한의사인 아버지 안봉식과 어머니 정원숙 사이에서 장남으로 태어났다. 선천댁 정원숙은 밭에서 일을 하다가 진통을 느껴 집으로 돌아와 아기를 낳고 홀로 탯줄을 끊었다고 한다. 안봉식은 고향을 등지고 간도 지방으로 이민을 간다. 안병무가 두 살 때의 일이다. 간도는 안병무에게 제2의 고향이 된 셈이다. 한의사로서 한학자이기도 했던 안봉식은 아들에게 어려서부터 사서삼경을 비롯한 동양 고전을 가르쳤다. 유년 시절부터 동양 고전을 가까이했던 인연으로, 안병무는 평생 동안 동양사상과의 연관성 속에서 신학을 하게 되었던 것이다.

안병무가 성장한 간도의 들미동 마을에는, 동네 한가운데 미루나무 몇 그루가 서 있을 뿐, 척박하기 그지없는 허허벌판이었다.[1] 들미동 마을은 낮에는 일본인 순사들이 치안을 유지했지만, 밤에는 독립군과 공

---

1 필자가 안병무 선생을 마지막으로 뵌 것은 1996년 8월 초순경이다. 당시 필자는 인도 여행을 며칠 앞두고 선생을 찾아뵈었는데, 선생은 마치 죽음을 예견이나 하신 듯, 심근경색증으로 고통을 당하면서도 60여 년 만에 고향 방문을 계획하고 계셨다. 그 후 두 달 만인가, 10월 19일, 안 선생은 유명을 달리했다.

산군들의 천하가 되었던 곳이기도 하다. 어느 날 소년 안병무는 오줌이 마려워 잠을 깼다. 안병무는 그의 어머니가 밤에 사람들의 눈을 피해 먹을 양식과 옷가지를 독립군에게 건네주는 장면을 자주 목격하기도 했고, 그의 집에 들렀던 독립군의 무릎에 앉아 그들의 전설적인 무용담을 듣기도 했다고 한다.

1919년 3·1운동 이후 만주는 독립군의 무장투쟁을 위한 거점이 된다. 당시 만주에는 사회주의 운동이 활발하게 진행되었다. 소학교 4학년 즈음, 안병무는 시위를 주동한다. 당시 교장은 조선인이었는데, 술을 많이 마시고 추태를 부리는가 하면 수업도 빠지기 일쑤였다. 그런 교장의 행위를 묵과할 수 없었던 안병무는 방학 중에 학생들을 모으고 교장을 축출하자는 데 의견의 일치를 보았다. 안병무는 온갖 협박과 회유에도 굴하지 않고 교장의 비행을 21개 조로 기록하여 공표했다. 결국 안병무는 퇴학을 당하게 되고, 그 일은 적지 않은 시련을 안겨주었다. 퇴학을 당한 후 안병무는 투두거우(頭道溝)로 가서 친척집에 머물며 나머지 학년을 마치게 된다. 그곳에서 십자가를 본 안병무는 기독교에 입문하게 된다. 아버지가 안병무를 가만히 둘 리 없었다. 동양에는 공자님 같은 훌륭한 분도 많은데, 하필 서양 종교를 끌어들여 집안을 망신시키느냐고 했다. 어린 안병무는 아버지에게 대들었다. "난 공자 맹자 다 싫어요. 아버지가 엄마를 그렇게 괴롭히고 술만 마셔도 좋은 게 유교라면 난 그런 거 싫어요." 안봉식은 술만 먹으면 '예수쟁이'에게 아들을 도적맞았다고 한탄하기까지 했다.

소학교를 졸업한 소년 안병무는 1년 동안 점원 생활을 하다가, 1937년 용정에 있는 은진중학교에 입학한다. 용정 일대의 민족주의 선구자들, 곧 김약연, 문익환 목사의 부친인 문재린, 명희조, 정재면 등은 조선인 학생들에게 독립정신을 불어넣기 위해서 최선을 다했다. 당시 학교에는 캐나다에서 학위를 마치고 돌아온 김재준이 교편을 잡고 있었다. 그는 영어와 성경을 가르쳤다. 은진중학교에는 윤동주, 문익환, 문동환, 강원룡 등이 학생으로 다녔는데, 안병무는 그들과 함께 청소년기를 보내면서 조국의 독립을 위한 꿈을 키워갔다. 강원룡은 안병무와 처음 만났을 때를 다음과 같이 회고한다.

> 내가 안병무 박사를 처음 만난 곳은 선구자들의 고향인 간도 용정에서였다. 용정에 있는 은진중학교에 입학한 것이 1935년이었는데, 안 박사는 나보다 1년인가 2년 늦게 우리 학교에 들어왔다. 그 당시 기독학생들이 모이는 모임을 종교부라 불렀고 …… 안 박사는 입학 후 얼마 지나지 않아서부터 매우 돋보이는 학생이었다. 발표 때마다 특유의 이론을 전개했으며, 주말이면 시골에 있는 교회에 나가 학생들을 가르치기도 했다.[2]

청년 시절

1940년 안병무는 은진중학교를 졸업한다. 그 이듬해 어머니의 권유로 일본으로 건너간 안병무는 다이쇼 대학교 예과에 들어간다. 당시 문익환·문동환 형제, 김관석, 장준하가 일본 신학교에 다니고 있었다. 안병무는 사회학과 철학에 심취했다. 와세다 대학교로 적을 옮겨 필요한

2 강원용, 「내가 만난 안병무 박사」, 심원 안병무선생 기념사업위원회 엮음, 『갈릴래아의 예수와 안병무』(한국신학연구소, 1998), 17쪽.

과정을 마친 안병무는 일본 유학 생활을 접고 만주로 돌아온다. 그는 쑹화(松花) 마을에 있는 소학교에서 교사로 지내면서 은둔 생활을 한다. 조선인들은 그곳에서도 창씨개명과 황국요배를 강요당했다. 그는 나중에 모아산 마을로 옮겨 교회를 맡아 설교를 하며 지낸다.

1945년 8월 15일, 안병무는 용정에서 해방을 맞는다. 안병무는 해방군으로 진주한 소련 군대를 환영하기 위해 '소비에트 군대 만세'라는 문구가 적힌 현수막을 만들어 신작로에 내걸기도 한다. 그러나 해방군은 대가를 요구했다. 그들은 성에 굶주린 야수처럼 여자들을 닥치는 대로 겁탈했다. 해방의 기쁨은 사라지고 안병무는 당번을 만들어 밤에 여자들을 지키는 파수꾼 노릇을 했다. 집집마다 줄을 이어 깡통을 달고 해방군의 습격에 대비해 여성들을 피신시켰다.

용정에서는 학생들을 중심으로 해방 기념 축제가 열렸다. 안병무는 숨어 지내던 학병이 주동하여 일본군과 싸워 이겼다는 내용의 연극 대본을 썼다. 그런데 일본 영사관을 접수해 스스로 사령부를 세운 일단의 세력이 그 대본을 문제 삼아 안병무를 조사한다. 이처럼 해방은 안병무에게 또 다른 족쇄로 그 모습을 드러냈다. 앞문으로 늑대를 내쫓으니 뒷문으로 호랑이가 들어온 격이었다. 간도 용정은 청년 안병무에게는 모든 것이었다. 간도에서 그는 주권을 잃은 조국의 비참함을 보았고, 조선 민족의 고단한 삶을 보았으며, 십자가를 발견하게 되어 기독교 진리에 눈을 떴다. 그는 이제 간도를 등지고 탈출하지 않으면 안 되는 시점이 되었다.

밤을 도와 그는 두만강을 건너 온갖 고초를 다 겪은 후에 삼팔선에 다다랐다. 삼팔선을 지키고 선 미군의 모욕적인 대접을 받으며 남한 땅에 들어선 안병무는 스스로 쟁취하지 못한 해방의 비극을 뼛속 깊이 체험해야 했다. 서울 역시 그에게는 이방인의 땅이었다. 다시 찾은 조국의 땅 그 어디에도 안병무는 뿌리를 내릴 수 없었다.

1946년에 안병무는 서울대학교 사회학과에 들어간다. 그의 관심은 사회 전체의 변혁에 있었다. 그는 기독교 중심의 신앙운동으로는 한계가 있음을 깨닫고, 사회 공동체 운동을 병행하기로 한다. 1947년 서울대학교가 단과대학으로 정비되자, 안병무의 주선으로 문리대에서 최초로 신앙집회가 개최되었다. 이 집회에 당시 기독교 저명인사들이 초청되었다. 함석헌, 신사훈, 김재준, 박형룡이 강사로 초빙되었다. 이 집회를 기틀로 삼아 서울대학교 기독교학생연합회가 결성되고, 안병무는 초대 회장이 된다. 안병무는 신분이 학생이었으되, 공부에 전념할 처지가 되지 못했다. 경제적인 여건도 어려웠지만, 당시 서울대학교는 반탁·친탁 등을 둘러싼 학생 시위로 바람 잘 날이 없었다.

안병무는 간도에 있을 때부터 진정한 기독교인의 공동체를 꿈꾸었다. 그는 서울대학교 기독교학생연합회 동료들, 곧 이종완, 장하구, 홍창의, 이영환, 한철하, 곽상수, 김철현 등과 함께 일신회(一信會)를 조직했다. 1946년의 일이다. 한 몸, 한 신앙으로 신앙생활을 해가자는 뜻에서이다. 이는 일종의 신앙개혁 운동의 성격을 띠었다. 회원들은 각 가정을 돌면서 성서 연구, 기도, 신앙 토론에 열중했다. 안병무가 보기에 당시 한국교회는 하나님과 민족 앞에 돌이킬 수 없는 죄를 지었다. 일제 치하에서 신사에 무릎을 꿇고 황민화 정책에 앞장서더니, 해방 후에는 남북 분단을 고착화하는 반통일 세력이 된 것이다. 일신회 구성원들은 새로운 교회운동을 펼치기 위해 일신교회를 창설하고 안병무를 설교자로 세웠다. 일신교회에서 안병무는 점점 이름난 설교자로 떠올랐다.

1950년 6월 25일, 안병무는 자하문(紫霞門) 밖 승가사(僧伽寺)에서 일신회 회원들과 함께 기도회를 하던 중 전쟁이 났다는 소식을 들었다. 전쟁은 모든 것을 파괴했다. 대지뿐만 아니라 인간성도 모두 파괴했다. 안병무는 충청도 서산에 있는 친척 집으로 피난을 간다. 그는 새로운 공동체를 꿈꾸기 위하여 전국에 흩어져 있는 일신회 회원들을 찾아 나섰다. 홍창의는 제주도에서 소아과 의사로 일을 했고, 장하구는 대구에 있는 미군 정보부에서 번역 일을 하고 있었다. 이영환은 부산에서 의사로 일을 했고, 곽상수는 군악대원으로 일했다. 안병무는 친구들을 일일이 찾아가 설득했다. 그들은 이영환이 적십자 병원장으로 부임한 전주에 모여 공동체 생활을 하기로 했다. 그들은 평신도 신앙운동을 벌이기 시작했다. 1951년 11월 안병무는 잡지 ≪야성(野聲)≫ 창간호를 발간한다. 창간사에서 안병무는 목사가 아니라 평신도들이 오직 진실한 마음만으로 내는 잡지라는 것을 명시했다. ≪야성≫은 안병무를 편집인으로 하고 일신회 회원들이 두루 필진으로 참여했다. 이 잡지는 전국적인 호응을 얻어 한때 3,000부까지 발행되었다.

그들은 향린원(香隣院)을 마련하여 기독교 생활신앙공동체 운동의 거점으로 활용한다. 그들은 일종의 경제 운용 규정을 만드는데, 많이 버는 사람은 많이 내고 적게 버는 사람은 적게 낸다는 것이 그것이다. 그들은 입체적 교회공동체를 지향한다. 목사의 설교만 듣는 교회로 그치는 것이 아니라, 생업을 통해서 세상에 접근하는 교회를 만들려고 했다. 그들은 각자 생업에 종사하되 수도원처럼 모여 생활을 하기로 했다. 1953년 5월 17일 마침내 창립예배를 드린다. 안병무는 감동적인 설교를 한다. 이때 안병무는 직접 지은 「친구여! 가자 십자가의 길을」이라는 시를 읊는다.

친구여! 가자, 하늘나라로 향해 가자. 그 길이 좁으면 내 가진 것 버리고 가자. 그래도 좁으면 알몸으로 가자. 그래도 안 되면 사지를 찢고라도 가자. 가자, 친구여! 고독한 이 길로 그대로 가자. 이 길은 남이 걷지 않는 길. 때로는 나와 내 그림자만이 걸어가야 하는 길. 가다가 가다가 다리가 아프면, 상수리나무 아래서 쉬어 가자. 목이 마르면 야곱의 샘에서 마시고 가자. 가다가 날이 저물면 여호와의 장막에서 머물고 가자. 가다가 심장이 터지면 목은 십자가에 깔리면서라도 눈은 그 나라를 향하고 가자.

그 후 예배에 동참하는 이들이 크게 늘어난다. 안병무는 저녁 예배 때 "때 저물어 날 이미 어두니, 구주여 나와 함께하소서 ……" 찬송을 즐겨 불렀다.

그런데 사유재산 포기를 기조로 하는 생활신앙공동체 운동은 3년을 넘기지 못하고 중단된다. 내부의 여건이 여러 가지로 변했기 때문이다. 직업에 따른 수입의 차이, 유학 문제 등이 겹쳤다. 결국 공동체의 실현은 도서실 개관이 유일한 것이 되고 만다. 그의 생활신앙공동체를 향한 꿈은 무엇보다도 구성원들의 결혼 이기주의에 밀려 무산될 수밖에 없었다. 안병무는 평신도 생활신앙 운동의 실패를 인정하지 않을 수 없었다. 그러나 주일예배와 독서회만큼은 성황리에 지속되었다. 독서회에서는 신앙 서적뿐만 아니라, 문학과 역사를 비롯하여 사회과학 등 다양한 분야의 책들을 읽었다. 그의 설교도 인기였다. 안병무의 성서 강의는 직설적이면서도 듣는 이에게 감동을 주었다. 이러한 신앙공동체 운동의 결과로 태어난 것이 서울 명동에 있는 오늘의 향린교회이다. 그는 사유재산의 포기를 통한 철저한 '생활신앙공동체'를 이루는 것을 꿈꾸었는데, 그의 이러한 꿈은 끝내 이뤄지지 못하고 결국 향린교회는 제도교회의 모습으로 탈바꿈했다. 향린교회를 가리켜 그는 "본래 호랑이를 그리려 하다가 고양이를 그리고 말았다"라고 말하곤 했다.

전쟁의 포성은 멈추었다. 그러나 전쟁의 참상은 끔찍했다. 남한에 100만 명, 북한에는 300만 명의 사상자를 냈다. 남한의 산업시설은 거의 파괴되었고, 북한은 미국의 폭격으로 글자 그대로 석기시대로 돌아갔다. 안병무는 전쟁이 가져온 참상을 ≪야성≫에 기고한 적이 있다. 전쟁으로 인한 비극을 인간의 눈으로 보면 절망할 수밖에 없을 테지만, 하나님의 눈으로 보면 모든 사건들이 놀라운 하나님의 은총으로 변하여 나를 회개와 소망으로 가득 차게 한다고 했다. 그는 고난 속에서 하나님의 섭리와 뜻을 찾으려고 몸부림쳤다.

독일 유학 시절

전쟁의 참화 이후, 한국의 지성계에서 실존주의는 하나의 큰 흐름을 이루었다. 쇠렌 키르케고르(Søren Kierkegaard), 마르틴 하이데거(Martin Heidegger), 알베르 카뮈(Albert Camus), 장 폴 사르트르(Jean-Paul Sartre), 카를 야스퍼스(Karl T. Jaspers)의 책들은 지성의 상징처럼 널리 읽혔다. 실존주의자들은 전쟁을 통해서 신의 부재(不在)를 체험했다. 인간은 신의 부재 속에서 홀로 이 세상에 내던져진 존재로서, 고독하게 살아갈 수밖에 없는 존재라는 인식이 실존주의를 부채질했다. 인간 역사는 이성의 힘에 따라 발전하고 진보한다는 게오르크 헤겔(Georg W. F. Hegel) 식의 낙관론적인 역사철학은 철저한 성찰과 허무주의에 부딪혔고, 이것이 실존주의 형태로 모습을 드러냈다.

안병무도 실존주의에 깊이 몰두했다. 그는 실존주의를 개인의 주체성을 말살하는 전체주의적 제도에 대한 절규요 항거의 몸짓으로 보았다. 또 그는 전체주의적 역사철학을 완성한 원흉으로 헤겔을 든다. 이성의 힘으로 축성된 거대한 전체주의 성벽 안에는 인간의 실존이 설 자리가 없다는 것이다. 헤겔의 이성주의에 맞서 '단독자'로서의 인간 실존을 강조한 키르케고르를 안병무는 좋아했다. 키르케고르가 말하는 실존은 무신론자들이 주장하는 실존 이해와 달리, '하나님 앞에서 홀로 서 있는 실존(Existenz vor Gott)'을 말했기 때문이다. 그것은 하나님 앞에서 단독자로서 참 자기의 모습을 바라보는 것이다. 하나님 앞에 대면한 존재를 그는 참된 실존의 모습으로 보았다. 키르케고르에 따르면, 현대인은 죽음에 이르는 병에 걸린 채 살아간다. 그것은 곧 불안과 절망이다. 그런데 더욱 참담한 것은 사람들이 그러한 병에 걸렸다는 사실도 인지하지 못한 채 살아간다는 현실이다.

안병무는 이미 신앙공동체 운동에서 한 차례 좌절을 겪은 터였다. 그는 교회와 사회적 책임으로부터 자유로운 자기만의 세계로 몰입하고자 했다. 그는 자기 존재가 자명한 것인지를 알고 싶었다. 그러나 그렇게 자명한 존재가 아니라는 생각이 들기 시작했다. 그는 철저한 고독 속에서 자기 자신이 어떤 존재인지 묻기 시작했다. 안병무는 예수에 대해서도 자명한 것처럼 생각했었다. 그런데 자명하게 생각되었던 예수가 어느 날 전혀 자명하지 않는 존재로 그 앞에 다가왔다. '나는 진정으로 예수를 만났는가? 예수는 과연 하나님의 아들인가? 그는 그리스도인가? 예수는 자기 자신을 어떻게 생각했는가? 예수는 무엇을 꿈꾸었고, 무슨 생각을 했으며, 무엇을 이루려고 몸부림쳤는가? 그가 만나고 다닌 사람은 어떤 부류의 사람이었으며, 그들과 어떤 관계를 맺고 살았는가?' 이러한 질문에 맞닥뜨린 안병무는 그토록 오랫동안 믿고 따랐다고 생각했던 예수가, 결코 자신에게 자명한 존재로 다가오지 않았다. 제도교회의 도그마(교리)를 통해서 알려진 예수가 아니라, 역사에서 실제로 살았던 실존 인물 예수가 누구였는지 궁금했다. 마침내 안병무는 결단을 내린다. 2,000년 전 팔레스타인에 살았던 살과 피를 지닌 역사의 예수를 탐구하기 위해 유학길에 올랐던 것이다.

1956년 늦은 여름, 안병무는 독일 땅을 밟았다. 고풍스러운 건축물을 그대로 간직한 아름다운 중세의 도시 하이델베르크로 갔다. 그가 하이델베르크를 택한 것은, 하이데거의 실존주의 철학을 끌어들여 실존주의 신학을 완성한 20세기 세계 신학계의 최대 거장 중 한 사람 루돌프 불트만(Rudolf Bultmann)을 만나기 위해서였다. 불트만의 신학적 과제는 선교의 문제였다. 과학기술의 세계관으로 세례를 받은 현대를 사는 지성인들에게 어떻게 지성의 희생을 강요하지 않으면서 기독교 복음과 만나도록 할 수 있는가? 그것은 신화적인 세계관을 담고 있는 복음의 실존적 의미를 드러낼 때 가능하다. 성서의 메시지는 역사적 실증적 차원에서 물어서는 안 되고, 그것이 오늘을 살고 있는 나에게 무슨 의미를 던져주는가, 곧 실존적 의미 차원에서 물어야 한다는 주장이었다. 안병무가 독일에 왔을 때 불트만은 이미 대학에서 은퇴한 후였다. 당시 그의 신학사상을 충실하게 계승한 학자로는 하이델베르크 대학의 신학부장 귄터 보른캄(Günter Bornkamm)이 있었다. 그는 우리에게 『나사렛 예수(Jesus von Nazareth)』라는 책으로 알려진 신학자이다.

안병무가 독일에 유학하던 시절에 구라파에서는 실존주의가 풍미했다. 두 차례에 걸친 세계대전 탓으로, 낙관주의적 역사관은 퇴조하고 그 대신에 역사의식이 결여된 실존주의가 지성계의 새로운 흐름으로 등장했다. 신학 분야에서도 예외는 아니었다. 기독교의 도그마를 옹호하던 이른바 정통주의 신학이 퇴조하고, 변증신학과 실존주의 신학이 그 자리를 대신했다. 그 최전선에 카를 바르트(Karl Barth)와 불트만이 서 있었다. 안병무는 특히 키르케고르, 하이데거, 불트만으로 이어지는 실존주의 철학과 신학에 심취하여 인간의 실존 문제를 신학의 중심 주제로 삼았던 것 같다. 더욱이 안병무의 키르케고르에 대한 관심은 유학 시절에도 식을 줄 몰랐다. 유학 초기 그는 덴마크의 코펜하겐을 찾아가 키르케고르의 무덤 앞에 섰다. 마흔셋의 젊은 나이로 세상을 뜰 때까지 키르케고르의 생애는 온갖 모멸과 냉소, 비련으로 점철되어 있었다.

히틀러 암살조직에 가담했다가 형장의 이슬로 사라진 디트리히 본회퍼(Dietrich Bonhoeffer), 히틀러의 지배에 대하여 위대한 "나인(Nein)!"을 선언했던 부정의 신학자 카를 바르트도 그에게 깊은 감명을 주었다. 그러면서 안병무는 점점 더 불트만의 실존주의 신학에 몰두하게 되었다. 불트만에 따르면, 복음서에서 역사적 예수에 접근한다는 것은 있을 수 없는 일이었다. 왜 그런가? 복음서 기록자들은 예수에 대한 역사적 기록을 남겨둘 목적으로 복음서를 쓴 것이 아니기 때문이다. 초기 기독교 신앙인들이 믿고 따르던 예수가 바로 하나님의 아들이요 그리스도임을 증언하는 것이 그들의 저작 동기였기 때문이다. 따라서 우리는 복음서에서 역사의 실존 인물 예수의 자화상을 발견할 수 있는 것이 아니라, 초기 교회 신앙인들이 고백했던 '신앙의 그리스도(케리그마)'만을 만날 수 있을 뿐이다. 복음서는 역사적 예수의 자서전이 아니라 초기 기독교의 신앙고백서라는 것이 불트만이 내린 결론이었다. 그의 관심은 합리적이고 이성적으로 생각하며 판단하는 현대 지성인을 어떻게 하면 복음과 만나게 하느냐의 문제였다. 그것은 케리그마 앞에서 실존적 자아를 만나는 일이었다. 이러한 불트만의 결론에 대하여 안병무는 전적으로 동의하지는 않았다. 특히 불트만의 케리그마 신학이 역사적 예수 탐구를 포기하게 만든 것에 동의하지 않았다. 비록 복음서가 일종의 케리그마서로 단정할 수 있다 하더라도, 그럼에도 역사의 예수 탐구를 포기해서는 안 된다는 것이 안병무의 지속된 생각이었다. 하지만 안병무가 불트만이 던진 여러 신학적 화두(these)로부터 많은 영향을 받은 것은 부인할 수 없다. 특히 '신학은 인간학이다(Theologie ist Anthropologie)'라는 화두는 안병무 신학의 중심 기조를 이루고 있음을 볼 수 있다. 안병무의 신학은 불트만의 신학적 인간학 화두를 한국적 상황에 적용한 것이라고 보아도 크게 틀리지 않을 것이다.

안병무는 독일 유학 시절에도 조국의 문제가 머리에서 떠난 적이 없다고 진술했다. 그가 하고자 한 것은 순수한 서구 신학이 아니라, 바로 한국의 현실에 뿌리를 둔 한국적 신학이었는지도 모른다. 1960년 3·15 부정 선거 뒤 마산에서 일어난 학생 시위와 끝내 시체로 발견된 김주열에 대한 소식은 4·19 혁명의 도화선이 된다. 비록 몸은 독일에 있었지만 안병무는 숨 가쁘게 변하는 한국의 정치 상황을 예의 주시했다.

1963년 봄이었다. 함석헌은 영국 퀘이커 교도들의 초청을 받아 연구원 자격으로 영국에 머물고 있었다. 그 해 여름 함석헌은 하이델베르크로 가서 안병무를 방문한다. 그때 함석헌은 4·19 민주주의 정신을 무참히 짓밟고 들어선 박정희 군사 쿠데타 정권을 ≪사상계(思想界)≫를 비롯하여 여러 잡지들에서 신랄하게 비판해오던 터였다. 함석헌은 일본 유학 시절 우치무라 간조(內村鑑三)의 무교회 신학사상에 깊은 감명을 받아 기성 교회에 대한 비판적 시각을 견지했고, 이승만 독재정권에 대해서도 비타협적인 투쟁을 서슴지 않았다. 안병무는 이러한 함석헌의 신학과 삶의 자세에 대해 깊은 존경의 마음과 애정을 품고 있었다. 두 사람은 한때 이호준 목사가 설립한 중앙신학교(현 강남대학교)에서 함께 교편을 잡은 경력도 있었다. 두 사람은 독일의 국민차 폴크스바겐을 타고 한 달여에 걸쳐 독일, 덴마크, 벨기에, 노르웨이, 핀란드 등 북유럽 지역을 여행했다. 훗날 함석헌은 이 여행을 할 때가 자기 인생에서 가장 즐겁고 행복했던 시절이었노라고 회고했다.

여행을 하는 동안 두 사람은 5·16 쿠데타로 정권을 잡은 박정희의 행보와 조국의 미래에 대해서 많은 이야기를 나눈다. 여행 중 안병무는 한국의 절박한 소식이 실린 신문을 구해 함석헌에게 건네주었다. 안병무는 함석헌에게 서둘러 귀국할 것을 종용한다. 카이로스(kairos, 때)가 왔다고 했다. 박정희 군사정권의 집권 연장 음모를 분쇄하기 위해서는 재야인사들이 힘을 합쳐 민주화를 위한 조직적인 투쟁을 하는 수밖에 없다고 했다. 함석헌은 그의 제안을 받아들이고, 인도와 아프리카 여행 계획을 취소하고 서둘러 귀국길에 오른다. 함석헌은 서울에 돌아오자마자 ≪사상계≫ 편집인 장준하와 함께 시국강연회를 개최하는 등 전국을 순회하며 반독재 민주화 운동을 전개한다. 이는 그가 민주화 운동의 투사로 등장하는 계기가 되었다.

안병무는 하이델베르크 대학에서 좋은 동료들을 만난다. 보른캄의 제자로서 그의 조교로 있던 페르디난트 한(Ferdinand Hahn)과 나중에 요한묵시록 연구로 세계적인 명성을 떨친 일본인 성서학자 사다케 아키라(佐竹明)를 들 수 있다. 필자는 2006년 2월, 독일 뮌헨 근교의 베네딕토 수도원에서 4박 5일 동안 열렸던 페르디난트 한 교수의 80세 생일 기념 심포지엄에 참석한 적이 있다. 이때 필자는 안병무의 유학 시절, 그와 가장 가까이 지냈던 두 분 선생을 만날 뵐 수 있었다. 특히 한 교수는 필자를 보고 안병무가 살아 돌아온 것 같다고 하면서 반갑게 맞아주었다.

1965년 안병무는 보른캄 교수의 지도 아래 「공자의 인(仁)과 예수의 사랑에 관한 이해」라는 제목의 박사학위 논문을 썼다.[3] 이 논문에서 그는 예수의 '사랑(agape)'의 계명과 공자의 '인' 사상을 비교 연구하면서, 이를 매개로 동서양의 윤리와 사상의 만남을 시도했다.

한국신학대학 시절

1965년 안병무는 독일에서의 유학 생활을 정리하고 귀국한다. 그는 중앙신학교 교장으로 부임하여 새로운 신학운동을 펼친다. 그는 귀국하면서 한 가지 결심을 한다. 대중의 노예가 되어 살지 않을 것과 복음을 교권의 올가미에서 벗겨내어 자유롭게 하고 삶의 현장으로 되돌리는 일이었다. 귀국 길에 안병무는 그림 한 장을 가지고 온다. 허름한 작업복 차림의 농부가 십자가를 등에 지고 꾸부정하게 걸어가는데, 배경은 어둠이 짙게 깔린 도시의 실루엣이다. 그런데 그 십자가 위에는 신부, 사장, 학자, 사랑을 나누는 청춘 남녀의 모습이 보인다. 이 그림을 보고 있노라면, 젊은 예수가 무거운 십자가를 지고 골고다를 향하여 발을 떼어 놓는 모습이 연상된다. 노동자가 세상의 무거운 짐을 지고 가고, 다른 사람들, 특히 목사나 학자들은 그 위에서 살아가고 있는 것이 아닌가?

---

3 안병무의 학위 논문 원 제목은 "Das Verständnis der Liebe bei Kung-tse und bei Jesus"(1965)이다. 그는 이 논문에서 예수가 선포한 케리그마의 핵에 해당하는 사랑의 계명을 공자의 '인 사상'과 비교하면서 사회·정치 영역으로 확대 적용한다.

종교나 학문 역시 민중의 희생 위에 존재가 가능한 것이 아닌가?

귀국 후 안병무는 여성숙의 도움을 얻어 수유리 하천 부지에 집 한 채를 장만하여 어머니와 함께 살았다. 그 집은 비록 열세 평밖에 안 되었지만, 모자는 하루하루가 마냥 행복하기만 했다. 1967년 어느 날 아침 안병무는 중앙정보부 요원에 의해 중앙정보부로 끌려간다. 그는 동백림 사건 용의자로 올라 있었던 것이다. 박정희 정권의 말대로라면, 그때 프랑스에서 유학하고 있던 화가 이응로와 서독에서 활동 중이던 작곡가 윤이상을 비롯해 유학생 몇 명이 동베를린으로 가서 북한 인사와 접촉한 일이 있다는 것이었다. 박정희 정권은 현지로 수사관을 급파하고 그들을 체포해 한국으로 강제 압송했다. 1967년 7월 8일, 그들은 모진 고문을 겪은 끝에, 동베를린을 거점으로 활동한 북괴간첩단의 당사자로 발표된다. 훗날 밝혀지지만, 이것은 박정희가 저지른 숱한 용공 조작 사건의 하나였다. 안병무는 당시 유학생들의 정신적인 지주였던 윤이상을 알고 지냈다는 이유로 끌려가 야만적인 모욕을 받으며 취조를 받았던 것이다. 그러나 그는 무혐의로 풀려난다.

1967년 6월, 선천댁은 몸이 불편하여 서울대학교병원에 가서 진찰을 받는다. 마침 그곳에는 친구 홍창의가 의사로 일을 했다. 진단 결과는 암이었다. 그것은 안병무에게 상상할 수도 없는 일이었다. 친구 홍창의의 굳은 표정을 보니 이미 심각한 상태임을 직감할 수 있었다. 수술을 받고 회복실로 실려 온 선천댁은 장남 안병무를 불러 준비했던 말을 한다. "내가 맏며느리를 못 본 게 평생 한이다. 며느리를 보게 해다오. 금년 안에 결혼을 한다고 약속을 해라." 그 상황에서 안병무는 무슨 대답을 할 수 있었을까? 한때 안병무는 결혼을 종용하는 어머니에게 이렇게 대답한 적이 있다. "결혼생활이 그렇게 행복하던가요?" 그럴 때마다 그녀의 입에서 나오는 말은 한결같았다. "너희들이 있잖니!" 마침내 안병무는 어머니의 손을 잡고 고개를 끄덕인다.

평소에 안병무는 결혼을 필수가 아니라 선택 사항이라고 생각했다. 실존주의자 키르케고르는 말했다. "결혼해보라. 실망할 것이다. 결혼하지 말라. 그래도 실망할 것이다." 결혼해서 얻는 게 있다면 마땅히 잃는 것도 있는 법, 그러나 안병무에게 그것은 모든 것을 잃는 것을 의미했다. 예수는 독신으로 살지 않았는가? 예수처럼 자기도 독신으로 살면서 예수를 따르는 삶을 살겠다는 것이 그의 결심이었다. 이미 전쟁 당시 가졌던 공동체 경험에서 안병무는 결혼이 사적 소유의 근원임을 알고 있었다. 그는 철저히 공(公)으로서의 삶을 살고자 했다.

안병무는 어머니의 간곡한 부탁을 뿌리칠 수 없었다. 그때 안병무의 머릿속에 한 여자가 스쳐 지나갔다. 전국 YWCA 총무로 있는 박영숙이었다. 박영숙은 YWCA 성서 공부에 안병무를 초청하여 이미 서로 잘 알고 지내던 터였다. 그는 박영숙을 찾아가 청혼한다. 1967년 12월 29일, 두 사람은 간도 용정중학교 시절의 은사 김재준의 주례로 결혼을 한다. 선천댁은 큰아들 부부와 1년 남짓 살다가 파란만장한 삶을 뒤로 하고 눈을 감는다. 1969년 1월 5일이었다.

우리는 훗날 그 선천댁을 민중의 전형이라고 부르는 아들 안병무를 만난다. 땡볕에서 무거운 몸을 이끌고 김을 매는 여인, 갑자기 산기를 느껴 홀로 안병무를 낳고 스스로 탯줄을 끊어야 했던 여인, 한 남편의 아내로서는 평생 동안 단 한 번도 인간다운 대접을 받지 못한 여인, 아기를 등에 업고 간도로 남편을 따라가 온갖 수모와 모멸을 겪으며 두 아이를 키워낸 여인……. 그러한 어머니 선천댁에게서 안병무는 민중의 한 전형을 보았다.

안병무는 수유리에서 신혼생활을 시작한다. 하천가에 있는 무허가 집에서였다. 필자가 대학원 다니던 시절이었다. 안병무는 한 학기를 마치면 대학원생들을 자기 집에 초청해 저녁식사를 함께했다. 박영숙 사모의 음식 솜씨가 좋았던 것으로 기억된다. 특히 비빔밥은 일품이었다. 봄 학기를 마친 다음 그 집 정원에서 저녁식사를 할 때였다. 지금도 필자의 뇌리에 생생한 것은, 유치원 다니는 아들 재권이가 바이올린을 켜는 것을 보며 얼굴에 함박웃음을 머금던 그의 모습이다. 1976년 안병무의 투옥 기간 중 박영숙은 그 집을 팔고 장미원 부근에 있는 좀 더 넓은 집으로 옮겼다. 이곳이 민주화 운동 시절 민주인사를 비롯해 수많은 사람들이 드나들었던 민주화의 요람이다. 갈릴리교회가 매주 모이는 장소이기도 했다. 훗날 시인 고은의 결혼식도 이 집 잔디밭에서 올렸다.

1969년 7월, 안병무는 성서연구 전문지인 ≪현존≫을 창간한다. 제목은 실존주의 철학자 하이데거가 즐겨 쓰는 개념인 '다 자인(Da Sein)'에서 따온 것이다. 불교의 공(sunyata) 개념을 연상시키는 현존은 '텅 빔〔空〕' 또는 '탈향(脫向, Aus-Auf Sein)'을 뜻하기도 한다. 현존은 소유로 사는 게 아니라 존재로 사는 것을 의미하기도 한다. '길 위의 존재(Unterwegssein)'가 현존이다. ≪현존≫를 통해 안병무는 한국 교회의 개혁을 위한 실마리를 마련하고자 했다. 함석헌의 ≪씨알의 소리≫, 장준하의 ≪사상계≫와 더불어 안병무의 ≪현존≫은 당대 억압적인 정치 상황 속에서 한국의 비판적 지성을 대표하는 잡지였다.

1970년 봄, 한국신학대학의 학장 김정준은 안병무를 신약학 교수로 초빙한다. 김재준에 힘입어 창설된 한국신학대학은 해방 직후부터 진보신학의 전통을 이어오고 있는 요람이었다. 학내 문제가 발생하여 교수진들이 대거 물러나는 내홍을 겪으면서 한신 재건의 임무가 김정준에게

맡겨진다. 그는 안병무를 진보 신학의 전통을 계승할 적임자로 판단하고 영입한다. 당시 한신에는 미국에서 파울로 프레이리(Paulo Freire)의 의식화 교육론을 연구하고 돌아온 문동환이 있었다. 두 사람은 한신의 진보적인 신학 전통을 이어받아 사회참여적인 신학운동에 앞장선다.

1970년 11월 13일, 열악한 근로 조건 속에서 하루 18시간씩 일을 하던 청계피복 노동자 전태일이, 평화시장 한복판에서 동료 노동자들과 함께 시위를 하다가 자기 몸을 불살랐다. 그가 들고 있던 플래카드에는 이렇게 적혀 있었다. "우리는 기계가 아니다!" "근로기준법을 준수하라!" 그가 마지막 눈을 감으면서 남긴 말은 "내 죽음을 헛되이 하지 말라"였다. 전태일의 분신 사건은 사회에 큰 충격을 주었다. 특히 지식인들이 받는 충격은 말로 다할 수 없었다. 전태일의 일기장에 "나에게 대학에 다니는 친구가 하나만 있었다면"이라고 쓴 사실이 알려지자, 서울대학교를 비롯해 각 대학에서 시위가 걷잡을 수 없이 번졌다.[4] 박정희 정권은 서울대학교에 무기한 휴교령을 내리는 등 전국으로 확산되어가는 학생들의 시위를 차단하려고 몸부림쳤다. 교회에서도 금식기도와 추모 열기가 계속되었다. 그 후 한 해 동안 일어난 노동운동이 1,656건이었다. 일 년 전보다 열 배가 많은 노동쟁의였다.

기독교 진보 계열에서는 1971년 9월에 박형규 목사를 중심으로 수도권도시빈민선교회가 창설되었다. 이어 한국기독교교회협의회(NCCK)에 인권위원회가 생겼다. 전태일 사건은 안병무에게도 큰 충격이었다.

---

4 1970년 11월 13일 청계천의 피복 노동자 전태일의 분신 사건은, 전태일 개인의 사건이기에 앞서 당시 한국 사회의 모순이 응집되어 폭발한 하나의 민중사건이었다. 이 사건을 계기로 노동자와 농민, 도시 빈민들의 생존권을 위한 투쟁들이 전국적으로 확산되었다.

안병무는 마치 십자가에 처형된 예수를 외면한 제자들처럼 부끄러움을 느끼지 않을 수 없었다. 그는 민중 현실에 대한 무지는 결코 면죄받을 수 없는 범죄라고 생각한다. 전태일 사건을 통해서 안병무는 비로소 신학하는 것이 무엇이어야 하는지를 뼈저리게 묻지 않을 수 없었다. 안병무는 전태일 사건 이후 불붙기 시작한 청년 대학생들의 민중운동에 깊은 애정과 관심을 보인다. 그에게 민중 문제는 곧 민족 문제와 연결되었다. 민족 분단이 민중의 고통을 가중시키고 독재정권을 합리화한다고 보았기 때문이다. 분단 극복의 과제를 신학적으로 어떻게 조명할 것인가? 그는 한국신학연구소를 설립하여 이 문제를 해결하고자 했다.

1973년 5월 안병무는 독일 교회의 도움을 받아 연구소 개소식을 하고, 손규태를 초대 간사로 임명한다. 연구소는 첫 사업으로 계간지 ≪신학사상≫을 펴낸다. 매호 특집으로 세계 신학계의 동향을 소개하고, 국내외 신학자들의 연구논문을 주로 게재한다. 한반도 평화통일과 기독교의 역할에 관한 논문들을 비롯하여 점점 더 민중신학에 관한 논문들이 주류를 이루기 시작한다.

안병무는 당시 학생들에게 독일 신학을 소개하는 일에 여념이 없었다. 특히 불트만으로 대표되는 실존주의 신학과 역사비평학의 방법론을 성서 해석을 위한 하나의 도구로 소개했다. 그는 학생들에게 성서를 보는 새로운 눈을 뜨게 해주려고 노력했다. 안병무는 신앙과 신학의 차이점을 분명히 제시했으며, 비판적인 사고를 가지고 성서를 읽을 때, 성서가 독자에게 자신을 드러낸다는 점을 강조했다. 그의 교수 방법은 여느 교수들과 다른 점이 있었다. 항상 그 교수 방법은 학생들에게 긴장감을 주었으며, 그의 실존주의 신학과 불트만 특강은 학생들을 매료시키기에 충분했다.

전태일 사건은, 10년 동안 독일 유학 생활에서 역사의 예수를 붙들고 씨름했던 안병무에게는 벼락같이 다가온다. 이 사건을 목격하면서, 그는 나중에 '사건의 신학'을 정립하게 된다. "태초에 케리그마가 있었다"는 불트만의 케리그마 신학이 주류를 이루던 시대에, 안병무는 "태초에 예수사건이 있었다"는 사건의 신학을 내세운다. 그야말로 신학사상의 패러다임 교체이다. 안병무는 그가 지금까지 심혈을 기울이며 연구해낸 서구 실존주의 신학이 한국 사회의 모순을 치유하는 데 과연 무슨 의미가 있는지를 묻기 시작했다. 기독교와 신학의 사회적 존재 이유에 대해서 근본적인 질문을 던지기 시작했다. 당시 한국신학대학에서는 학기마다 한 주간씩 목회 실습을 했다. 농촌선교, 도시선교, 빈민선교, 수도권 특수선교 현장을 신학생들과 함께 방문하여 체험하는 프로그램이었다. 안병무는 이 기회를 통해서 도시 빈민들의 비참한 생존 현실을 목격하면서 신학의 자리가 과연 어디여야 하는가를 물었다. 사회적 모순이 낳은 고난 현장에서 처절하게 살아가고 있는 민중에게 기독교 복음은 과연 무슨 의미가 있는지를 진지하게 묻기 시작했다. 전태일 사건을 기점으로 안병무의 강의 내용도 조금씩 변하기 시작했다. 인간의 보편적이고 개체적인 실존 문제에 관한 물음에서, 사회적 모순이 낳은 민중의 문제로 점점 옮겨가기 시작했다. 그는 대학원에서 민중신학 강좌를 개설하기도 했다. 실존의 눈이 아니라 민중의 눈으로 성서를 읽어야 성서가 제대로 보인다는 점을 강조하기도 했다. 그는 오늘의 민중 경험에서 성서의 민중을 발견하기에 이르렀고, 민중의 눈으로 성서를 읽는 성서해석학의 방법론을 제창하기도 했다.

한국신학연구소는 한편으로 한국 기독교계에 서구 신학의 조류를 소개하는 소통의 장(場)으로 활용되었고, 다른 한편으로는 한반도의 평화

통일을 위한 이데올로기의 토론장으로 활용되기도 했다. 무엇보다도 한국신학연구소는 민중신학의 산실이었다는 점을 말하지 않을 수 없다. 필자가 이 연구소에 재직하던 시절(1980~1984년), 이전부터 연구소에서는 매월 한 번씩 민중신학자들과 기독교 민중운동의 일선에서 활동하던 사람들의 정기적인 모임이 열렸다. 이들은 정기적으로 모여 자신들의 민중 체험을 함께 나누었고, 이를 테마로 함께 토론하고 모든 것을 글로 남겼다. 이곳에서 발표되고 토론된 논문들이 다듬어져 민중신학이 탄생하게 되었던 것이다. 안병무를 비롯하여 서남동, 문동환, 박형규, 현영학, 김용복, 서광선, 허병섭 등이 중심 멤버로 참여했다.

그 밖에 이 연구소는 서구 신학자들의 역작인 성서주석들을 엄선하여, 전 66권에 이르는 '국제성서주석' 시리즈를 번역 출간함으로써 한국 신학계의 발전과 학문의 성숙에 크게 기여했다. 연구소는 평신도 교육 프로그램도 실시했다. 월요신학서당에서는 정기적인 강연, 세미나, 심포지엄 등을 통하여 평신도들에게 신학을 접할 수 있는 기회를 제공하기도 했다. 해외 유명 신학자, 예를 들면 독일의 위르겐 몰트만(Jürgen Moltmann), 대만의 송천성(Choan-Seng Song), 일본의 아라이 사사구(荒井獻) 등이 연사로 초청을 받기도 했다. 또 한 가지 신학연구소가 했던 일 중에 빼놓을 수 없는 것이 있다. 인재 육성이 그것이다. 현재 한국 신학계에서 각자 자기 역할을 훌륭하게 수행하고 있는 손규태(성공회대학교), 송기득(목원대학교), 임태수(호서대학교), 박재순(씨알연구소), 황정욱(한신대학교), 강원돈(한신대학교), 김홍수(목원대학교), 이선희(목원대학교), 황현숙(협성대학교), 김판임(세종대학교), 박경미(이화여자대학교)가 모두 본 연구소 출신 학자들이다. 필자도 여기에 포함된다. 이들은 안병무의 뒤를 이어 학문적으로 민중신학의 외연을 넓히고 심화하는 데 저마다 자기 몫을 다하고 있다.

독일 선교사로서 신학연구소에서 오랫동안 헌신적으로 봉사했던 도로테아 슈바이처(Dorothea Schweizer)를 거론하지 않을 수 없다. 그녀는 1974년 홍콩에서 7년 동안의 선교 사역을 마치고 독일로 귀국했을 때, 안병무를 만나게 된다. 미국 신학 일색인 한국 교회에 독일을 비롯한 유럽 신학을 알릴 필요가 있다는 안병무의 이야기를 듣고, 도로테아 슈바이처는 독일 바젤선교회의 파송을 받아 한국에 온다. 1973년 3월 한국신학연구소 개소식을 열 즈음이었다. 그녀는 연구소 직원으로 근무하는 동안, 안병무에게 들은 한국의 정치·경제 상황, 한국 교회의 민주화 운동, 평화통일운동, 인권 상황을 독일 교회에 소개하는 일을 전담했다. 암울했던 1970~1980년대에 독일 교회가 한국 교회의 인권운동과 사회선교 운동에 재정 지원을 아끼지 않았던 것은 슈바이처 선교사의 그러한 헌신적인 노력이 있었기 때문이다.

거리의 신학자

안병무가 몸담았던 한국신학대학의 전신은 조선신학원이다. 일제 강점기인 1940년에 동자동에서 문을 열었다. 조선신학원은 1951년 한국신학대학으로 이름을 바꾸고, 7년 뒤 현재의 수유리 캠퍼스로 옮긴다. 화계사를 비롯하여 가톨릭 수녀원과 이웃하고 있는 곳에 자리 잡고 있다. 한신은 고등비평학을 도입하여 성서를 해석한 김재준이 중심이 된 이른바 진보 신학의 요람이었다. 1972년 필자가 편입학했을 때, 한신은 진보신학 운동을 넘어서 민주화를 위한 학생운동의 선봉에 서 있었다.

안병무, 문동환에 의해서 소개된 진보 신학과 의식화 운동은, 한신으로 하여금 필연적으로 민주화 투쟁, 인권운동, 민중운동에 관심을 갖도록 했다. 당시 교무과장이었던 안병무는 신학생들이 더욱 넓은 시야를 가지고 신학을 공부할 수 있도록 도왔다. 군사정권이 눈엣가시처럼 여긴 요시찰 인물이었던 함석헌의 '동양고전 특강', 동국대학교 이기영 교수의 '대승기신론 특강', 그리고 서경보 스님의 '참선 특강'은 당시 신학을 공부하던 필자의 눈을 크게 열어주었다. 필자는 이와 같이 폭넓게 신학을 공부할 수 있게 된 것이 행운이라고 생각했다.

1973년 가을 학기였다. 학생운동이 전국적으로 확산되자, 독재정권은 위수령을 발동했다. 정부는 각 대학의 시위 주동자들을 색출하여 제적시키라는 명령을 내렸다. 이에 학생들은 도서관을 점거하고 농성으로 맞섰다. 채플 시간이었다. 학장 김정준은 예배 시간 설교 도중에 면도칼로 강단에 있던 교기를 잘라 두 동강을 내버렸다. 시위 학생 징계를 강요한 정부에 대한 항의 표시였다. 그의 이러한 행위는 구약성서에 나오는 예언자 예레미야의 행동 그것이었다. 그의 행위에 학생들은 큰 충격을 받았고, 민주화 투쟁을 위한 열정은 더욱 불타올랐다.

교수들은 정부의 강요를 어떻게 피해볼까 궁리하기 위해 매일 모여서 기도회를 가졌다. 기도회를 마친 후 안병무가 일어나서 갑자기 한 가지 제안을 했다. 모두 삭발하자는 것이었다. 반대한 교수가 한 사람도 없었다. 점심시간에 교수들은 운동장으로 나갔다. 김정준 학장을 비롯하여 교수 모두가 삭발했다. 당시 수업을 하기 위하여 교정에 들어선 함석헌도 이 광경을 목격하고 삭발에 동참하여 흰 수염을 깎았다. 학생들도 줄을 이어 삭발에 참여했다. 시위를 하고자 삭발한 학생들과 이를 말리려고 했던 삭발한 교수들이 복도에서 함께 껴안고 울던 감격은 필자의 기억 속에 남아 지금도 그때를 떠올릴 때면 가슴이 벅차 오르곤 한다. 독재정권의 폭압에 대한 비폭력적 저항운동의 상징이었던 한신대학교의 삭발 사건은 세상을 놀라게 했다. 문교부에서는 한신대학교 이사회에 압력을 가해 안병무 교수의 징계를 강요했다. 안병무는 당시 수도권 특수선교를 주도한 박형규 목사를 초빙하여 '기독교와 공산주의'라는 과목을 개설한다. 민족의 비극이 한반도의 분단에서 비롯한 것임을 학생들에게 인식시키기 위해서였다. 이 수업을 통해서 필자도 빈민선교에 관심을 갖게 되었다. 그런데 이 과목이 나중에 문제가 된다. 서울시경 대공분실은 학생들의 강의 노트를 수거해 불온한 사상을 가르치지 않았는가를 수시로 살폈다. 이 때문에 박형규 목사는 곤욕을 치렀다.

1975년 4월 박정희 군사정권은 한국신학대학에 휴업령을 내렸다. 학교를 폐쇄한다는 소문이 꼬리에 꼬리를 물고 떠돌아다녔다. 당시 고려대학교와 한국신학대학의 민주화와 인권 회복을 위한 학생운동은 다른 어느 대학보다도 치열했다. 이에 대하여 군사정권은 강경 정책으로 맞섰다. 군사정권은 학생운동의 배후에서 정신적인 지주 역할을 한다고 판단된 교수들을 해직했다. 한국신학대학에서는 안병무와 문동환이 지목되었다. 군사정권으로부터 폐교의 위협을 받고 있던 한신대학교 이사회는 학교를 살리는 길이 중요하다고 판단하여 결국 두 교수를 해직시키기로 의결한다. 이들은 그해 6월 신학교 강단에서 쫓겨난다. 백낙청(서울대학교), 김병걸(경기공업전문학교), 김찬국, 서남동, 성내운(연세대학교), 이문영, 김용준(고려대학교), 이우정(서울여자대학교)이 차례로 해직된다.

필자는 지금도 안병무의 마지막 강의를 생생하게 기억한다. 요한복음 강의였는데, 강의실은 마지막 강의를 들으려고 몰려든 학생들로 꽉 찼다. 세상(cosmos)과 대결 관계에 있는 동안 요한복음을 생산한 초기 기독교 공동체는 세상 왕의 통치에 굴복하지 않고 맞서며 하느님의 통치를 외쳤던 신앙의 위대한 증언자들이라는 것이 주된 내용이었다.

그동안 상아탑에 있던 안병무는 이제 '거리의 신학자'로 탈바꿈한다. 그가 신학을 하는 현장이 대학 교정에서 저잣거리로 바뀌었던 것이다. 거리로 내몰린 안병무는 연구실에 있을 때보다 오히려 해방감을 느낀다. 그만큼 그는 민중의 현실에 더 가까이 다가갈 수 있게 되었다. 안병무는 민중 현장에 서 있으면서, 비로소 역사의 예수가 누구인지 알 수 있을 것 같았다. 예수는 성서나 교리 속에서 갇혀 있지 않았다. 금빛 성전이나 웅대한 교회 건물에 갇혀 있지도 않았다. 안병무는 거리를 떠돌아다니는 민중 속에서 예수의 현존을 경험했다.

1975년 8월 17일, 독재정권에 의해서 해직된 교수들은 갈릴리교회를 세운다. 안병무, 문익환, 문동환, 김찬국, 한완상, 이문영, 서남동, 김찬국, 이우정 등 기독교계 민주인사들이 주축을 이루었다. 갈릴리교회는 건물 없는 교회, 담임목사 없는 교회, 특정 교단에 소속되지 않는 교회, 이른바 '3무(三無) 교회'를 지향했다. 갈릴리교회는 그런 의미에서 경계 없는 교회, 사회와 교회 사이에 놓인 담을 헐어버린 교회였다. 회원들은 집마다 돌아가면서 모였고, 돌아가면서 설교했고, 예배 참석은 교파를 초월하여 누구에게나 개방되었다. 민중의 고난과 희망의 장이었던 갈릴리를 무대로 예수가 하느님 나라 선교를 펼쳤듯이, 갈릴리교회에는 주로 감옥에 갔다가 석방된 사람들, 구속자 가족들, 노동자들, 곧 이 시대의 민중이 모여들었다. 당시는 긴급조치 아래서 모든 언론이 검열을 받았고, 언로(言路)가 원천적으로 봉쇄되었다. 갈릴리교회는 유언비어 통신으로 서로 정보를 주고받았다. 안병무의 대표적인 논문 가운데 하나인 「예수사건의 전승모체」[5]는 바로 갈릴리교회의 선교 현실을 반영하고 있다. 예수사건을 목격한 민중은 당시 정치적 상황 때문에, 그것을 공개적으로 전할 수 없었다. 민중은 유언비어 형태로 예수사건을 전달할 수밖에 없었는데, 마가복음 기자가 이렇게 전승된 예수사건을 채록해 자기 복음서에 실었다는 것이 논문의 중심 내용이다. 갈릴리의 예수 민중이 유언비어 형태로 전해준 예수 이야기들이 복음서를 이루고 있다는 안병무의 신학적 상상력은, 당시 인권 회복과 민주화를 위한 비판적인 기독교 지성인의 산실 갈릴리교회의 민중 선교운동과 무관하지 않음을 위 논문을 통해 알 수 있다.

1975년 3월 1일, 민청학련 사건으로 구속되었던 김동길, 김찬국 교수의 석방을 기념하는 집회가 새문안교회에서 열렸다. 그 집회에서 안병무는 '민족·민중·교회'라는 제목으로 강연을 한다. 예수의 선교는 권력층이나 부유층을 위한 것도 아니었고, 모범생이나 지식층을 위한 것도 아니었다. 그는 민중의 친구로서 민중 편에서 살다가 민중을 위해 쓰러졌다. 이 강연에서 안병무는 최초로 '오클로스(ochlos, 민중)'라는 개념을 사용했다. 전태일 사건 이후 안병무는 민중 현장을 자주 찾았다. 민중이 겪는 고난을 성서의 지평에서 어떻게 신학화할 것인가에 대해 치열하게 탐구하기도 했다. 그런 가운데 그는 마가복음에서 민중사건의 한 전형을 발견한다. 마가복음에서는 예수가 있는 곳에 무리가 있고, 무리가 있는 곳에 예수가 있다. 마치 그림자처럼 예수를 따라다니는 무리들을 일컬어 코이네(Koinē), 그리스어로 '오클로스'라고 한다. 서구학자들은 예수운동을 연구하면서, 결코 이 개념에 주목하지 않았다. 안병무는 신학

5 안병무, 「예수사건의 전승모체」, ≪신학사상≫, 제47권(1984).

의 변두리에 있는 이 개념을 신학의 주제로 끌어올려 명실공히 '오클로스 신학'을 제창한다.

감옥에서 민중을 만나다

반독재 학생 시위가 전국적으로 확산되고 1975년 4월 8일 더욱 격렬해지자, 박정희 정권은 고려대학교와 한신대학교에 휴업령을 내리고 군대를 진주시켰다. 4월 11일에는 서울대학교 농대 김상진 군이 '양심선언'을 하고 스스로 배를 갈라 죽음으로써 독재정권에 항의했다. 사태가 심각해지자 군사정권은 '긴급조치 9호'를 발동해 일체의 집회·시위나 유언비어 날조를 금지했다. 이런 상황에서 미국이 베트남 전쟁에서 패하고, 판문점에서는 북한군의 도끼 만행 사건이 발생한다. 이 시기에 박정희 정권은 1975년 10월 이른바 '재일동포 학원 간첩단 사건'을 조작했다. 당시 정권은 이 사건을 도구로 삼아, 고려대학교, 한신대학교, 서울대학교, 부산대학교 등에서 일어난 학생 시위가 모두 북괴 김일성의 지령을 받아 일어난 것으로 국민들에게 호도하고 반공정신을 고취하려 했다. 이 사건에 연루되어 필자는 중앙정보부 남산분소 지하실에서 한 달 이상 취조를 받고, 1심에서 무기형, 2심에서 10년형을 선고받았다.

1976년 3월 1일, 명동성당에서 한국의 민주화 운동사에 길이 빛날 「3·1 민주구국선언」이 발표된다. 재야 민주인사들, 곧 윤보선, 정일형, 김대중 등 정치인들과 함석헌, 윤반웅 등 재야 원로, 김승훈, 함세웅, 문정현 등 가톨릭 신부, 그리고 문익환, 문동환, 서남동, 이해동 등 개신교 목사들이 대거 참여했다. 문익환이 주동하고, 안병무의 집에서 모여 선언문이 작성되었다. 김성재가 모든 연락책을 맡았다. 이 선언에서는 신앙과 양심의 자유, 학원의 자주성, 민주주의 회복, 강자 중심의 경제정책 수정, 평화적 민족 통일을 지상 과제로 삼을 것을 촉구했다. 이 사건으로 문익환 등 11명이 구속되고, 윤보선 등 9명이 불구속 입건된다. 안병무도 구속된다. 이 사건을 계기로 문익환은 민주화와 평화통일운동의 상징적인 인물로 부상한다. 안병무는 체포된 후, 악명 높은 중앙정보부 남산분소에서 열흘간 취조를 받는다. 그는 긴급조치 9호 위반 혐의로 기소되어 서대문 구치소로 이송되었다. 필자는 이미 서대문 구치소에 갇혀 있을 때이다. 사건은 다르지만 스승과 제자가 한 구치소에서 10개월 동안 복역을 했다. 스승이 한 구치소에 있다는 것, 그 자체만으로도 필자에게는 큰 위로가 되었다. 필자의 옆방에는 문정현 신부가 있었는데, 자주 통방을 하여 안병무의 근황과 재판 소식을 들을 수 있었다.

구치소로 이감 온 첫날 밤, 안병무는 취조받으며 아무것도 먹을 수 없어서인지, 몹시 허기를 느끼고 있을 때였다. 그때 한 재소자가 교도관의 눈을 피하여 무엇을 슬쩍 던져주고 갔다. 빵이었다. 그 순간 안병무는 주님이 죄수를 보내 내게 성찬을 베푸시는구나 하는 생각이 들었다고 한다. 안병무는 감옥 안에서 사회의 밑바닥에서 벌레같이 살아가는 대지의 저주받은 자들을 만난다. 강도, 좀도둑, 소매치기, 강간범, 경제범, 사상범 등 그 시대의 민중들이었다. 0.78평의 작은 공간에서 쥐, 빈대와 함께 생활해야 했다. 안병무는 재소자들이 일상적으로 사용하는 온갖 험한 욕을 감당할 수 없어 처음에는 솜으로 귀를 막기도 했다고 한다. 입에 담을 수 없는 그 욕들은 주로 자기를 낳아주고 길러준 어머니의 생식기에 관련된 것이었다. 나중에는 그 쌍욕들이 듣기 싫지 않았다고 한다. 쌍욕은 그에게 상(常)의 소리로 들렸다. 나중에 이러한 상(常)의 의미를 바로 알고 실천하는 것이 그에게는 민중신학의 화두가 되었다. 쌍욕을 제대로 듣고 배운 감옥은, 안병무에게는 생생한 민중 현장이요, 세상의 어느 학교보다도 훌륭한 의식화 교육 장소였다.

감옥은 안병무에게 사회에서 소외된 민중을 구체적으로 만나는 소중한 공간이었다. 생계형 범죄 탓에 어쩔 수 없이 감옥에 들어올 수밖에 없는 사회적 소수자에게서 그는 예수 주변에 몰려든 민중의 모습을 보게 되었다. 그는 개인의 실존적 차원에서 생각했던 인간의 죄 문제를 사회역사적 시각에서 새롭게 볼 수 있는 계기를 얻었다. 성서가 말하고 고발하는 죄는 실존적 차원에서 제기된 문제가 아니라, 사회구조적 모순으로 발생한 '사회악'임을 새롭게 발견한 것이다.

민중신학자들이 모이면 안병무는 쌍소리를 자주 했다. 당시 한국에는 개띠 동갑내기 신학자들이 많았다. 가톨릭의 김수환, 장로회신학대학의 이종성, 서울신학대학의 정진경, 연세대학교의 유동식, 문상희, 감리교의 김용옥 등이 안병무와 같은 1922년생 개띠 신학자들이다. 그들이 모이면, 안병무는 "한국 신학계는 개떼들이 판쳐서 개판되었다"라고 농담을 하곤 했다. 동료들이 "말 좀 가려서 하라"고 충고 아닌 충고를 하면, 안병무는 "예수님이 언제 말 가려서 하는 것 보았냐" 하며 응수한다. "너희는 여우 같고 회칠한 무덤 같구나! 이렇게 얌전하게 말했겠는가? 천만에! 이 여우 같은 놈들, 회칠한 무덤 같은 새끼들아! 이렇게 야단쳤다구" 하면서 받아넘겼다.

안병무는 1심에서 3년 형을 선고받는다. 그러나 항소심에서 이해동, 김승훈과 함께 집행유예로 풀려난다. 10개월 만이다. 1976년 12월 말 안병무는 결혼기념일에 출소한다. 석방은 되었지만 그의 마음은 무거웠다. 동료들을 두고 나온 것에 대해서 죄책감을 느꼈기 때문이다. 그는 감옥에 있는 동안 줄곧 협심증으로 고통을 당했다. 석방 기념회에서 김정준은, 안병무의 석방을 하느님이 고래에게 요나를 토해내라고 명령한 것에 비유하여 사람들을 감동시켰다. 안병무는 감옥에 남아 있는 동료들을 석방하기 위하여 백방으로 노력한다. 그는 박형규와 함께 당시 중앙정보부장 김재규를 찾아간다. 그는 각서를 쓰면 그들을 석방해주겠다고 약속했다. 안병무는 건강 상태가 좋지 않아 함께하지 못하고, 그 대신 박형규가 각서를 들고 교도소를 돌아다니며 받기 시작했다.

감옥에는 문익환, 문동환, 서남동, 이문영, 문정현이 남아 있었다. 문제는 서남동이었다. 마산교도소에 있던 그는 형기도 얼마 안 남았고 공부도 해야겠다며 완강하게 각서 쓰기를 거부했다. 박형규가 사정을 해도 막무가내였다. 박형규는 마지막 카드를 쓸 수밖에 없었다. 그는 다짜고짜 말했다. "당신 정말 각서 안 쓰고 혼자만 영웅 되려고 그러시오?" 그 말을 듣자 서남동은 미안하다며 그 자리에서 각서를 썼다.

서울의 봄

1979년 10월 26일, 궁정동에서 울려 퍼진 총성과 함께 박정희는 암살당했다. 18년간 얼어붙었던 이 땅에 봄이 오기 시작했다. 필자도 4년 5개월 만에 대전교도소에서 석방되었다. 출옥한 학생들은 캠퍼스로 돌아왔다. 안병무에게도 좋은 소식이 날아들었다. 복권 조치가 내려지고, 한신대학교에 복직되었다. 그러나 서울의 봄은 오래 가지 않았다. 전두환의 등장으로 다시 군부가 정권을 잡게 된 것이다. 상황은 급박하게 돌아갔고, 학생들의 시위는 연일 계속되었다. 1980년 5월 17일, 한완상, 문익환, 이문영이 다시 잡혀갔다. 이 소식을 들은 안병무는 그 자리에서 쓰러져 의식을 잃고 만다. 그는 즉시 서울대학교병원에 후송된다. 그날 계엄군이 진주하여 광주를 피바다로 만든다. 한낱 꽃샘추위가 아니었다. 지진이 일어나고 쓰나미가 휘몰아쳤다. 광주 금남로 전남도청이 피로 범벅되던 날, 한 시인은 이렇게 쓰고 있다.

> 아아, 광주여 무등산이여,/ 죽음과 죽음 사이에,/ 피눈물을 흘리는 우리들의 영원한 청춘의 도시여,/ 우리들의 아버지는 어디로 갔나,/ 우리들의 어머니는 어디서 쓰러졌나,/ 우리들의 아들은 어디에서 죽어 어디에 파묻혔나,/ 우리들의 귀여운 딸은 어디에서 입을 벌린 채 누워 있나,/ 우리들의 혼백은 또 어디에서/ 찢어져 산산이 조각나 버렸나
>
> — 김준태, 「아아 광주여, 우리나라의 십자가여!」에서 발췌.

광주가 무참히 짓밟혔을 때, 수천 명이 죽었다는 유언비어가 들려왔을 때, 한동안 실어증에 빠졌던 안병무는 울었다. 도청을 끝까지 사수하다가 죽은 자들은 난놈들이 아니라, 날품팔이, 양아치, 구두닦이, 때밀이, 미장이, 신문팔이, 공돌이, 공순이, 실업자들이었다는 말을 들었을 때 안병무는 울었다. 예수가 그 시대의 소외된 민중에게서 하느님 나라의 희망을 보았다면, 안병무는 이 시대의 민중에게서 인류 미래의 희망을 본 것이다. 민중만이 희망이었다. 민중은 풀처럼 눕지만 결코 뽑히지 않는다. 다시 일어난다. 민중은 고통을 겪으면서 놀랍게도 자기 초월의 능력을 지니게 된다.

안병무는 민중을 미화하지 않는다. 전태일이 동료들의 억울함을 호소하다가 마침내 자신을 불태워 세상을 놀라게 했다. 그는 자기 몸을 제물

로 바친 것이다. 이것은 교회에서가 아니라 민중에게서 일어난 자기 초월 사건이다. 그는 한신 이사회의 결의에 따라서 다시 한 번 파면된다. 1980년 7월 말일, 전두환 신군부 정권은 언론기본법을 만들어 사회 정화 차원에서 ≪씨알의 소리≫, ≪창작과 비평≫, ≪문학과 지성≫ 등 172개 잡지를 폐간한다. ≪현존≫도 폐간되고 만다. 계급의식을 격화시키고 사회 불안을 조장하는 잡지라는 명목에서이다. 전두환 정권은 해직 교수들의 생활 수단을 원천적으로 봉쇄했다. 시간강사도 나갈 수 없었고, 글을 쓰는 일도 봉쇄했다. 해직 교수들은 당장 먹고 살 일이 걱정이었다. 당시 해직 교수들은 86명이나 되었다. 그때 안병무는 한국신학연구소 사업의 일환으로 해직 교수들에게 연구 프로젝트를 맡기기로 한다. 물론 이 사업은 독일 교회의 후원이 있어서 가능했다. 해직 교수들은 3년에 걸쳐 고정적인 연구비를 받을 수 있게 되었다. 그리고 그들을 ≪신학사상≫ 기획위원으로 위촉했다.

1980년대 한국 사회 민주화 운동에서 가장 큰 발견의 하나는 아마도 '민중'일 것이다. 민중은 경제성장의 주역이면서 동시에 그 혜택에서 배제된 소외 계층이었다. 민중은 시, 문학, 미술, 음악, 사회학 등 사회의 전반 분야에서 화두로 되어갔다. 신학 분야에서도 예외가 아니었다. 서남동은 성서, 기독교, 한국 역사의 민중 전통을 하나로 합류시키는 작업을 했고, 현영학은 가면극에 나타난 민중의 해학을 신학화하는 작업에 몰두했다. 문동환은 기독교 교육 이념을 민중의 의식화에서 찾았고, 김용복은 복음서를 '민중의 사회전기'라는 관점에서 연구했다. 서광선은 민중종교의 사회학적 현상에 관심을 쏟았고, 한완상은 즉자적 민중과 대자적 민중의 상호연관성에 대해서 탐구했다. 허병섭은 하월곡동 달동네 빈민촌에서 극빈자들과 함께 살면서 그들에게 희망을 전했다.

안병무는 특히 갈릴리 '오클로스'를 중심으로 마가복음의 민중신학적 경향성을 연구하는 데 심혈을 기울였다. 안병무는 예수와 민중을 존재론적 차원에서 이해하지 않고, 사회역사적 차원에서 일종의 '사건'으로 이해했다. 사건은 혼자 일으킬 수 없다. 사건은 곧 집단 사건을 의미한다. 안병무는 예수를 한 개인으로서가 아니라, 예수사건으로 이해한다. 예수사건은 예수 홀로의 사건이 아니다. 예수 무리의 사건이다. 예수와 무리는 둘이 아니다. 그런 의미에서 예수사건은 곧 민중사건이다. 안병무에게 민중신학은 곧 '민중사건 신학'을 의미한다.

1987년 1월 14일, 서울대학교에 재학 중이던 박종철 군이 치안본부 남영동 대공분실에서 물고문과 전기고문으로 사망했다. 같은 해 6월 9일, 연세대학교 정문 앞에서 1,000여 명의 학생이 대 정부 시위를 벌이던 중 연세대학교의 이한열 군이 경찰이 쏜 최루탄에 맞아 사망했다. 6월 10일, 전국 22개 도시에서 24만여 명이 참여한 가운데 '고문살인 은폐조작 규탄 및 민주헌법 쟁취 범국민대회'가 열린다. 하루는 서강대의 정양모 신부와 함께, 안병무는 안암동의 한국신학연구소 사무실에서 고려대학교 학생들의 시위 현장을 목격하게 된다. 안병무가 말한다. "정 신부님, 저것 좀 보세요. 저게 예수 부활 사건이 아니고 무엇입니까?" 6월 서울 거리를 가득 메운 민중의 시위 사건에서 안병무는 현존하는 예수의 부활 사건을 보고 있었다. 예수 부활은 유일회적인 사건이 아니라, 마치 화산맥이 터져 나오듯이, 역사에서 진행되는 민중사건을 통하여 끊임없이 반복적으로 분출되는 사건이라고 그는 이해했다. 7월 9일, 서울시청 앞에서 열린 이한열의 장례식에 백만이 넘는 인파가 몰렸다. 문익환은 한국 민주주의 운동사에 길이 남을 명연설을 한다. 그는 떠오르는 대로 군부 독재정권 아래서 죽어 나간 사람들의 이름을 부를 뿐이었다. “이한열 열사여! 박종철 열사여! 김상진 열사여! ……” 그는 스물여섯 명의 열사 이름을 불렀고, 청중들을 바로 본 뒤 눈물을 흘리며 단상을 내려갔다. 박정희, 전두환으로 이어지는 군사정권 아래서 항거하다가 죽임을 당한 열사들이 6월 항쟁을 통해서 부활했다.

1988년 안병무는 잡지 ≪살림≫을 새롭게 출간한다. 살림은 죽임에 대한 상반 개념이며 죽인 것을 살려낸다는 더욱 적극적인 의미를 담고 있다. 1989년 안병무의 건강은 급격히 나빠져, 미국에 가서 큰 수술을 받는다. 생사(生死)의 갈림길에서 안병무는 죽음과 생명에 대해 깊이 성찰한다. 1990년대 전만 해도 안병무 신학의 화두는 민중이었다. 구조악을 비판하고, 그것에 희생당한 민중의 고난과 희망의 몸짓을 증언하는 것이 그의 신학적 중심 과제였다. 그러나 1990년대를 전후하여 그가 생각한 민중은 단순히 사회역사적 민중만을 의미하지 않았다. 그의 민중사상은 점점 더 자연과 생명으로 확대되었다. 자연과 생태 문제, 이를 모두 포괄하는 동양사상으로 옮겨간다. 죽임의 문화를 청산하고 생명문화를 창출하기 위하여 안병무는 ≪살림≫을 창간하게 된 것이다.

존재하는 것은 모두 소멸하게 되어 있다. 모두 생주이멸(生住離滅)의 과정을 걷는다. 자연사는 하나님의 창조 질서이다. 그러나 ‘죽임 당함’은 성격이 다르다. 사회적 모순에 의해 생명이 희생당하는 것은, 사회적 모순이 종식됨으로써 해결될 수 있다. 1991년 4월 26일, 박종철, 이한열에 이어 강경대가 경찰의 몽둥이에 맞아 죽임을 당했다. 전두환에 이어 노태우 정권에 대한 분노가 전국을 들끓게 했다. 곧바로 노동자, 학생, 시민의 분신, 투신자살의 행렬이 줄을 잇는다. 안병무는 그들의 숭고한 죽음을, 전략적 목표 달성을 위한 하나의 도구로 치부하는 일부 운동권의 태도에 대해서 격렬하게 비판한다. 그러면 결국 운동만 남게 되고,

사람은 이를 위한 도구로 전락한다는 것이다. 그는 아마도 "사람은 그 자체가 목적이어야 한다"라는 칸트의 명제를 회상했을 것이다. 과연 그 시대에 민중의 생명을 담보로 운동권의 승리를 꾀한 자들이 있기는 있었는가? 이에 대해서 우리는 알 길이 없다.

안병무가 생각한 생명 문화는 죽임의 문화를 청산하는 일과 분리되지 않는다. 안병무는 체질적으로 전체주의를 싫어했다. 그는 헤겔보다 키르케고르를 좋아했고, 이성 대신에 실존을 택했다. 서구적 사상을 섭렵했음에도 동양적 사상의 끈을 놓지 않았다. 1993년 강남향린교회 설립 예배에서 안병무는 예수의 얼굴을 그리는 것이 기독교인이요 교회라고 했다. 사람들은 제각각 예수의 얼굴을 그린다. 율법을 신봉하는 사람들은 율법주의자 예수의 얼굴을 그리고, 혁명을 신봉하는 사람은 혁명가 예수의 얼굴을 그린다. 참 예수의 얼굴 모습은 무엇인가? 참 예수의 얼굴 없는 기독교! 그것이 지금까지 기독교의 역사가 아닌가? 기독교는 예수를 배제했다. 왜? 예수는 '겉옷을 빼앗으면 속옷까지 벗어주라'고 했다. 그것은 팬티까지 벗어주라는 말이 아닌가? '오른쪽 뺨을 때리면 왼쪽 뺨을 돌려대라.' 난 그것은 죽어도 못한다. 그러니 기독교는 예수를 따를 수 없고, 배제하지 않을 수 없게 되었다. 지금까지 한국 교회는 예수의 진정한 얼굴을 그리지 않았다. 예수의 얼굴은 율법주의자의 그것도 아니고, 교리주의자의 그것도 아니다. 고행주의자의 얼굴도 아니고, 개인주의자의 그것도 아니다. 십자가에 달려 죽임 당한 예수다. 자기를 구원하기 위해 십자가에 달린 것이 아니다. 전적으로 타자를 위하여 마지막 피 한 방울까지 다 쏟은 이가 예수이다. 교회는 그런 예수의 얼굴을 그려야 한다.

안병무는 심신이 피곤하고 힘들 때 쉼을 얻을 수 있는 마음의 꽃밭이 있었다. 목포의 한산촌에 있는 한국디아코니아자매회가 그것이다. 독신 여성 수도공동체이자 한국 최초의 개신교 여성 수도공동체로서 1980년에 설립되었다. 여성 수도자들을 훈련시켜 사회의 음지에서 고통을 당하고 있는 사람들에게 제도 교회가 할 수 없는 예수의 사랑과 헌신을 실천하려는 것이 설립 목표였다. 이것은 그의 오랜 벗 여성숙이 있었기 때문에 가능했다. 초창기 의사 시절, 여성숙은 안병무의 권면으로 결핵 전문의가 되어 그들과 평생을 함께하기로 결단한다. 그녀는 1962년 목포 인근 한산촌에서 결핵 환자 요양원을 설립해 운영하고 있었다. 1980년 4월 15일 일곱 명의 언님들이 한산촌에서 둥지를 틀고, 공동체 생활을 시작했다. '기도, 학습, 노동'이 예수의 정신으로 노동하는 여성 독신 공동체의 좌우명 아닌 좌우명이 되었다. 안병무는 시간 날 때마다, 이곳을 방문하여 안식을 취했고, 책을 쓰기 위해 집중이 필요할 때는 이곳에 머물렀다. 그의 많은 저서와 논문이 이곳에서 탄생했다.

길 위의 존재

하나님의 피조 세계에서 영원한 것은 없다. 누구나 왔다 간다. 그것이 자연계의 이치다. 안병무는 이미 수차례 삶과 죽음의 경계를 오갔다. 철은 바뀐다. 새싹이 돋는 봄인가 싶은데, 어느덧 신록이 우거지는 여름이 온다. 떨어지는 단풍잎 하나로 가을이 오고, 텅 빈 겨울이 온다. 아마도 인생에도 이러한 계절의 변화가 있을 것이다. 철의 변화를 느끼며 사는 것, 아마도 그것이 철이 든 사람의 삶일 것이다.

우면동으로 집을 옮긴 뒤, 안병무는 계절의 변화에 민감해진다. 안병무는 우면동 뒷산에서 철이 오감을 보고, 느낀다. 자연에 충만한 생명의 기운을 느낀다. 요한복음 기자는 "맨 처음에 말씀이 있었다"라고 했다. 그러나 안병무는 "맨 처음에 사건이 있었다"라고 했다. 그 사건은 물론 예수사건이요, 민중사건을 말한다. 이제 그는 다시 말한다. "맨 처음에 기(氣)가 있었다." '민중사건'에서 '기'로, '사회역사'에서 '자연'으로 신학의 관심이 옮겨간다. 실존에서 역사로, 역사에서 민중으로, 민중에서 생명으로, 생명에서 자연으로, 노년의 안병무는 기(氣), 상(常), 무(無), 공(空), 빔〔虛〕, 숨 등 동양사상과 호흡을 같이하며 사상의 깊이와 넓이를 더해갔다. 안병무의 삶과 신학은 한 곳에 머묾이 없다. 항상 길 위에 있다. 수영하는 사람은 끊임없이 팔과 다리를 움직여, 물을 박차고 앞으로 나아가야 물 위에 떠 있을 수 있다. 안병무의 삶 역시 그러했다. 온몸을 기울여 푯대인 예수 그리스도를 향하여 앞으로 달렸다. 한 곳에 머물지 않은 삶에서 안병무는 자기 존재감을 느끼고, 존재 가치를 확인했다. 그의 존재를 지탱해주는 힘은, 공(功)을 이루되 그 자리에 머물러 있지 않음이었다.

안병무는 아마도 죽음을 예감했던 것 같다. 그동안 미루었던 원고 작업을 마무리 한다. 1996년 1월, 『선천댁』이 세상에 나왔다. 민중적 삶의 한 전형을, 안병무는 그의 어머니의 생애를 통해 드러내고자 했던 것이다. 안병무는 가까운 친척들과 함께 50년 만에 그가 떠나온 연변 들미동 마을을 찾았다. 세월이 그렇게 흘러갔어도 들미동 마을은 그다지 변한 게 없었다. 감격 어린 눈으로 마을 골목을 지나가는데 한 노파가 그를 알아보고 달려와 "안 전도사님!" 하고 불렀다. 안병무는 쉽게 그녀를 기억하지는 못했지만, 그야말로 반세기만의 재회였다. 중국에서 돌아온 후, 안병무는 1996년 10월 19일, 고요히 눈을 감는다. 임종 전 안병무는 그의 오랜 친구 홍창의에게 목숨을 연명하기 위하여 억지로 치료하지 말도록 부탁을 했고, 친구는 그의 부탁을 받아들인다. 이렇게 안병무는 공성이불거(功成而不居)의 삶을 뒤로 하고 우리 곁을 떠났다. 향년 75세였다.

제2장

불트만을 넘어서

불트만의 충실한 제자로서 그의 신학을 한국에 소개하는 데 전념했던 안병무는, 1975년 한국신학대학의 '민주화와 인권 회복'을 위한 학생운동의 배후 인물로 지목되어 박정희 정권에 의하여 강단에서 쫓겨났다. 이듬해 '명동 3 · 1사건'에 연루되어 10개월 동안 감옥 생활을 하면서, 밑바닥 민중을 만나고 경험하는 동안 안병무의 신학적 사고는 바뀌기 시작했다. 실존, 결단, 불안, 본래성, 비본래성, 자기 이해 등 불트만의 신학적 패러다임 언어들은 현대를 살아가는 지식인 그리스도인에게 내면의 위안을 줄 수 있을지 몰라도, 부조리한 민중의 현실을 변혁하는 데는 속수무책이다. 이러한 인식을 바탕으로 안병무는 이른바 '민중의 눈'으로 성서 읽기를 제창했다.

1. 머리말

이성과 합리성을 근간으로 삼아 인간 해방을 추구했던 계몽주의[1]는, 서구의 근현대에 접어들면서 시민사회와 과학기술의 발달로 귀결되었다. 계몽주의의 특징으로는 인간의 이성에 대한 신앙을 들 수 있다. 이성은 인간 일반에게 부여된 능력으로서, 계몽주의는 세계와 자기 자신을 이해하는 데 결정적인 역할을 한다고 보았다. 진보 이데올로기도 이성에 대한 믿음과 연관되어 있다. 여기에서 과학기술의 발달 그리고 산업기술의 발달에 따른 생산력 증대 또한 진보 이데올로기에 기여했다. 이와 같이 '근대(modern)'라는 가치를 내세우고 수세기 동안 숨 가쁘게 달려온 서구 사회는 최근에 이르러 근대성(modernity)의 가치에 대한 근

1 막스 베버(Max Weber)에 이르러 근대성은 합리성과 결부되어 서구 사회 전반에 걸쳐 행정과 경제체제를 형성하는 가치 개념으로 자리를 굳혀갔다.

원적인 성찰을 하게 되었다. 근대성의 가치 개념인 이성, 합리성, 진보, 발전에 대한 전면적인 성찰과 더불어, 이 개념들을 중심으로 한 찬반 논쟁이 예술과 학문 분야에서 활발히 전개되고 있다.

독일의 비판철학자 위르겐 하버마스(Jürgen Habermas)와 프랑스의 해체주의 철학자 장 프랑수아 리오타르(Jean-François Loytard) 사이에 현재 진행되고 있는 탈근대성(postmodernity) 논쟁이 그 대표적 예이다.[2] 탈근대성 논쟁은 계몽주의 산물인 서구 사회 이데올로기의 총체적 위기와 분리해서 생각할 수 없는데, 그것은 곧 서구 사회 지성의 자기 한계성 경험과 결부되어 있다. '근대성'에 대한 서구 지성의 자기 한계성 경험은, 한편으로 생태계 위기와 다른 한편으로는 제1 세계의 새로운 식민지 지배에 저항하는 제3 세계 민중의 자주적 해방 운동에서 찾아볼 수 있다.

오늘날 지구의 치유 불능한 중병이 되고 있는 생태학적 위기는 과학

---

2 모던-포스트모던 논쟁을 소개하는 책으로는 다음을 들 수 있다. 윤평중, 『푸코와 하버마스를 넘어서: 합리성과 사회비판』(교보문고, 1998); 김성기, 『포스트모던니즘과 비판 사회과학』(문학과 지성사, 1991). '포스트모던'은 아놀드 토인비의 『역사의 연구(A Study of History)』에서 처음 쓰인 역사철학적 개념인데, 그는 19세기 후반 서구 문명의 일대 전환기를 포스트모던 시대(postmodern era)라고 부른다. 1980년대에 이르러 포스트모더니즘 논쟁은 철학 분야(인식론, 해석학, 과학철학)와 예술, 문학 분야에서 활발히 진행되었다. 철학 분야에서 포스트모던 논쟁은, 1980년 하버마스의 아도르노 상 수상 연설인 '근대성-미완성의 기획'을 계기로(윤평중, 『푸코와 하버마스를 넘어서』, 240~253쪽에 번역되어 실렸다) 리오타르의 「포스트모던의 조건(The Postmodern Condition: A Report on Knowledge)」(1984)에서 절정에 이른다. 모던 세계에서 인류가 직면하고 있는 문제와 모순의 원인을 하버마스는 인간이 아직 진정으로 이성적이지 못한 데서 찾는데, 이에 반해 리오타르는 인간이 너무 이성적인 데서 찾는다.

기술 발달이 자초한 서구 근대성의 자기 모순성과 자기 한계성을 극명하게 보여준다. 현대 자연과학의 발달에 근거를 둔 기술공학은 자연을 물화(物化)하여 인간의 욕망 충족을 위한 재료로서 무자비하게 착취하는 데 기여했다.[3] 기술 발달을 통한 생산력 증대, 대량 생산, 대량 소비 문화의 창출은 재생 불능의 지하자원 고갈, 동식물의 멸종, 생태계의 파괴, 환경오염 등을 필연적으로 수반한다. 이에 대한 그리스도교의 각성으로 이른바 생태학적 신학,[4] 창조 보전의 신학 등이 출현했고, 이와 더불어 생명운동과 환경 살리기 운동 등이 활발히 전개되고 있다.

또 다른 한편으로 서구의 근대성 이념은, 제3 세계에서 근대화와 결부된 발전 이데올로기의 허위성이 폭로되면서 그 한계성이 노출되기 시작했다. 제3 세계의 근대화는 선진 자본주의 사회로의 진입을 추동한다

---

3 르네 데카르트(René Descartes)에서 비롯된 근대 서구의 '정신(res cogitans)-물질(res extensa)' 이분법은 자연을 신의 지배 영역으로부터 해방시켰다. 그러나 그것은 동시에 자연의 물화(Vevdinglichung) 과정이기도 했다. 인간과 자연은 나-너의 인격적인 관계가 아니라 나-그것의 물적 관계로 전락했다. 따라서 자연은 더 이상 생명체의 어머니가 아니라 인간의 욕구 충족을 위한 재화로서 물화했다. 이것이 오늘날의 생태계 재앙을 재촉했는데, 창세기 1장 28절 "땅을 정복하라"에 근거를 둔 서구 신학들 또한 근대 자본주의 이데올로기와 한데 얽혀 여기에 한몫하고 있음은 물론이다. 생태학적 위기 상황에서 하나의 신학적 대안으로 등장한 창조 보전의 신학은 '물(物)의 신학'에서 '영(靈)의 신학'으로 코페르니쿠스적 패러다임 전환을 과감하게 시도해야 할 것이다.

4 신과 인간, 신과 자연의 관계를 소유주와 소유물의 관계로 이해하는 그리스도교 신학은 인간의 자연 착취를 정당화하는 신학적 근거를 제공한다. 이러한 신학을 신제국주의(神帝國主義) 신학 혹은 가부장주의 신학이라고 부를 수 있을 것이다. 이 신학에서는 신의 특성을 권능, 전지, 지배, 주인, 힘, 정복 등에서 찾으나, 생태학적 신학에서 신의 특성은 조화, 사랑, 균형, 계약, 공생, 생명 경외 등에서 찾아야 할 것이다.

기보다는 오히려 제3 세계 국가들을 세계 자본주의 시장에 편입시키는 결과를 초래했다. 그것은 우루과이라운드나 미국의 쌀 개방 압력에서 첨예하게 드러나고 있듯이, 제3 세계 국가들의 경제적 대외 종속을 심화시켰다. 따라서 제3 세계의 발전은 아이러니컬하게도 '저발전(低發展)의 발전(發展)'을 낳았을 뿐이다. 대내적으로 제3 세계의 근대화는 부익부 빈익빈의 사회적 불평등 구조를 더욱 심화시켰고, 사회의 중심부와 주변부 민중 사이의 격차를 더욱 벌어지게 만들었다.

제3 세계의 이러한 사회적 모순의 폭발에 대한 그리스도교의 대응 과정에서 남미의 해방신학, 아프리카의 흑인신학, 아시아의 민중신학 등이 출현했다. 이들은 생태신학, 여성신학 등과 더불어 현대 에큐메니컬 신학의 중요한 흐름을 형성한다. 남미의 해방신학은 계급을, 흑인 해방신학은 인종차별을, 아시아의 민중신학은 민중의 고난을, 생태신학은 인간 중심주의를, 그리고 여성신학은 성차별을 신학적 패러다임의 중심 고리로 설정하고 각자 주어진 상황에서 신학운동을 전개하고 있다.[5]

---

5 서구 모던 세계를 뒷받침하고 있던 이념 형태의 하나인 서구 부르주아 신학의 대표자로는 불트만(R. Bultmann), 바르트(K. Barth), 폴 틸리히(Paul Tillich)를 들 수 있다. 이들의 계시신학 배후에는, 데카르트에서 출발한 근대 에고(ego) 철학의 완성자인 칸트의 이분법적 세계 인식의 도식이 숨어 있다. 근대 정신의 에고가 바르트에게는 위로 올라가 하나님의 에고인 '절대 타자'로 계시되었고, 불트만에게는 인간의 내면으로 후퇴해 인간의 '실존'으로 계시되었다. 틸리히에게 그것은 심층적 차원으로 내려가 '존재 자체'로 계시된다. 절대 타자, 실존, 존재 자체의 범주는 모두 인간의 사회역사적 차원을 초월하여 인간의 주관성의 세계와 관계 맺고 있다. 이들 신학은 소외된 인간으로 하여금 신과 만날 수 있는 주관적인 길을 제시하지만, 인간의 소외를 만들어내는 물적 조건에 대해서는 놀랍게도 침묵한다. 따라서 몰트만(J. Moltmann)은 이들의 신학을 서구 부르주아의 개인적 실존에 관계하는 사적 제의종교(Cultus Privatus Religion)의 신학이라고 일컫는다.

2. 해석학적 패러다임의 교체

토마스 쿤(Thomas Kuhn)은 1962년에 『과학혁명의 구조(The Structure of Scientific Revolutions)』라는 이름의 책을 썼다.[6] 그는 이 책에서 과학의 발달사를 과학혁명에 따른 패러다임 교체 과정으로 설명한다. 그에 따르면, 과학의 발달사는 변증법적인 질적 비약의 과정으로 진행된다. 제1 과학혁명에서 전통적인 정상과학(normal science)의 패러다임이 수립되는데, 새로운 연구가 진행되면서, 정상과학의 패러다임으로는 설명 불가능한 변칙들이 발생하게 된다. 변칙들이 축적되면 기존 패러다임에 위기가 다가오고, 거기에 맞는 적절한 새로운 패러다임이 요구된다. 결국 패러다임 교체를 통한 제2 과학혁명이 초래된다는 것이다. 쿤은 패러다임 교체의 결정적인 요인으로서 변칙들의 축적을 통한 '위기 상황'의 출현을 들고 있다.[7] 패러다임 교체의 대표적인 예로서 그는 프톨레마이오스(Ptolemaeos)의 천동설에서 코페르니쿠스(Copernicus)의 지동설로

차옥숭 옮김, 『오늘의 신학 무엇인가?』(한국신학연구소, 1990), 제2부 참조. 이러한 부르주아의 사적 제의종교 신학들은, 서구 모던 사회의 총체적 위기 상황과 제3 세계 민중의 현실에 대한 신학적 물음에 대해 전혀 답할 수 없었다. 이러한 서구신학의 위기 상황 속에서 세속화신학〔본회퍼(D. Bonhoeffer), 하비 콕스(Harvey Cox)〕와 정치신학〔요하네스 메츠(Johannes Metz), 몰트만〕이 새로운 신학적 패러다임으로 등장했다. 제3 세계 신학이 당면한 현실에 대한 신학적 성찰에서 출발한다는 것은 자명한 사실이다. 제3 세계 신학은 세속화신학과 정치신학의 영향을 직간접적으로 받고 있으며, 억압적인 체제를 비판적으로 수용한다는 점도 간과해서는 안 될 것이다.

6 토마스 쿤(Thomas Kuhn), 『과학혁명의 구조(The Structure of Scientific Revolutions)』, 조형 옮김(이화여자대학교 출판부, 1980).

7 같은 책, 92~104쪽 참조.

의 패러다임 교체와, 아이작 뉴턴(Isaac Newton)의 절대역학 법칙에서 알베르트 아인슈타인(Albert Einstein)의 상대성 원리로의 패러다임 교체를 들고 있다.[8]

토마스 쿤의 패러다임 교체론을 근거 삼아 한스 큉(Hans Küng)은 신학사(神學史)에서 패러다임 교체를 다섯 유형으로 설명한다.[9] 그리스-알렉산드리아 모델, 라틴-어거스틴 모델, 중세-토미즘 모델, 종교개혁 모델 그리고 현대 비판적 해석 모델이 그것이다.[10] 이러한 신학적 패러다임의 교체는 교회의 위기 상황과 불가분의 관계에 있다. 팔레스타인 유대계 그리스도교에서 중요한 역할을 했던 묵시적 인자(人子) 도래의 신학적 패러다임은, 인자 도래의 지연으로 발생된 교회의 위기 상황에서, 교회 시대를 예비한 구원사적 성령의 패러다임으로 교체되었다.[11] 그리스도교가 헬라 세계의 문화권으로 전파되면서 영지주의와 만나게 된다. 이로 인해 그리스도교는 정체성(identity)의 위기 상황에 봉착하게 된다. 영지주의에 대응하여 요한 공동체, 이레니우스(Irenaeus) 그리고 알렉산드리아 학파는 십자가와 부활 대신에 성육신(Incarnation)을 구원

---

8 프톨레마이오스의 천체학에 따르면 우주의 중심은 지구이고 태양이 지구 주위를 회전하는 것으로 인식되었는데, 이 이론으로는 별들의 위치를 장기적으로 예측하는 것이 불가능하다. 프톨레마이오스에 의지하여 별 위치를 연구하면 할수록 천동설에 위배되는 변칙들이 많이 산출되었다. 천체 운행을 천동설로는 도저히 해결할 수 없는 위기 상황에 봉착했을 때 코페르니쿠스의 지동설이 새로운 패러다임으로 등장했다. 같은 책, 92~104쪽.

9 큉·트레이시(Hans Küng and David Tracy) 엮음, 『현대신학은 어디로 가고 있는가?(Theologie-wohin?)』, 박재순 옮김(한국신학연구소, 1990), 41~47쪽 참조.

10 같은 책, 47쪽.

11 같은 책, 53쪽.

의 일차적 패러다임으로 삼는다.[12] 어거스틴(Augustin)의 역사신학적 패러다임의 등장은, 한편으로는 로마제국의 위기와 다른 한편으로는 인간의 자유의지를 중요시하는 도나티스트-펠라기안적 위기의 산물이다. 13세기 토마스 아퀴나스(Thomas Aquinas)의 자연신학적 패러다임은, 희랍의 아리스토텔레스(Aristoteles) 철학이 유럽 세계에 전파됨으로써 초래된 어거스틴 신학의 위기 상황에서 형성되었다. 그는 플라톤(Plato) 철학과 어거스틴 신학을 통일시켜 자연신학적 패러다임을 완성시켰다.[13]

사변적이고 합리주의적인 스콜라 철학으로 말미암아 신앙의 근본 진리가 위기에 이르렀을 때, 자연신학적 패러다임은 종교개혁의 신학적 패러다임으로 교체되었다. 루터는 가톨릭의 교리, 성례전 대신에 성경 말씀(sola scriptura), 믿음(sola fide), 하나님의 은총(sola gratia)을 새롭게 강조했다. 역사비평학의 신학적 패러다임은, 개신교 정통주의의 경건주의와 축자영감설(逐字靈感說)의 위기 상황에서 신학의 과학성을 견지하려는 노력과, 성서를 비판적으로 해명하려는 과정에서 등장했다.[14]

이러한 신학적 패러다임의 교체 요인으로서 큉은 특정한 시대의 사회역사적 전환기에 생겨난 교회의 위기 상황, 그리스도교의 정체성 상실, 아울러 그리스도교 복음과 만남에서 비롯한 주관적 위기 상황을 들고 있다.[15] 그에 따르면 진실, 자유, 비판, 에큐메니컬 정신이 곧 새 패러다임의 형식적 전제들인데, 이러한 정신에 기반을 두고 형성된 새 패러다임은 옛 패러다임을 밀어낼 수도 있지만, 그것에 흡수될 수도 있고 배제

12 같은 책, 54쪽.

13 같은 책, 55쪽.

14 같은 책, 56쪽.

15 같은 책, 63쪽 이하.

될 수도 있다.[16] 큉은 이와 더불어 신학의 지평인 경험 세계와 신학의 척도인 그리스도교 복음을 신학적 패러다임 교체의 불변적인 '상수(常數)'로 본다. 그리스도교 복음은 변화된 역사적 상황에서 늘 새롭게 이해되고 해석되어야 하기 때문에, 새로운 역사적 상황에 걸맞은 새로운 패러다임의 형성은 신학 작업에 필수적 과제라는 것이다. 새로운 패러다임을 창출함으로써 신학은 내용에도 충실하고 시대에도 애정을 갖는 명실상부한 신학이 된다.

3. 불트만의 해석학적 신학

그리스도교 신학은 성서가 증언하고 있는 그리스도교의 복음을 각 시대마다 사람들에게 이해시키고 그 시대의 언어로 번역해야 할 해석학적 과제를 안고 있다.[17] 근대 세계에 접어들면서 신학은, 자연과학의 세계

---

16 같은 책, 76쪽.

17 조셉 블라이허(Joseph Bleicher), 『현대 해석학』, 권순홍 옮김(한마당, 1983). 블라이허는 해석학의 과제를 한편으로는 어떤 문장, 구문 등의 정확한 의미와 내용을 파악하고 이해하는 것이며, 다른 한편으로는 상징적인 형식에 담겨 있는 교훈을 발견하는 것이라고 본다(같은 책, 18쪽). 이러한 해석학(Hermeneutics)의 어원은 헤르메스의 전설에서 유래한다. 헤르메스는 신들의 메시지를 인간에게 전해 줄 사명을 띠고 등장한다. 그는 신의 메시지를 그대로 전달할 뿐만 아니라 그것을 인간들이 알아듣기 쉽도록 풀어서 전달한다. 현대 해석학은 다른 문화와 역사에서 유래한 문서들의 설명과 이해를 대상으로 한다. 따라서 해석학은 설명 그 자체에 만족하지 않으며, 그 설명 방법들은 대체로 세 가지 유형으로 분류될 수 있다. 첫째, 연구하는 객체(objekt)에 강조점을 두는 해석학적 유형(아리스토텔레스 학파부터 오늘의 영미계·프랑스계 구조주에 이르는 학파), 둘째, 연구하는 주체

상과 계몽주의 비판정신의 세례를 받은 현대인들에게 그리스도교 복음을 전달하고, 현대의 언어로 번역해야 할 역사적 과제를 안고 있는데, 이 과제를 성실하게 수행한 신학자 가운데 한 사람이 불트만이다.

중세기를 신 중심의 그리스도교 세계관이 지배하던 시대라고 한다면, 근대 시대는 인간 중심의 자연과학적 세계관이 지배하는 시대이다. 근대 세계는 신이 아니라 인간의 기획이 낳은 인류 최초의 세계인데, 여기에서 인류 문명은 신이 아니라 인간에 의해서 결정된다. 이러한 세계 속에서 인간이 신을 말한다는 것이 어떤 의미가 있는가? 오늘의 세계에서 그리스도교 복음은 현대인에게 과연 어떠한 의미를 지니고 있는가?

그리스도교 신학은 어떻게 복음을 현대인에게 이해시킬 수 있는가? 이러한 시대적 질문에 대한 응답으로 이른바 역사비평학적 성서 해석이 등장했다. 요한 살로모 제믈러(Johann Salomo Semler)[18] 이후, 자유주의 신학에서 역사비평학은[19] 성서 연구의 빼놓을 수 없는 방법론으로 채택되었는데, 역사비평학의 주요 공격 대상은 개신교 근본주의의 축자영감설이었다. 축자영감설은 성서의 절대 무오성(無誤性)과 절대 자족성을

(subjekt)에 강조점을 두는 해석학적 유형〔칸트학파, 프리드리히 슐라이어마허(Friedrich Schleiermacher), 빌헬름 딜타이(Wilhelm Dilthey), 불트만〕, 셋째, 본문의 이해를 하나의 주·객의 변증법적 과정으로 다루는 해석학적 유형이 있다. 여기에서 본문(text)은 질문의 주체이며 동시에 질문의 객체로 변증법적으로 교체된다〔한스 게오르크 가다머(Hans-Georg Gadamer), 폴 리쾨르(Paul Ricoeur) 등의 철학적 해석학〕.

18 J. S. Semler, *Vorbereitung zur theologischen Hermeneutik*, 4Bde(Hall, 1760~1769).

19 계몽주의는 중세기의 교회 전통과 국가 통치체제에 대한 역사비판에서 시작한다. 그 영향이 성서에 대한 역사비평학적 연구를 한편으로 촉진했다. Hans-Joachim Kraus, *Geschichte der historisch-kritischen Erforschung des Alten Testaments* (Neukirchen-vluyn, 1982).

주장한다. 이와 달리, 역사비평학은 성서의 축자영감설을 부정한다. 성서는 본래 역사적 산물이라는 전제에서 출발한다. 성서가 역사적 산물이라면, 그것은 역사 속에서 시공(時空)의 제약을 받을 수밖에 없고, 따라서 그것은 역사적으로 상대성을 지닐 수밖에 없다. 역사비평학은 성서를 비판적 학문의 대상으로 삼고, 이를 문학적·종교사적 맥락에서 연구한다. 성서가 역사비평학이 주장하는 대로 역사적 상대성을 지니고 있다면, 성서가 증언하고 있는 절대자 하나님 또한 역사적 비판의 대상이 되어야 하는 것이 아닌가? 이 문제를 신학의 과제로 삼고 진지하게 씨름했던 신학자가 근대 해석학의 창시자인 프리드리히 슐라이어마허(Friedrich D. E. Schleiermacher)이다.[20] 그는 성서의 역사적 상대성과 성서가 증언하고 있는 그리스도교 복음의 절대성 사이의 모순을 해결하기 위하여, 그리스도교 복음의 핵심을 역사적 상대성, 곧 역사비평학의 비판 대상이 될 수 있는 십자가와 부활 그리고 성육신에 두지 않고, 나사렛 예수의 무죄성과 그의 강렬한 신의식(Gottesbewußtsein)에 두었다. 절대성을 지닌 하나님은 역사적 지평에 존재하는 것이 아니라 인간의 주관적인 '의식 지평(意識地平)'에 존재한다는 것을 주장함으로써, 슐라이어마허는 절대자 하나님을 역사비평학의 비판 대상으로부터 구원하려고 했다.

바르트와 불트만의 스승이었던 빌헬름 헤르만(Wilhelm Hermann)도 일찍이 같은 문제를 놓고 씨름했다.[21] 그는 세계가 두 개의 서로 다른 현실로 구성되어 있다고 생각했다. '사물의 세계'와 '자기 존재의 세계'

---

20 F. Schleiermacher, *Der Christliche Glaube* (Berlin. 1832).

21 W. Hermann, *Ethik* (Tübingen, 1913).

가 그것이다. 사물의 세계는 증명 가능하며, 따라서 역사비평학의 대상일 수 있다. 그러나 자기 존재의 세계는 오직 내적인 체험의 영역이기 때문에 증명이 불가능하며, 따라서 역사비평학의 대상이 될 수 없다고 했다. 헤르만은 하나님과 영혼을 자기 존재의 세계에 속한다고 생각했다. 결론적으로 슐라이어마허와 헤르만은 역사 속에서 활동하는 신 증명을 포기했다. 그들은 신의 활동 영역을 인간의 의식 세계와 자기 존재의 세계에 한정시켰다. 그렇게 함으로써 역사비평학의 위기로부터 신을 구원하려고 했다.

불트만은 이들의 주관성의 신학을 집대성한 신학자 가운데 하나이다.[22] 그는 일찍이 자유주의 신학을 섭렵하고, 역사비평학을 성서 해석의 주요한 방법으로 채택해 공관복음서에 나타난 예수 전승의 다양한 층(層)을 구분했다.[23] 헤르만에 뒤이어 불트만 역시 신앙은 역사의 예수 전승과는 달리, 역사비평학의 대상이 될 수 없다고 보았다. 따라서 신앙은 역사적 지평이 아니라, 인간의 주관적인 차원에서 추구되어야 한다고 생각했다.[24] 그는 신을 인간이 자기 자신(에고)을 전폭적으로 내맡길 수 있는 '모든 것을 규정하는 현실적인 힘'으로 규정한다. 인간은 내면적인 에고의 체험을 바탕으로 신과 만날 수 있다는 것이다. 따라서 불트만에게 '신을 말한다'는 것은, 인간이 자기 에고에 관해서 말하는 것 이

---

22 R. Bultmann, *Glauben und Verstehen Gesammelte Aufsaetze*, Bd. I~IV(Tübingen, 1933~1965)(루돌프 불트만, 『학문과 실존』 I~IV, 허혁 옮김, 성광문화사, 1980~1987).

23 R. Bultmann, *Die Geschichte der synoptischen Tradition* (Goettingen, 1921)(루돌프 불트만, 『공관복음서 전승사』, 허혁 옮김, 대한기독교서회, 1971).

24 R. Bultmann, "Religion und Kultur"(1920), in J. Moltmann(Hrg.), *Anfaenge der dialektischen Theologie* (1963), p. 23.

외에 다른 것이 아님을 알 수 있다. 그런 의미에서 '신학은 인간학이요, 인간학은 신학이다'라는 그의 유명한 명제가 도출된다.[25]

1921년 불트만은 하이데거로부터 '실존(Existenz)'이라는 개념을 받아들여 그의 신학의 해석학적 고리로 사용하기 시작했다. 그는 실존의 고유한 특성인 미래성, 결단성, 개방성, 시간성, 역사성, 그리고 실존의 범주인 본래성-비본래성을 신학의 중심 개념으로 삼기 시작했다. 그에게 실존은 인간의 에고 이외에 다른 것을 뜻하지 않는다. 그는 신과 실존을 두 축으로 삼아 해석학적 신학을 발전시킨다.[26] 주석자는 성서를 주석할 때 두 가지 점을 유의하지 않으면 안 된다. 성서 텍스트와 주석자의 실존적 상황이 그것이다. 성서 문서들이 모두 역사적 기록물은 아닐지라도, 그것들이 역사적 산물임은 의심할 수 없다. 이와 동시에 주석자는 역사적 체험 가운데서 언제나 자기 에고에 관해서 물음을 던진다. 이것을 불트만은 주석자의 전 이해(Vorverständnis)라고 부른다.[27] 주석자 자

---

25 R. Bultmann, *Glauben and Verstehen* I, pp. 26~37(루돌프 불트만, 『학문과 실존』 I, 123~134쪽, 특히 130쪽). "신으로부터 말하려고 한다면 자기 자신으로부터 말할 수밖에 없다." 같은 책, 125쪽. 불트만은 인간을 세계와의 연관성 속에서 파악하는 게 아니라 오직 신과의 연관성 가운데서 파악한다. "…… 바울의 신학은 …… 신의 본질 자체를 다루지 않고 오로지 신이 인간과 그의 책임, 그의 구원을 위해 중요한 만큼 신을 다룬다. …… 그 신학은 항상 신과의 관련에서 …… 인간을 본다. 신에 관한 명제는 모두 동시에 인간에 관한 것이고 인간에 관한 것은 모두 신에 관한 것이다. 그 까닭에 그리고 그런 의미에서 바울의 신학은 동시에 인간학이다." 루돌프 불트만, 『신약성서신학』(성광문화사, 2004), 186쪽.

26 루돌프 불트만, 「해석학의 문제」, 『학문과 실존』 I, 286~306쪽. "…… 해석의 목표를 신과 신의 계시에 대한 물음으로 표시한다면, 그것은 곧 인간 실존의 진리에 대한 물음을 의미한다." 같은 책, 304쪽.

27 루돌프 불트만, 「전제 없는 주석은 가능한가?」, 『학문과 실존』 I, 135~141쪽.

신의 역사적 실존에 대한 전 이해는 성서 본문을 역사적 산물로 이해하기 위한 전제 조건이다. 그러므로 주석자는 "성서 텍스트가 그 시대에 어떤 의미를 가지고 있었는가"라고 '역사실증적으로(historisch)' 물어서는 안 된다. 그 대신 "성서 텍스트가 오늘 나에게 무슨 의미를 지니고 있는가"를 '실존적으로(existenziell)' 물어야 한다. 불트만에게 성서 텍스트는 실존 안으로 향하는 말이기 때문에[28] 결단을 촉구한다. 따라서 '현재' 곧 주석자의 실존적 결단이 '과거' 곧 성서 텍스트보다 중요하게 다루어진다.

1941년에 발표한 불트만의 탈신화화 프로그램(Entmythologiesierungs-programm)은 '현재' 우위적인 그의 성서 해석의 당연한 귀결이다.[29] 그리스도교 복음이 현대인들에게 어떻게 이해 가능한가?[30] 자연과학적 세계관 속에서 살고 있는 현대인에게 어떻게 신화적 세계관에 따라서 형성된 그리스도교 사신(使信)을 매개시킬 수 있는가? 현대인에게 신화적 세계관으로 형성된 복음을 받아들이라는 요구는 불가능한 일이 아닐 수 없다. 복음은 객관적(신화적) 세계 이해를 목표로 하는 것이 아니다.

---

28 같은 글, 141쪽.

29 R. Bultmann, "Neues Testament und Mythologie. Das Problem Entmythologiesierung der neutestamentlichen Verkuendigung"(1941), in H. W. Bartsch(Hrg.), *Kerygma und mythos*, Bd II, Hamburg, 1948(루돌프 불트만, 「신약성서와 신화, 신약성서적 선포의 탈신화화 문제」, 『학문과 실존』 II , 64~103쪽).

30 루돌프 불트만, 『학문과 실존』 II, 64쪽 이하. 신화란 불트만에게는 인간의 자기 이해의 객관적 표현 이외에 다른 것이 아니다. "신화의 본뜻은 객관적인 세계상을 제공하는 데 있지 않고 오히려 세계에서 인간이 자신을 어떻게 이해하는지를 말하는 데 있다. 신화는 우주론적이 아니라 인간학적으로 — 다시 말해서 실존적으로 — 해석되어야 한다." 같은 책, 72쪽.

그것은 실존적 자기 에고의 세계 안에서 신 경험을 목표로 한다. 모든 인간은 자기 실존에 대하여 물음을 던지는 존재이다. 이러한 실존적 물음의 보편성을 매개로, 복음을 인간 실존의 영역에 안치함으로써 불트만은 그것을 현대인에게 매개하려고 했다.[31] 복음이 담고 있는 신화적 요소는 소극적으로 말하면 탈신화화(脫神話化)되어야 하고 적극적으로 말하면 실존론적으로 해석되어야 한다는 것이다.[32]

그리스도교 복음이 실존론적으로 해석되어야 한다는 것은 무엇을 의미하는가? 그리스도교 복음은 그리스도 안에서 나타난 하나님의 구원 행위를 증언하는 것인데, 그것은 인간이 무엇으로부터 자기 자신을 이해할 것인가에 대한 결단을 촉구한다는 것이다(자기 공로로부터 아니면 신으로부터, 율법의 행위로부터 아니면 신앙으로부터). 따라서 성서 주석의 과제는 불트만에 따르면 신화 속에 들어 있는 실존적 의미를 드러냄으로써, 다르게 표현하면 탈신화화함으로써 현대인에게 자기 이해의 길을 터놓았다. 불트만의 탈신화화 프로그램은 세 가지 동기를 가지고 있다.[33] 첫째는 학문적 동기이다. 그는 신약성서 재료들(Quelle)과 복음 사

31 자기 자신, 즉 실존에 대한 인간의 물음은 성서의 신화적 세계상을 가지고 사는 사람에게서도 동일하다. 그는 오늘날의 자연과학적 세계상을 가지고 사는 사람과 동일하다. 인간이 자기 자신을 신앙 밖에서, 즉 자기 업적이나 주변 세계로부터 이해하느냐, 아니면 신앙 안에서 이해하느냐는 근본적인 문제이다. 같은 책, 77~82쪽.

32 불트만은 신학의 과제가 성서의 신화를 양파 벗기듯이 벗겨 내거나 제거하는 데 있는 것이 아니라 그것을 실존론적으로 해석하는 데 있음을 강조한다. "…… 신화의 본뜻도 객관화된 표현에 있는 것이 아니다. 그 안에 있는 실존 이해를 향해, 즉 실존론적으로 해석되어야 한다. …… 그러므로 신약성서의 이원론적 신화도 실존론적으로 해석하는 것이 우리의 과제이다." 같은 책, 77쪽.

33 W. Kuenneth, "Bultmanns Philosophie oder Heilswirklichkeit?," in E. Kinder

이에 모순이 있음을 발견했다. 동시에 역사비평학적 주석 작업과 교회의 설교 사이의 긴장을 해소하려고 했다. 둘째는 복음을 역사비평학의 대상에서 제외하려는 동기이다. 그것은 신화적 언어들과 그리스도교 복음을 구별함으로써 가능한데, 신학의 과제는 신화적 언어들을 적절히 해석함으로써 그리스도교 복음을 드러내는 것이라고 그는 생각한다. 셋째는 목회적 동기이다. 자연과학적으로 사고하는 현대인들에게 어떻게 그리스도교 사신을 매개시킬 수 있는가? 현대인들에게 지성의 희생(sacrificium intellectus)을 강요하지 않고 어떻게 그리스도교 복음을 만나게 할 수 있는가?

실존의 보편성을 매개로, 현대인에게 그리스도교 복음을 매개하려고 했던 불트만의 해석학적 프로그램은 소기의 목적을 달성했는가? 여기에서는 몇 가지 문제점만 지적해보기로 하자. 첫째, 불트만은 '신화'를 인간의 실존적 자기 이해의 객관적 표현으로 보고 있다. 그의 편협한 신화 이해는 오늘날 종교 사회학자들에 의해서 반박된다.[34] 둘째, 그는 그리스도교 복음을 실존적 결단을 촉구하는 말(Anrede)로 축소한다. 복음의 사회역사적 차원과 생태학적 차원이 전혀 고려되지 않고 있는 것이다. 셋째, 그에게 그리스도교의 복음은 단지 케리그마, 즉 선포의 말 형식에 한정된다. 이야기 형식으로 전승되고 있는 그리스도교 복음은 여기에서 제외된다.[35] 넷째, 신앙의 역사성, 곧 케리그마 사건이 불트만에

(Hrg.) *Zur Entmythologiesierung. Eine Wort lutherischer Theologie* (Muenchen, 1952), p. 64.

34 에밀 뒤르켐(Émile Durkeim), 브로니슬라브 말리노프스키(Bronislaw Malinowski), 클로드 레비스트로스(Claude Lévi-Strauss)에 따르면, 신화는 인간의 공동체적 원초적 사건과 경험을 의미한다.

따르면 예수사건에 우선한다.[36] 다섯째, 세계와 실존은 그의 신학에서는 접촉점이 없이 평행선을 달릴 뿐이다. 자기를 둘러싼 세계에 대한 이해 없이 어떻게 자기 자신을 이해할 수 있는가? 여섯째, 불트만은 '실존'을 좁은 의미에서만 사용하고 있다. 그에게 실존은 자기 자신과의 만남, 주관적 자기 체험에 한정되어 있다. 이러한 국한된 실존 이해는 현대인의 낭만적 문화비평과 결부된다. 그것은 지식인에게 현실도피적인 내면의 안식처를 마련해주는 데 주력하는 '사적 제의종교(私的祭儀宗教, cultus privatus Religion)'가 되게 한다. 실존의 사회역사적 차원이 배제되고 있다.

불트만의 해석학적 신학에 대한 이러한 비판과 극복은, 한편에서는 전통과 문화 지평을 새로운 해석학적 패러다임으로 수용하고 있는 가다머와 리쾨르의 철학적 해석학에 힘입어 진행되고 있으며,[37] 다른 한편

---

35 그리스도교 자신의 이야기 관점에서 접근한 사람으로는 하이델베르크의 신학자 디트리히 리츨(Dietrich Ritschl)을 들 수 있다. 서남동의 '민담의 신학'도 서구의 '말 신학'에 대한 민중신학적 대안의 한 형태이다. 서남동, 「한의 형상화와 그 신학적 성찰」, NCC 신학연구회 엮음, 『민중과 한국신학』(한국신학연구소, 1982), 319~347쪽.

36 "더 이상 육에 따라 그리스도를 알 수 없고 오로지 케리그마에서 선포된 그리스도만을 알뿐이다. 역사적 인물 예수가 아니라 선포된 그리스도를 우리는 알 뿐이다" E. Ellwein, "Fragen zu Bultmann Interpretation des neutestamentlichen Kerygmans", in E. Kinder(Hrg.), *Zur Entmythologisierung, Ein Wort lutherischer Theologie* (Muenchen, 1951), p. 16.

37 H. G. Gadamer, *Wahrheit und Methode* (Tübingen, 1960). '육에 따른 그리스도'(χριστός κατά σάρκα)는 불트만에게는 단지 신학의 전제일 뿐이다. 『신약성서신학』, 1쪽. 역사적 예수는 누구인가? 그는 참 인간이었고, 교사요, 예언자였다. 그는 임박한 하나님 나라의 통치를 선포하고 다니다가 유다 지도층에 의해 로마인들에게 넘기어졌고 십자가에 처형되었다. 그 이외에 그에 관한 모든 것은

으로는 사회역사적 지평을 새로운 신학적 해석학의 패러다임으로 삼고 있는 제3 세계의 민중해방신학에 힘입어 진행되고 있다.[38]

4. 민중신학의 해석학

이상에서 살펴본 불트만의 해석학적 신학의 한계점은 무엇인가? 신학으로서 총체적 세계상의 상실, 그리고 인간 실존의 사회역사적 차원의 상실로 요약될 수 있다. 그는 실존을 자기 이해의 차원으로 환원함으로써 해석학의 범주에서 세계와 역사의 상실을 그 희생의 대가로 치르고 있다.

불트만 신학이 안고 있는 해석학적 한계성을 비판적으로 극복하려는 시도들의 하나로, 후기 불트만 학파(Post Bultmann Schule)에서 비롯된 역사적 예수 연구를 들 수 있다. 그들은 주로 학문적 관심에 따라 불트만의 실존주의 신학을 넘어 역사적 예수를 탐구했다. 다른 한편 제3 세계 신학계에서도 역사적 예수에 대한 탐구가 진행되었다. 이들이 진행한

알 수 없다. 역사적으로 증명 가능한 것은 예수가 십자가에 달렸다는 사실과 그의 몇 마디 말일 것이다. 객관적·실증적으로 파악 가능한 사건인 십자가 처형 사건이 이제 종말론적 구원 사건으로 제자들에 의하여 선포되었다. 하나님은 이 나사렛 예수를 주요, 그리스도로 선포했다는 것이다. P. Ricoeur, *Le conflit des interpretations, Essais d'hermeneutique* (1969)를 참조할 것.

38 요하네스 메츠(Johannes Metz), 도로테 죌레(Dorothee Soelle, 몰트만 등의 서구 정치신학자들과 게르트 타이센(Gerd Theißen), 루이제 쇼트로프(Luise Schottroff), 페르디난트 벨로(Ferdinand Belo) 등의 사회사적 성서 해석자들도 같은 범주에 속한다.

역사적 예수 탐구는 학문적 관심보다는 가난한 사람들과 교회의 연대적 실천 차원에서 진행되고 있다. 안병무의 역사적 예수 탐구도 그 가운데 한 예일 것이다. 이 글에서는 불트만의 해석학적 신학의 극복 과정에서 형성된 안병무의 민중신학의 해석학적 명제들이 고찰될 것이다.[39]

그리스도교 신학은 본질적으로는 그리스도교 신앙에 대한 사상적 해명이다. 그런데 신앙의 대상인 예수 그리스도는 비역사적인 신화의 인물도 아니고 초역사적인 이념의 인물도 아니다. 그는 역사적 실존 인물이다. 한 인격체인 나사렛 예수에 관한 신앙 고백, 그리고 그 시대 갈릴리 민중이 전개한 예수운동 이야기가 신약성서와 초기 교회 전승의 중추를 이루고 있다. 역사적 실존 인물, 나사렛 예수에 대한 신앙적 증언이 그리스도교 신학의 주요 과제이다. 이 과제는 시대의 변천에 따라 늘 새로운 형태로, 그리고 그 시대의 언어로 선포되었다. 그것은 오늘날도 마찬가지이다. 복음은 오늘의 언어로 새롭게 선포되고 해석되지 않으면 안 된다. 1970~1980년대 한국의 시대적 상황에서 안병무는 복음을 우리 시대의 언어로 번역하고 해석했던 신학자 가운데 하나이다.

1) 오늘의 민중사건

민중신학은 1970년대 한국 사회가 정치적·경제적·문화적으로 겪었던 총체적 '위기 상황'을 물적 토대로 한다. 한국 사회의 위기 상황에서 표출된 '민중사건'에 대한 신앙적 증언 과정에서 민중신학이 형성되었다. 민중사건이 민중신학의 지평이다. 그런 의미에서 민중신학은 사건

---

39 안병무는 1970년대 중반까지만 해도, 한국신학대학에서 역사비평학과 불트만 신학을 소개하는 데 몰두했다.

신학, 현장신학, 상황신학, 증언신학이라 불릴 수 있을 것이다.

불트만의 충실한 제자로서 그의 신학을 한국에 소개하는 데 전념했던 안병무는, 1975년 한국신학대학의 '민주화와 인권 회복'을 위한 학생운동의 배후 인물로 지목되어 박정희 정권에 의하여 강단에서 쫓겨났다. 이듬해 '명동 3·1사건'에 연루되어 10개월 동안 감옥 생활을 하면서, 밑바닥 민중을 만나고 경험하는 동안 안병무의 신학적 사고는 바뀌기 시작했다. 실존, 결단, 불안, 본래성, 비본래성, 자기 이해 등 불트만의 신학적 패러다임 언어들은 현대를 살아가는 지식인 그리스도인에게 내면의 위안을 줄 수 있을지 몰라도, 부조리한 민중의 현실을 변혁하는 데는 속수무책이다. 이러한 인식을 바탕으로 안병무는 이른바 '민중의 눈'[40]으로 성서 읽기를 제창했다. 그의 민중 경험은, 성서 독해를 두고 '실존적 결단'에서 '민중의 눈으로'라는 해석학적 패러다임의 교체를 가능하게 했다.[41]

그가 새로운 해석학적 패러다임으로 제시하고 있는 '민중의 눈'이란 무엇을 의미하는가? '민중의 눈'으로 성서 읽기의 주체는 민중 자신을 말하는가? 아니면 민중 의식을 가진 사람들을 가리키는가? 아마도 안병무에게는 후자를 가리키는 것 같다. 그것은 오늘날 민중 의식을 가진 사람들의 민중 경험이 성서 읽기의 출발점이 되어야 한다는 것이요, 오늘의 민중이 안고 있는 고난의 현실과 해방의 과제를 가지고 성서를 읽어야 성서가 증언하는 역사적 예수사건을 바르게 이해할 수 있다는 뜻

---

40 안병무, 「한국적 그리스도인 상의 모색」, ≪신학사상≫, 제52권(1986), 48쪽.

41 안병무는 복음서를 '민중의 사회전기'라는 전제 아래서 '민중의 눈'이라는 해석학적 패러다임을 가지고 읽고 있다. 아울러 그는 사회사적 성서 해석 방법을 동원하여 복음서에서 역사적 예수를 추적하고 있다.

이다. 오늘의 민중사건에서 성서의 민중사건을 보고, 성서의 민중사건에서 오늘의 민중사건을 본다. 이처럼 민중사건을 현존의 예수사건으로 증언하는 것이 그에게는 중요한 신학의 과제이다. 민중사건을 고리로 한 해석학적 순환 작업을 통해, 안병무는 오늘의 민중에서 예수의 민중을 만나고, 예수의 민중에서 오늘의 민중을 만난다. 이러한 해석학적 순환은 그의 마가복음 연구에서 극명하게 나타난다. 마가는 자신의 현장에서 예수를 보고 있기 때문에 마가 자신의 현장과 예수의 현장이 유리되지 않고 있다는 것이다.

> 마가복음서에 보면 예수가 사흘 동안 굶고 목자 없는 양처럼 헤매는 무리를 불쌍히 여겼다고 하는데 이것은 40년 전 민중의 모습일 수 있지만 지금 마가가 서 있는 민중 현장의 모습인 것이다.[42]

2) 예수사건의 신학

> 성서는 객관적인 대답을 지닌 자명한 것이 아니다. 성서는 묻지 않으면 침묵한다. 그러므로 관심이나 전제 없는 성서 해석은 있을 수 없다.[43]

안병무는 성서가 객관적이고 자명한 대답을 줄 수 없다고 말한다. 성서에는 정답이 없다는 것이다. 어떤 관심이나 전제를 가지고 묻느냐에 따라 성서가 주는 대답은 달라진다. 그는 성서의 현실을 객관적으로 밝

---

42 안병무, 『민중신학 이야기』(한국신학연구소, 1987), 105쪽.

43 안병무 엮음, 『사회학적 성서해석』(한국신학연구소, 1983), 7쪽.

히려고 하는 역사비평학의 한계를 인지했다. 안병무의 이 명제는 실존적 물음을 성서 해석의 출발점으로 삼는 불트만의 실존주의적 성서 해석 방법을 떠올리게 한다. 불트만이 성서 해석의 '전 이해' 단계로서 인간의 자기 이해를 보편적인 패러다임으로 제시하고 있다면,[44] 안병무는 민중 경험을 보편적 패러다임으로 제시한다. 예수의 민중과 오늘의 민중에 대한 물음이, 성서 해석에서 전제되어야 한다는 것이다.

민중사건을 성서 해석의 전제로 받아들여야 한다는 안병무의 성서 해석 방법론은, 불트만의 케리그마 신학에 대한 이데올로기 비판에서 더욱 선명하게 드러난다. 성서에는 그리스도교 사신에 대한 두 가지 서로 다른 전승이 존재한다. 초기 기독교 공동체의 부활신앙 고백(케리그마) 사건 전승과 역사의 실존 인물 예수사건 전승이 그것이다. 불트만의 해석에 따르면, 케리그마 사건은 예수사건(수난과 죽음)의 '의미 사건'이요 '해석 사건'을 뜻한다.[45] 신학이 예수사건의 의미를 찾는 데서 출발한다면, 신학의 대상은 어디까지나 케리그마 사건이라는 것이다. 역사의 예수사건은, 단지 신학의 전제일 뿐이다.[46] 복음서를 초기 기독교 공동체들의 신앙고백서로 단정 짓고 있는 불트만에게 이러한 케리그마 위주의 신학적 경향은 당연하게 보인다. 그러나 이에 대해 안병무는 이의를 제기한다. "태초에 케리그마가 있었던 것이 아니라 사건이 있었다."[47] '사

---

44 루돌프 불트만, 「전제 없는 주석은 가능한가?」, 135~141쪽 참조.

45 E. Ellwein, "Fragen zu Bultmann Interpretation des neutestamentlichen Kerygmans", p. 16. 불트만에게 부활 자체는 역사적 사건으로 증명될 수 없다. 제자들의 부활신앙만이 역사적 증명이 가능하다. 따라서 그에 의하면 부활 자체가 아니라 부활신앙만이 역사비평학의 대상일 수 있다.

46 루돌프 불트만, 『신약성서신학』, 1쪽.

47 안병무, 「예수사건의 전승모체」, 서광선 엮음, 『역사와 신학』(한국신학연구소,

건'은 곧 역사의 예수사건을 뜻한다. 제자들의 신앙고백이라는 전제에서 공관서 전체를 역광적(逆光的)으로 보았던 불트만은, 공관서 전승을 연구한 끝에 복음서가 '확대된 케리그마'라는 결론을 내렸다.[48] 복음서는 '예수 자서전'이 아니라 제자들의 '신앙고백서'이다. 케리그마를 역사실증적(historisch) 차원이 아니라 신앙사건(geschichtlich)의 차원에서 다룸으로써, 그는 복음을 역사비평학의 대상으로부터 제외시킬 수 있다고 보았다. 그의 스승 헤르만이 복음을 '사물의 세계'가 아니라 '자기 존재의 세계'에 귀속시킴으로써 역사비평학의 대상에서 제외시켰듯이, 불트만 또한 복음을 '역사의 예수사건'이 아니라 '케리그마 사건'에 배당함으로써 그 뒤를 이었다고 볼 수 있다.

안병무는 성서와 오늘의 민중 경험을 바탕으로, 신학의 패러다임을 신앙고백 사건인 '케리그마'에서 역사의 '예수사건'으로 바꾼다. 그는 초기 기독교 공동체에서 케리그마가 누구에 의해서, 어떤 목적으로, 그리고 어떤 과정을 통해서 형성되었는지를 묻는다.[49] 케리그마를 후대에 전해주었던 초창기 교회 지도자들은 교회의 교권주의자들이었고, 그들은 교권을 세우기 위해 교회를 제도화하는 일에 앞장섰으며, 이를 위해서 예수사건을 탈정치화 또는 탈사회화할 필요를 느꼈을 것이다. 본래 정치적 사건으로 출발했던 역사의 예수사건은, 교권주의자들의 손을 거쳐 케리그마화의 길을 걷게 되었던 것이다. 예수사건의 탈정치화, 그것이 케리그마 사건이다. 케리그마의 형성에 대한 안병무의 이러한 이데

1985), 114쪽.

48 루돌프 불트만, 『공관복음서 전승사』.

49 안병무 엮음, 『사회학적 성서해석』, 208쪽 이하.

올로기적 비판이 역사비평학적으로 어느 정도 설득력을 가지고 있는지는 별개의 문제이다. 케리그마에 대한 이러한 이데올로기 비판은 오늘의 제도화된 기성 교회에 대한 그의 부정적인 생각이 담겨 있다.[50]

케리그마 전승과 달리, 역사의 예수사건을 후대에 전해준 사람들은, 교회 내의 평신도 민중 계층이었다. '예수사건 전승의 모체'는 교회 내의 민중인데, 그들은 예수사건의 목격자로서, 교회의 교권주의자들보다 비교적 생생하게, 그리고 '객관적'으로 그들이 경험한 예수사건을 전할 수 있었다는 것이다.[51] 예수사건 전승의 모체인 예수사건의 민중은 어떤 상황에 있었는가? 그들은 정치적 박해를 받고 있었기 때문에 예수사건을 공개적으로 전할 수 없었다. 곧 비공개적으로, 유언비어로 전할 수 밖에 없었다. 안병무는 유언비어 형태로 전승된 예수사건 전승에서 그 시대 민중언어의 전형을 발견한다.[52] 복음서 안에 있는 케리그마 전승

---

50 케리그마 전승에 대한 안병무의 이데올로기 비판은 교회가 제도화하기 시작한 초대 교부 시대 이후부터 타당성을 지닐 수 있을 것이다. 그러나 예루살렘 교회와 안디옥 교회, 바울 교회들이 주축을 이루는 원시 그리스도교의 케리그마에 대한 이데올로기 비판 역시 타당성을 지닐 수 있는지에 대해서는 학자들 사이에 의견이 일치하지 않고 있다.

51 안병무, 「예수사건의 전승모체」, ≪신학사상≫, 제47권(1984), 121쪽. 그가 여기에서 '객관적'이라는 표현을 어떤 의미에서 사용하고 있는지 불분명하다. 그는 그것을 '주관적'에 대립하는 이분법적 의미에서 사용하고 있는가?

52 예수사건을 민중의 유언비어로 해석하는 안병무의 민중신학적 상상력은 신학적 논리에 근거를 두기보다는, 1970년대 유신 치하에서 언론의 자유가 완전히 봉쇄되었던 역사적 상황을 반영하고 있는 것 같다. 유신시대에 독재정권의 하수인으로 전락한 모든 언론 매체들은 예외 없이 정치적 또는 사회 비판적 사건을 왜곡보도하거나 은폐했다. 따라서 사람들은 오로지 '유비 통신'을 통해서만 역사적 사건의 진실을 접할 수 있었다.

과 예수사건 전승을 구별함으로써, 초기 기독교 예수운동 내에 서로 다른 계층이 존재한다고 본 안병무의 신학적 상상력은 그가 서 있는 한국 교회의 현실을 반영하고 있다.[53]

불트만은 기독교 복음을 초기 기독교 공동체의 신앙고백 차원에 두고 케리그마 신학을 주창했다. 복음을 인간의 신앙, 감성, 의식이라는 내면적이고 주관적인 차원에 두는 불트만의 케리그마 신학은, 영지주의적인 가현론(假顯論, Doceticism)에 빠질 위험성을 배제하지 못한다. 안병무의 예수사건 신학은 이에 대한 하나의 대안임을 알 수 있다. '사건'을 인간의 주관적인 '신앙의 차원'이 아니라. 사회적인 '역사의 차원'에 안치함으로써 안병무는 불트만이 빠진 가현론의 위험에서 벗어나고 있다. 그의 '사건신학'은, 기독교 복음의 사회역사적 지평을 넓히는 데 일정한 공헌을 했다고 볼 수 있을 것이다.

3) 예수의 집단성이냐, 예수의 민중성이냐

안병무는 일정한 한도 내에서 역사비평학을 동원하여 마가의 편집신학과 그 이전의 예수사건 전승 등을 구분한다.[54] 그는 예수사건 전승의 종교적 '삶의 정황'에 도달하는 것에 만족하지 않고, 예수사건 전승을 그 시대의 정치, 경제, 이데올로기적 갈등과의 연관성 속에서 공시적(synchrone)으로 파악하고자 한다.[55] 이를 위하여 그는 사회학적 성서 해

53 타이센은 역사비평학적 연구에 사회학적 방법론을 도입하여 예수 말씀 전승 전달자들의 사회적 '삶의 자리'에 접근하는 데 비교적 성공했다. 게르트 타이센, 『원시그리스도교에 대한 사회학적 연구』, 김명수 옮김(대한기독교출판사, 1986).

54 안병무 엮음, 『사회학적 성서해석』, 205쪽.

55 같은 책, 205쪽.

석 방법을 동원한다. 동시에 그는 예수사건 전승의 '삶의 정황'을 사회역사적 지평으로 확대한다.

그렇다면 그가 해석학적 패러다임의 척도로 삼는 '예수사건'이란 무엇을 의미하는가? 예수사건과 마가가 보도하고 있는 갈릴리 민중 사이에는 어떤 관계가 있는가? 예수와 갈릴리 민중의 관계를 해명하는 틀로써 안병무는 '집단성(集團性)' 개념을 도입한다. 그는 마가복음을, 나사렛 청년 예수의 '개인전기(個人傳記)'가 아니라, 예수와 함께 동고동락했던 갈릴리 민중의 '사회전기'로 읽는다.[56] 그는 예수에게 붙여진 칭호들, 예를 들면 '하나님의 아들', '메시아', '사람의 아들〔人子〕', '로고스' 같은 개념을 두고 이스라엘의 민중 전통에 따라 집단적 해석을 시도한다. 그러므로 복음서가 말하는 예수는 단순히 '예수 개인'이라기보다, 한 무리인 '예수민중'을 뜻한다는 것을 논증하려 한다.[57] 그렇다면 안병무는 왜 예수를 '예수민중'이라는 한 집단적 표상으로 이해하는가? 서구 신학의 전통에서는 어떤가? 예수는 예수이고, 민중은 민중일 뿐이다. 예수와 그를 따르는 민중은 엄격하게 둘로 구분되어 있다. 예수가 구원의 주체라면, 민중은 구원의 객체이다. 예수와 민중의 관계는 무엇인가? 복을 베푸는 시혜자와 복을 구하고 받는 수혜자의 관계이다. 민중은 단지 구원의 대상일 뿐이다. 안병무는 모든 사물을 주객 이분법으로 나누어 보는 서구 신학의 이원론적 사유 방식에 대해서 물음을 던진다. 아마도 안병무는 모든 사물을 '불이(不二)의 관계'로 보는 동양의 사

56 안병무, 『민중과 한국신학』(한국신학연구소, 1982), 177쪽.

57 안병무는 다니엘서 7장에 나오는 '인자'를 집단적 표상의 표본으로 내세운다. 그러나 인자에 대한 개인적 또는 집단적 해석의 정당성 여부는 구약학자들 사이에서 여전히 논란의 대상이 된다.

유 지평에서 예수사건을 해석하고 있는 것 같다. 그는 예수와 민중을 분리된 실체로 보는 것을 지양하고, 하나의 운명 공동체인 집단적 관계로 본다. 예수를 민중과의 관계적 집단으로 파악함으로써 안병무는 '오늘의 예수'를 민중 속에서 사회역사적으로 만나려고 한다.[58]

안병무는 예수의 민중성을 부각함으로써, 예수와 그를 따르던 갈릴리 민중을 관계적으로 그리고 집단적 운명 공동체로 이해한다. 예수는 출신상으로나 행태상으로 민중이었다. 그가 사용한 언어는 그 시대 민중 언어였고, 그의 활동 무대 또한 갈릴리 민중의 활동 현장과 분리되지 않는다. 예수가 있는 곳에 언제나 민중이 있고, 민중이 있는 곳에 언제나 예수가 있다.[59] 복음서에서 예수의 삶의 행태와 가르침이 갖는 민중성을 드러냄으로써 안병무는 예수의 민중성이 입증될 수 있다고 확신한다. 한 걸음 더 나아가 그는 예수의 수난과 죽음이 민중의 수난과 죽음의 성격을 띠고 있으며, 예수의 부활은 민중의 부활에 상응하는 민중 봉기 사건이라고 해석한다.[60]

예수는 민중의 한 사람이다. 예수사건은 곧 갈릴리 민중사건이다. 예수사건에 대한 이러한 집단적 이해는, 안병무가 서 있는 한국 사회를 전제할 때 이해될 수 있을 것이다. 예수의 개체적 인격성과 예수사건의 유일회성을 핵으로 삼는 서구 신학의 관점에서는 예수사건을 집단적으로 이해한다는 것은 불가능할 것이다.[61] 물론 그렇다고 해서 안병무가 예

58 같은 책, 177쪽.

59 같은 책, 180쪽.

60 같은 책, 180쪽.

61 필자가 독일 함부르크 대학교 개신교 신학부 박사과정 세미나(콜로크 비움)에서 안병무 민중신학을 발표했을 때, 논쟁의 초점이 되었던 주제 가운데 하나가 '예

수를 민중으로 해소한다거나, 민중 환원주의 입장을 취하고 있는 것은 아닐 것이다. 민중의 우상화를 경계하는 그의 입장은 그가 민중 환원주의를 경계하고 있음을 나타낸다.[62]

4) 민중 구원론

인간의 구원과 해방은 어디에서 가능한가? 예수 그리스도와의 인격적 만남과 믿음에서 가능하다. 나사렛 예수의 고유한 인격과 결부된 행태, 수난, 죽음, 부활, 재림을 상정하지 않고 구원을 말할 수 있는가? 정통 그리스도교 신학의 입장에서는 불가능할 것이다. 구원의 주체는 어디까지나 예수 그리스도이며, 인간은 단지 구원의 객체일 뿐이다. 다른 길은 없다. 그러나 안병무는 구원을 어떻게 생각하는가? 민중은 어떻게 구원을 받을 수 있는가? 그에 따르면 민중의 구원은 예수 그리스도를 믿음에서 오는 것이 아니다. "민중이, 민중사건 속에서 스스로를 구원한다."[63] 구원의 주체는 개체로서의 예수가 아니다. 민중이다. 민중은 구원의 주체이지 결코 객체나 대상이 아니라는 것이다.[64] 왜 그런가? 민

수의 집단적 해석'이었다. 나치 시대의 경험을 안고 있는 독일 신학자들은 예수의 집단적 해석에서 '민중의 우상화' 가능성을 우려했다. 히틀러를 적극적으로 지지했던 '독일 그리스도교인들(Deutsche Christen)'은, 히틀러를 '현존의 그리스도'로 그리고 그를 추종했던 집단인 독일 국민(Volk)을 '구원의 전달자'로 우상화했던 것이다. 이러한 역사적 상황에서 한 인격체인 예수 그리스도를 구원의 유일한 척도로 증거했던 고백교회(Bekennende Kirche)의 신앙고백(바르멘 선언)은 히틀러 독재정권에 대한 저항적 성격을 지닌다.

62 안병무, 『민중신학 이야기』, 104쪽.

63 같은 책, 125쪽.

64 안병무, 「가난한 자」, 『한국문화와 그리스도교 윤리』(현영학 교수 정년퇴임 기념 논문집)(지성과 문화사, 1986), 324쪽.

중사건 속에서 스스로 구원을 이루어가기 때문이다. 여기에서 안병무는, 민중의 자기 초월 사건의 전형인 전태일 사건을 염두에 두고 있는 것 같다. 전태일은 자기 몸을 역사의 한복판에서 공양드림으로써 민중의 해방구와 구원의 장을 마련하지 않았던가?

민중이 구원의 주체요 민중이 메시아라는 안병무의 주장은, 독일의 신학자 몰트만과 치열한 논쟁을 벌였던 요한복음 1장 29절의 해석에서 더욱 분명하게 드러난다. "세상 죄를 지고 가는 하나님의 어린 양"은 예수가 아니라, '민중'이라는 것이다.[65] 안병무는 여기서 세상 죄를 윤리도덕적 지평에서 존재론적으로 해석하는 것을 거부한다. 세상 죄를 사회역사적 지평에서 '구조악'으로 파악한다.[66] 구조악, 곧 죄의 기원은 공(公)의 사유화(私有化)이다. 공의 사유화에 대한 대표적인 예로 안병무는 에덴 동산의 타락 설화를 든다.[67] 하나님에게 속한 것을 하나님에게 돌리지 않고, 하나님의 것을 개인이나 특정 집단이 탈취해서 사유화할 때, 이러한 공의 사유화를 일컬어 안병무는 죄라고 부른다. 그렇다면 죄가 공의 사유화에 따른 구조악과 관련되어 있다면, 안병무가 생각하고 있는 구원은 무엇인가? 그것은 '사유화된 공'을 다시 '공'으로 돌리는 것이 아닐까? 공의 공유화, 곧 사유화된 공의 사회화, 그것은 하나님의 것을 하나님에게 돌리는 행위이다. 따라서 '구조악의 척결'과 '민중 구원'은 분리되지 않는다. 공이 공유화된 모습을 안병무는 어디에서 찾는가? 예수의 밥상공동체 운동에서 찾는다. 그의 밥상공동체 개념은 "밥

65 안병무, 『민중신학 이야기』, 32쪽.

66 같은 책, 199~200쪽.

67 같은 책, 202쪽.

은 하늘이다"라는 김지하의 시적 상상력에 힘입은 바 크다.[68] 하늘이 한 두 사람에게 독점될 수 없듯이, 밥도 마찬가지이다. 독점되어서는 안 된다. 나누어 먹을 때, 곧 공이 될 때, 밥은 진정한 밥이 된다. 세리나 죄인들과 경계 없이 사귐을 갖는 밥상공동체 운동에서 안병무는 구조악이 지양된 하나님 나라의 역사적 표징을 본다.

사회의 구조악에 희생당한 민중에게서, 안병무는 세상 죄를 등에 지고 가는 하나님의 어린 양을 본다. 지금의 민중에게서 그는 현존의 예수, 현존의 메시아 모습을 본다. 안병무는 이사야서 53장에 주목한다. '에벳 야훼', 곧 '야훼의 종'이 고난을 당함으로써 이스라엘을 비롯한 온 인류에게 구원이 도래했듯이, 민중의 고난을 통해서 구원이 우리에게 온다는 것이다. 이 사실을 알리기 위하여 예수 자신도 십자가에 달려 죽었다는 것이다.[69]

민중이 메시아 의식을 가지고, 자기가 당하는 고난에서 집단의 고난을 인식하고, 자신의 절규에서 집단의 절규를 들을 수 있을 때, 민중은 세상 죄를 지고 가는 메시아가 된다.[70] 민중의 메시아성은, 자기의 고난을 집단의 고난으로 인식하는 과정에서, 그리고 자기의 구원과 해방의 몸짓을 집단의 해방의 몸짓으로 인식하는 과정에서 획득된다. 민중이 스스로 겪는 사회역사적 고난과 해방의 실천 과정에서 메시아적 자의식을 갖게 된다는 안병무의 민중 메시아론은 불트만의 주관주의적 해석학을 극복하고 있다.

---

68 같은 책, 319~330쪽.

69 같은 책, 99쪽.

70 같은 책, 11쪽.

민중사건은 민중 스스로를 구원으로 인도할 뿐만 아니라, 민중이 아닌 계급의 사람들도 구원으로 인도한다. 여기에는 단서 조항이 딸린다. 비민중(非民衆) 계층의 사람들은, 민중을 향하여 회개할 때 구원을 받게 된다. 민중을 우회(迂回)한 구원의 길은 없다.[71] 민중의 절규를 듣고, 민중의 부름에 응답하여 자기 자신을 개방할 때, 구원은 비로소 그들에게도 열린다. 안병무는 비민중 계층으로 하여금 민중을 향하여 자기 자신을 개방하도록 촉구한다. 세상 죄를 짊어지고 가는 민중을 향하여 자기 자신을 개방할 때, 비민중은 민중 속에서 '현존의 그리스도'를 만나게 된다.[72]

5. 맺음말

인간이 세계와 자기 공로에 의지해 자기 자신을 이해하는가? 아니면 하나님과 신앙에 의거해 자기 자신을 이해하는가? 이 물음은 불트만의 신학에서 모든 인간이 지니는 근본 문제이다. 인간 실존의 보편성을 토대로 불트만은 해석학적 신학을 전개했다. 성서 시대와는 다른 세계에서 살고 있는 현대인에게 어떻게 하면 그리스도교의 복음을 전할 수 있

---

71 같은 책, 99쪽.

72 역사 가운데서 비민중 계층이 양심의 가책을 느껴 자발적으로 기득권을 포기하고 민중과 스스로를 일치시켰던 경우를 찾아보기는 쉽지 않다. 따라서 비민중 계층의 자의적인 실존적 결단을 촉구하는 데 머물러서는 안 되고, 여기에서는 반드시 민중·비민중 계층을 객관적으로 규정짓고 있는 물적 조건의 변화, 즉 기존 세계 관계의 변화가 동반되어야 할 것이다.

는가? '실존의 보편성'이라는 해석 틀을 가지고, 불트만은 현대인에게 복음 전파가 가능하다고 본다.

이와 달리 안병무는 해석학의 틀을 실존에서 민중으로 바꾸었다. 인류 역사가 계급사회에 들어선 이래, 실존에 관한 물음보다도 민중의 고난에 대한 사회역사적 물음이 안병무에게는 더욱 보편성을 띤다. 예수의 민중과 오늘의 민중을 매개하는 해석학적 고리는 그에게는 민중의 고난과 해방 사건이다. 그에게 그리스도의 현존 방식은 민중이지 성령이 아니다. 세상 죄를 지고 가는 민중에게서 그는 '현존의 그리스도'를 만난다. 그의 민중 편향적 해석학에 대해 기성 교회는 많은 문제점을 제기하고 있다.[73] 그러나 안병무는 오늘의 민중 현실을 신학적 언어로 번역하는 데 충실했고, 민중을 신학의 새로운 해석학적 패러다임으로 회복하는 데 결정적으로 공헌했다.

73 김지철, 「민중신학의 성서 읽기에 대한 비판적 고찰」, ≪신학사상≫, 제69권 (1990), 439~465쪽 참조. 김지철은 정통주의 신학의 입장에서 안병무 민중신학의 문제점들을 비교적 객관성을 잃지 않고 비판한다.

제3장

탈식민지적 해석학

성서와 다른 세계관을 갖고 살아가는 현대인에게 어떻게 그리스도교 신앙을 매개할 수 있는가 하는 문제는 불트만을 비롯한 서구 신학에서는 해석학적 최대 과제였다. 이에 견주어 안병무는 그동안 서구 신학에서 주목을 받지 못했던 예수민중을 신학적 해석학의 대상으로 설정했고, 이를 계기로 탈서구신학적 해석학의 기초를 놓았다. 그는 예수민중과 한국의 민중을 상호 순환적인 해석의 패러다임 속에서 파악하고, 민중의 눈으로 성서를 독해했다. 그는 하나님 나라의 수혜자인 민중, 복음의 민중 편향성, 예수와 민중의 불이성(不二性), 구원의 통로인 민중을 새롭게 발견했다.

1. 머리말

그리스도교 신학은, 성서가 증언하는 그리스도교 사신을 각 시대마다 그 시대의 사람들에게 그 시대의 언어로 번역해야 할 해석학적 과제를 안고 있다.[1] 원래 기호학에서 유래한 해석학은 두 가지 과제를 가지고 있는데, 한편으로는 텍스트(text) 자체가 담고 있는 본래의 의미와 내용을 정확하게 파악하고 드러내는 일이며, 다른 한편으로 오늘날 해석자의 콘텍스트(context)에서 텍스트가 주는 메시지(교훈)를 찾아내는 일이다.[2] 그런데 텍스트와 해석자의 콘텍스트 사이에는 반드시 '틈(distan-

---

1 조셉 블라이허, 『현대 해석학』 참조.

2 P. Ricoer, *Hermeneutics and the Human Sciences* (Cambridge, 1987), p. 185 이하. 리쾨르는 해석학의 중요한 범주로서 '의미의 전이(appropriation)'라는 개념을 사용한다. 'appropriation'은 일차적으로 타자(others)를 자기에게 동일화시키는 것을 뜻한다. 이 개념은 전유(專有), 전이(轉移)로 번역이 가능할 것이다. 의미의 전이

tiation)'이 있기 마련이고, 그 틈은 해석이라는 작업을 통해 메워진다. 그렇기 때문에 틈을 메우기 위한 해석 작업에서는, 어쩔 수 없이 해석자의 주관이 개입되기 마련이다.[3]

텍스트와 해석자의 콘텍스트 사이에 있는 틈을 메워, 텍스트 자체가 지닌 본래 의미를 해석자의 콘텍스트에서 바르게 재창출하는 것이 해석학의 과제라면, 이를 위해서는 해석의 과정에서 범하기 쉬운 객관주의적 오류와 동시에 주관주의적 오류의 극복이 선행되어야 할 것이다.[4] 이러한 선결 과제는 성서해석학에도 그대로 적용된다. 성서 텍스트와 해석자의 콘텍스트를 이분화해서 양자택일적으로 해석을 한다거나 해석의 과정에서 둘 중의 하나를 배제한다면, 주관주의적 또는 객관주의적 오류는 피하지 못할 것이다. 따라서 해석자는 언제나 텍스트와 콘텍스트를 상호 연관성 속에서 다루지 않으면 안 된다. 성서 독해의 진정한

를 통해 해석은 텍스트와 콘텍스트 사이의 시공적 간격과 문화적 차이를 극복한다. 텍스트의 의미가 콘텍스트에서 재해석되는 것이 의미의 전이이다. 가다머 해석학에서 '지평 융합(Horizontverschmolzung)'도 이와 유사한 범주에 속한다. H. G. Gadamer, *Wahrheit und Methode*.

3 P. Ricoer, *Hermeneutics and the Human Sciences*, p. 132 이하. 리쾨르는 해석에 해석자의 주관이 개입되는 것을 '틈의 해석학적 기능'이라고 부른다.

4 Ch. Roland and M. Corner, *Liberating Exegesis* (Westminster, 1989), p. 35 이하 참조. 텍스트에 치우치는 해석학은 객관주의적 오류에 빠질 수 있다. 텍스트를 객관화하여 시공을 초월한 모든 영역에 적용시키려 할 때, 현실성을 잃게 되는 것은 당연한 이치이다. 해석자의 콘텍스트에 기울어진 해석학은 주관주의적 오류에 빠지게 된다. 주관주의적 오류는 해석에서 필연적으로 상대성과 무정부 상태에 빠지게 된다. 고재식 교수는 주관주의적 성서 해석이 무정부 상태를 초래할 위험성이 있으며, 객관주의적 성서 해석은 해석자의 현실적인 문제 해결에 전혀 도움이 되지 않음을 지적하고 있다. 고재식, 「해방신학의 해석학」, ≪기독교 사상≫, 1993년 4월호, 73쪽.

목적은 텍스트 자체를 해석해 그것 본유의 의미를 발견하는 데 그쳐서는 안 되고, 텍스트의 도움을 받아 해석자의 삶의 의미를 드러내고 그 방향을 제시하는 데까지 나아가야 할 것이다.[5]

이와 같은 해석학의 '변증법적 순환성'은,[6] 제3 세계 해방신학의 해석학 전통에서 일반적으로 발견된다. 민중신학은 이러한 해석학 전통에 포함된다. 여기에서는, 안병무의 민중신학적 해석학을 서구의 '근대성(modernity)'과 '탈식민지적(postcolonial)' 해석학의 구도 속에서 논구 하고자 한다. 안병무 민중신학의 콘텍스트인 현대의 민중, 서구의 근대 신학의 해석학, 탈식민지주의 해석학, 그리고 안병무의 민중신학적 해석학의 순서로 살펴볼 것이다.

2. 축복과 재앙

계몽주의, 르네상스, 종교개혁을 축으로 구성된 서구의 근대는[7] 18세기 말부터 프랑스 부르주아 혁명과 영국의 산업혁명을 거치면서, 인간을 무지와 억압 그리고 고된 육체노동에서 해방시켰다는 긍정적인 평가를 받아왔다. 이에 근거를 둔 인류의 미래에 대한 낙관적인 전망은,

5 같은 글, 72~94쪽. 고재식은 남미 해방신학자들의 성서해석학적 방법론을 서구 근대의 부르주아 신학적 해석학과 대비하면서 자세하게 소개한다.

6 텍스트와 해석자의 콘텍스트 사이의 변증법적 순환 작용은 어느 하나가 다른 하나를 배격하지 않을 때 가능하다. 같은 글, 80~82쪽.

7 근대의 세 축인 계몽주의, 르네상스, 종교개혁은 중세의 가톨릭적 신 중심 세계관에서 인간 중심 세계관으로의 패러다임 전이로 보아야 할 것이다. 이러한 패러다임 전이는 인간의 의식과 행동에 엄청난 변화를 주었다.

이른바 진보, 발전, 개발 이데올로기에 힘입어 정당화되어왔다. 그러나 지금까지 숨 가쁘게 달려온 근대화의 궤도를 수정하지 않는다면, 인류의 멸망은 물론이고, 이와 더불어 지구촌 생태계는 종말로 치닫게 될 것이다. 이러한 예언은 종교인들이 아니라, 과학자들에 의해서 확산되고 있는 실정이다. 21세기를 전망하면서, 인류는 로마제국의 멸망과 중세 서구 사회의 붕괴에 필적할 만한 새로운 '세기 말(fin de siê'cle)' 의식 또는 '탈근대 의식' 속에서 불안에 떨고 있다.[8] 근대적 가치가 붕괴되고, 아직 새로운 가치가 등장하지 않은 불확실한 역사의 분기점에서 인류는 전율하고 있다.

그러면 서구 근대는 인류에게 어떠한 축복과 재앙을 안겨다주었는가? 서구의 중세를 신 중심의 종교적 사회로 규정한다면, 근대는 신으로부터 인간 해방의 기치를 내걸고 진행된 인간 중심의 세속적인 사회로 규정할 수 있을 것이다. 서구 근대가 가져다준 축복은 세 가지 측면에서 요약될 수 있다. 첫째는 인간을 무지와 몽매로부터 해방시켰고[9], 둘째는 인간을 물질적 빈곤에서 해방시켰으며[10], 셋째는 인간을 정치

---

8 송두율, 『역사는 끝났는가?』(당대, 1995), 46쪽.

9 근대의 합리적이고 과학적인 사고와 종교의 세속화로 말미암아 중세의 미신, 신화, 인습에서 해방되었다. 막스 베버는 이러한 계몽의 과정을 '탈마술화(Entzauberung)'로 정의하고 있다. M. Weber, *Gesammelte Aufsätze zur Religionssoziologie* (Tübingen, 1920) 참조. 영리주의와 결합한 근대의 합리적 사고는, 수량 중심의 사회과학 발전, 물질의 풍요와 정신적 빈곤, 공공성(公共性)을 상실한 경쟁 사회로 나아가는 이론적 틀을 제공했다.

10 그러나 분명한 것은 지금도 지구촌 인구의 절대 다수가 여전히 빈곤에 허덕이고 있다는 사실이다. 탈근대의 문턱에서 남북의 문제는 여전히 미해결의 문제로 남아 있다. 근대의 생산력 증가에 따른 대량 생산과 대량 소비 구조는 인간성의 파괴와 더불어 자연의 파괴를 가속화했다. 1970년 로마클럽의 '성장의 한계'에 대

적·사회적 억압에서 해방시켰다.[11]

그러나 서구의 근대화가 인간 해방이라고 하는 축복을 인류에게 안겨주었다 할지라도, 그것은 동시에 인류에게 치명적인 재앙을 가져다주었다. 근대의 재앙은 일차적으로 합리주의와 영리주의가 결합된 경제주의에서 찾아볼 수 있다. 중세가 종교에 의해서 주도되었다면, 근대는 효율성을 가치로 삼은 자본주의 경제제도가 주도해왔다. 근대의 자본주의적 사고는 산업화를 촉진했고, 이를 토대로 삼은 대량 생산과 대량 소비의 생활 패턴은 결국 대기 오염, 수질 오염, 토양 오염, 자원의 고갈을 초래했다. 인간의 자연 개입은 본래 생태학적 균형과 조화의 틀 안에 국한되어야 하는데도, 대규모의 공업화와 과학기술의 무분별한 자연 개입은 생태계의 리듬을 파괴하고 생태계의 질서를 교란했다. 이것이 근대가 불러온 재앙 중의 하나이다.

영리주의와 과학기술이 결합한 근대 산업사회의 또 다른 모습은, 인간성의 상실에서 찾아볼 수 있다. 모든 사람에게 균일한 소비 양식을 조장하는 근대의 공업화는, 획일적인 사회와 문화 형성을 가능하게 했다. 근대의 획일적인 문화는 인간으로 하여금 창의적이고 주체적인 사고를

한 경고는 근대의 반성을 촉구했고, 지구 온난화와 토질 오염 문제는 과학기술을 통해서 근본적으로 해결할 수 없다. 그것은 환경 친화적인 인간의 생활양식과 생산활동의 억제를 통해 해결할 수밖에 없다.

11 그러나 지금도 지구촌의 여러 지역에서는 정치·사회적 억압이 엄존하고 있다. 의회 민주주의는 형식적으로는 사회 전체의 '일반의지(volenté générale)'를 전제하고, 개인 중심의 자유주의와 결부되어 있지만, 그것이 공공성을 상실하고 개인이나 집단 이기주의와 영합할 때 지배계급의 통치기구로 전락한다. 바이마르 공화국의 의회 민주주의 제도 아래서 독재자가 탄생한 것이나, 문민정부 아래서 문민독재가 시행되는 것이 그 대표적인 예이다.

할 수 없게 만들었고, 경직된 인간으로 만들었다. 그것은 동시에 다양하고 다원성을 지닌 지역 문화의 성장을 어렵게 했다. 인구의 도시 집중화는, 고향을 등진 많은 사람들을 불안감에 휩싸이게 했다. 현대인은 불안에서 벗어나기 위해서 마약에 빠져들거나 향락을 추구했다. 동시에 남보다 더 많은 것을 소유함으로써 존재감을 확인하려는 '경제적 인간(homo economics)'이 되었다. 경제적 인간의 소유욕은 적개심이 강한 경쟁심을 부추기고, 이웃을 삶의 협력자가 아니라 경쟁의 상대로 대하게 했다. 이와 더불어 근대의 공업화는, 전문적인 지식을 갖춘 인간을 필요로 했다. 따라서 편협한 인간 형성을 부채질하고, 현대인이 전인성(全人性)을 상실하게 했다. 근대의 또 하나의 특징인 정보통신의 홍수 속에서 인간은 편리하게 많은 양의 정보를 얻고 있으나, 쏟아지는 정보의 홍수 속에서 아이러니컬하게도 정보의 노예가 되어 오히려 주체성이나 창의력을 상실하게 되었다.

인간 해방의 기치를 내걸고 출발한 서구 근대는, 자본과 권력, 과학기술과 정보를 점유하고 있는 선진 국가들과 제3 세계의 지배 계층에게는 분명한 축복이었다. 그러나 근대의 혜택에서 배제를 당한 제3 세계 민중에게, 근대는 '세기 말'과 재앙으로 경험되고 있을 뿐이다.

3. 근대의 패러다임과 민중

1) 과학적 합리주의 패러다임

인간의 인식은 감성(sensus), 오성(ratio), 이성(intellectus)의 통전적(統全的)인 작용의 산물이다.[12] 그런데 근대의 과학적 합리주의 패러다임은 인간의 오성(悟性) 기능을 극대화하여, 인식 세계를 주체와 객체로 구별했다. 과학적 합리주의는 사물의 성질을 수량 관계로 치환하고, 심지어 인간의 행복까지 수량화하려고 한다. 과학의 합리주의는, 인간의 오성을 통해서 파악될 수 없는 세계, 곧 불가시적인 현실이나 무의식의 세계에 대해서는 관심을 기울이지 않는다.

이러한 과학적이고 분석적인 사고 패러다임은, 개체 사물을 독립된 실체로 파악하며, 개체 사물들 사이에 존재하는 상의상관성(相依相關性)을 보지 못한다. 분석적 사고 패러다임은, 사회를 구성하는 집단보다 사회의 최소 단위인 '개인(individual)'을 중시한다.[13] 그것은 근대 개인주의의 발판이 되었다.

2) 개인주의적 패러다임

개인의 자유를 중시하는 근대 세계는, 개인을 사회 및 자연과 분리된 자율적이고 독립된 실체로 파악한다. 근대 세계에서는 개인의 욕망 추구가 곧 자유의 내용이 된다. 모든 개인은 물질적 욕망을 추구하는 권리 주체라는 점에서 평등하고 상호 존중되어야 한다. 근대 시민사회의 인도주의적 책임 윤리는 바로 여기에 기원을 둔다.[14] 근대의 개인주의는

---

12 감성은 오감을 통해 외부 세계를 경험하고, 오성은 이를 분석하며, 이성은 오성이 분석한 재료를 통합한다. 이로써 인간의 총체적인 인식이 이루어진다.

13 '개인'에 해당하는 영어의 'individual'은 '더 이상 분리할 수 없는 것'에 해당하는 'in-divide'에서 유래한다. 근대 사회의 최소 단위인 개인은 근대 물리학의 최소 단위인 원자나 소립자에 비유될 수 있다.

14 '부르주아(bourgeoisie)'는 원래 근대 사회에서 사적(私的)인 개념으로 통용되었다. 부르주아 계급은 한편으로 관료주의와 결합하여 근대 사회의 부패와 타락을 상징하기도 했지만, 다른 한편으로 역동성과 발전의 상징이기도 했다.

사회의 공동체적 가치를 중요하게 생각하지 않는다. 사회를 구성하고 있는 개인의 가치를 중요시한다. 사회는 단지 독립된 개인의 집합으로 이루어지기 때문이다. 개인의 '파우스트적 충동'을 무조건적으로 긍정하는 근대는[15] 투쟁주의, 무한 경쟁, 적자생존의 윤리관을 형성한다. 그것은 한편으로 효율 위주의 시장경제 체제의 추진력이 되었고, 다른 한편으로 경쟁 사회를 부추겼다. 이러한 개인 윤리의 패러다임에서는, 공공성(公共性)의 윤리가 설 자리가 없다.

3) 이항대립적 패러다임

사물을 독립된 개체로 보는 분석적 인식은, 모든 사물을 이분법적으로 파악한다. 이분법적 사고는 사물을 중심과 주변, 본질과 현상으로 구분하여 이해한다. 이는 필연적으로 한편을 중시하고 다른 한편을 경시하게 된다. 근대 세계의 이항대립적 패러다임은 무엇보다도 인간 중심주의에서 극명하게 표현된다. 인간은 생태계의 한 종(種)에 불과하다. 다른 동식물에 의존하지 않고는 살아갈 수 없는 것이 인간이다. 그러나 근대는 '인간의 복지'라는 가치를 절대화했다. 그뿐 아니라, 사회를 강자와 약자로 계층화해 양극화를 불러일으켰다.[16] 근대의 이항대립적 패러

---

15 O. Spengler, *Der Mensch und die Technik, Beiträge zu einer Philosophie des Lebens* (München, 1918) 참조.

16 田村正勝,『新時代の社會哲學, 近代的パラダイムの轉換』(東京, 1995), 30~44쪽. 타무라가 그의 책에서 제시하고 있는 근대적 패러다임과 대안적 패러다임은 다음과 같이 대비할 수 있을 것이다.

근대적 패러다임	대안적 패러다임
(1) 부분적 인식과 사고	총체적 인식과 사고
(2) 사유-실재 원리의 혼동	사유-실재 원리의 분별

다임의 사회적 산물인 '타자(他者)'로서의 소외 계층은 민중, 식민지, 자연, 정신병자(Michel Foucault) 등의 모습을 띠고 나타난다.

4. 해석학적 패러다임의 전환

중세 기독교는 신 중심, 교회(교황) 중심, 성례전 중심의 신학을 형성하고 있었다. 계몽주의 이후 기독교는 인간 중심, 세속 권력 중심, 과학 중심의 세계관 속에서 복음을 전파하지 않으면 안 되었다. 계몽주의 유산을 물려받은 역사비평학은 바로 이 문제를 가지고 씨름했다. 18세기의 제믈러(J. S. Semler)[17] 이래로 역사비평학은 성서를 해석하는 데서 중요한 방법론으로 채택되었다.[18] 성서는 하나님의 계시를 담고 있는 책이지만, 기독교 신앙공동체에 의해서 기록된 역사적 산물이라는 기본 전제에서 역사비평학의 성서 연구는 시작된다.

성서를 역사비평학의 패러다임으로 독해한다는 것은 무엇을 의미하

---

(3) 사물의 독립성과 자기 완결성	사물의 상호의존성과 자기 개방성
(4) 사물의 이항대립 이해	사물의 유기체적 이해
(5) 직선적 사관	순환적 사관
(6) 인간 중심주의	자연(생명) 중심주의
(7) 사유화	공공화
(8) 소유 양식(Habensmodus)	존재 양식(Seinsmodus)

17 J. S. Semler, *Vorbereitung zur theologischen Hermeneutik*.

18 크라우스는 중세 역사, 정치, 종교에 대한 계몽주의의 역사비평적 방법이 성서 연구에 도입되어 역사비평학이 발전했다고 본다. H. J. Kraus, *Geschichte der historisch-kritischen Erforschung des Alten Testaments* (Neukirchener-Vluyn, 1982) 참조.

는가? 지금까지 성서 해석계를 지배해왔던 도그마적이고 교권주의적인 패러다임을 포기한다는 의미이다. 다른 한편으로는 문자주의적이고 축자영감적인 패러다임을 포기한다는 것을 뜻했다. 전자가 교회의 권위에 따라 주어진 도그마의 '틀(Rahmen)'로 성서를 독해한다면, 후자는 성서 문자 하나하나를 절대로 오류가 있을 수 없는 하나님의 말씀으로 받아들인다. 성령의 감동으로 쓰였기 때문이라는 것이다. 이들은 성서의 복음을 실증적으로 증명 가능한 보편적 진리로 보았다. 축자영감설과 문자무오설(文字無誤說)은, 지금도 개신교 근본주의자들의 강력한 지지를 받고 있다. 근본주의자들은 인간의 모든 문제에 대한 해답을 성서 속에서 찾고, 성서 문자를 법조문화했다. 근본주의자들이 주장하는 계시 실증주의적 패러다임은, 하나님에 대한 신앙 대신에 성서 문자에 대한 신앙을 강제한다. 그들은 성서를 삶의 차원이 아니라 단지 실증적 테두리 안에 가두어놓는 오류를 범하고 있다.[19] 개신교 근본주의자들은 스스로를 성서 해석의 심판관으로 내세운다. 그들의 축자영감적이고 문자무오적 성서 독해야말로 보편타당성을 지닌 진리이기 때문에, 이와 다른 모든 성서 독해를 이단으로 단죄한다. 이와 같이 근본주의적 성서해석학은 기독교 2,000년 역사에서 성서가 다양하게 해석되어왔다는 사실을 부정하고, 다양한 성서 해석의 길을 차단하고 있다.[20]

---

19 엘리자베스 피오렌자(Elisabeth. S. Fiorenza), 「해석학의 에토스: 탈근대적·탈식민지적 상황에서의 성서연구」, ≪신학사상≫, 1996년 겨울호, 47쪽.

20 클로도비스 보프(Clodovis Boff)는 근본주의적 해석학을 해석학적 즉흥주의(Hermeneutic Improvisation)로 그리고 역사비평학적 해석학을 의미론적 실증주의(Semantic Positivism)로 이름 붙인다. C. Boff, *Theology and Praxis* (New York, 1987), p. 136 이하. 그러나 그는 양자를 너무 도식적으로 이해한다.

역사비평학은 성서의 문자무오성이나 축자영감성을 받아들이지 않는다. 성서를 초기 교회 공동체의 신앙의 산물로 보기 때문이다. 따라서 성서 문자를 맹신하기보다 반성적으로 이해하려고 한다. 그들은 성서 독해의 틀로 객관성, 과학성, 가치중립성, 비판성을 사용한다. 역사비평학은 성서 본문(text)과 해석자의 상황(context) 사이의 간격에 주목한다. 성서 본문에서 역사적 신빙성이 높은 일차적인 예수 말씀 자료들과 교회의 선교 모티브에 따라 형성된 이차적인 예수 말씀 자료들을 구분한다. 그런 다음 역사비평학은 그 자료들에 대한 역사적 진정성을 탐구한다. 그런데 역사비평학은 그들이 사용하는 과학성과 객관성을 절대화하는 오류를 범한다. 근본주의자들이 '계시 실증주의적' 오류에 빠졌다면, 역사비평학자들은 '역사 실증주의적' 오류에 빠지고 있다.[21] 역사비평학은 성서를 객관화함으로써 해석자를 텍스트로부터 분리한다. 이 해석 방법은 해석자로부터 성서를 상대화할 뿐만 아니라, 해석자 자신도 성서로부터 상대화된다.

성서가 역사적 산물이기 때문에 역사비평학의 대상이 된다면, 성서가 증언하고 있는 하나님 또한 역사비평학의 대상이 될 수 있는가? 근대 해석학의 아버지로 불리는 프리드리히 슐라이어마허는 성서의 역사적 '상대성'과 복음이 담고 있는 '절대성' 사이의 틈을 메우기 위하여, 이른바 '신의식(Gottesbewußtsein)'의 차원을 설정했다.[22] 그는 하나님을 의

---

21 역사적 상대주의, 가치중립성, 개인주의적인 성향을 띠고 있는 역사비평학적 패러다임은 근대 지식인 부르주아적 성서 독해의 전형적인 모습이다. J. Thile, "Bibelauslegung im gesellschaftlich-politischen Kontext," in W. Langer(Hrg.), *Handbuch der Bibelarbeit* (München, 1987), pp. 106~114 참조.

22 F. Schleiermacher, *Der Christliche Glaube*. 빌헬름 헤르만도 세계를 역사적으로 증

식의 차원에 안치함으로써 신을 역사비평학의 대상에서 제외했다. 슐라이어마허 해석학의 영향 아래 있는 불트만은, 역사비평학을 이용해 예수 말씀들이 전래된 여러 '전승 계단(Überlieferungsschicht)'을 복음서에서 찾아냈다.[23] 그는 복음서를 역사 전승 재료와 케리그마 재료로 이분했다. '역사의 예수'와 '케리그마의 그리스도'를 이항대립적으로 구분했던 것이다. 물론 불트만에게는 케리그마가 일차적이요, 역사의 예수는 이차적인 의미를 지닌다. 케리그마는 역사비평학의 연구 지평이 아니라 인간 자기 자신의 차원, 곧 인간 '실존'의 지평에서 다루어져야 한다는 것이다.[24] 불트만은 성서 텍스트가 그 시대에 어떠한 의미가 있었는지 역사실증적으로 묻지 않는다. 오늘 나에게 어떤 의미가 있는지, '실존의 가능성' 지평에서 묻는다.

성서 텍스트와 해석자의 콘텍스트 사이의 '틈'을 인간의 보편적 범주인 실존을 매개로 하여 메우려는 불트만의 작업은 이른바 '탈신화화 기획'에서 본격화했다.[25] 신화적 세계관을 담고 있는 그리스도교 사신을, 어떻게 자연과학적 세계관 아래 살고 있는 현대인에게 중재할 수 있는

명 가능한 '사물의 세계'와 오직 내적 체험으로만 확인될 수 있는 '자기 존재의 세계'로 이분하고, 하나님과 영혼을 후자에 안치했다. 그리스도교 사신은 사실의 영역이 아니라 체험의 영역에 속한다. W. Hermann, *Ethik*.

23 루돌프 불트만, 『공관복음서 전승사』.

24 루돌프 불트만, 『학문과 실존』 I, 186쪽. 불트만은 세계대전 직후 서구 부르주아 지식인 사이에 풍미했던 하이데거 철학의 실존 개념을 신학의 범주로 끌어들여 그리스도교 사신을 해석하는 도구로 사용했다.

25 루돌프 불트만, 『학문과 실존』 II, 64~103쪽. 불트만의 '탈신화화 기획'에 관해서는 김명수, 「민중신학의 해석학」 I, ≪기독교 사상≫, 1992년 3월호, 89~101쪽 참조.

가? 자연과학적 세계관의 세례를 받은 현대인에게, 근본주의자들이 주장하는 성서의 문자무오성에 대한 믿음을 강요하는 것은, 불트만이 보기에 오히려 복음에 거스르는 일이다. 그것은 지성을 희생하는 일이었다. 그래서 그는 인간의 실존의 영역에 복음을 관계 지움으로써 현대인에게 복음을 중재하려고 했다.[26] 그에게는 신화의 의상을 걸친 그리스도교 사신을, '실존'을 매개로 현대어로 번역하는 것이 곧 과제였다. 그리스도교 사신은 예수 그리스도 안에서 나타난 하나님의 구원사건을 증언하는 것이다. 그것은 인간이 무엇을 통해 자기 자신을 이해할 것인가 하는 실존적인 결단을 촉구한다. 따라서 해석학의 과제는 그리스도교 사신을 실존적으로 해석해줌으로써 인간으로 하여금 자기 이해의 길을 열어주는 데 있다.

이상에서 살펴본 것처럼, 비록 불트만이 실존을 매개로 성서 텍스트와 해석자의 콘텍스트 사이의 틈을 극복하려고 했지만, 그는 여전히 이분법적 세계 이해에 머물러 있음을 볼 수 있다. 그는 역사적 예수에 대한 물음을 포기함으로써 케리그마를 역사비평학의 칼날에서 구원했는지 모르지만, 이러한 그의 시도는 복음을 인간 내면의 실존 차원에 축소시키고 가두어버리는 결과를 가져왔다. 역사와 무관한 인간의 내면적 실존 차원을 거점으로 복음을 해석하는 불트만의 시도는, 현대 부르주아 지식인에게 기독교 신앙을 매개하고 그들에게 내면적 안식처를 제공해주었다. 그러나 불트만의 시도는 그리스도교를 역사 변혁에 무관심하고 무기력한 종교, 곧 '사적 제의종교'로 전락시키고 말았다.

---

26 루돌프 불트만, 『학문과 실존』 II, 77~82쪽.

5. 탈식민지적 해석학의 패러다임

근대에서 탈근대로 넘어가는 전환기를 맞아, 이른바 성서해석학에도 변화가 생기게 되었다. 과학성과 가치중립성을 기치로 내걸었던 근대 신학의 패러다임은, 탈근대 신학의 패러다임으로 교체되고 있다.[27] 탈근대 신학의 해석학은 무엇인가? 그들은 성서 텍스트가, 근본주의자들이 주장하는 것처럼, 유일무이한 하나님의 직접 계시라고 가정하지 않는다. 그들은 또한 과학적 실증주의자들이 주장하는 것처럼, 성서 텍스트를 신빙할 만한 역사적 데이터로 가정하지도 않는다. 탈근대 신학의 해석학은 성서 텍스트를 '상징적 우주를 형성하는 특정한 관점을 지닌 담론'으로 이해한다.[28] 성서가 상징적 우주를 표현하고 있다면, 독자는 그곳에서 마치 수학 문제를 풀듯이, 결코 고정 불변한 '하나'의 정답을 찾아서는 안 될 것이다. 상징적 우주에서는, 독해하는 사람의 관점과 방법에 따라서 성서가 '다양한' 의미와 해답을 제공하기 때문이다.[29] 다시 말하면, 성서 본문은 하나의 진리나 가치가 아니라, 해석자의 상황에 따라 '다(多)가치'와 '다(多)진리'를 드러낸다. 탈근대적 해석학의 패러다임은 성서가 내포하고 있는 상징적 우주가 지니는 수사학적 특성과 텍스트의 다원성에 주목한다.

---

27 이에 대해서는 김명수, 「탈 자유주의 신학과 한국신학의 미래」, 『그리스도교와 탈현대성』, 대한기독교서회, 2000을 참조할 것.

28 L. Alcoff, "Justifying Feminist Social Science," in *Hypatia* 2, 1987, pp. 107~127. 엘리자베스 피오렌자, 「해석학의 에토스: 탈근대적·탈식민지적 상황에서의 성서 연구」, 51쪽에서 재인용.

29 M. Mandelbaum, *The Anatomy of Historical Knowledge* (Baltimore, 1977), p. 150.

이러한 탈근대적 해석학은 텍스트의 의미를 다양하게 드러내고, 그 의미 지평을 넓히는 데 공헌했다. 그들은 성서에서 다양한 의미와 진리를 대량 생산함으로써, 텍스트를 독해하는 데 주관주의적이고 상대주의적 오류를 범할 여지를 남겨놓았다. 성서 텍스트가 우주적 상징성을 지니고 있다는 것을 부정할 수는 없지만, 그것은 상징적 우주 차원을 넘어 교회 공동체가 놓여 있는 사회역사적 삶의 현장에서 생성되었음도 간과해서는 안 될 것이다.

탈근대적 해석학의 대안으로, 탈식민지적 해석학이 대두되었다. 탈식민지적 해석학은 성서 해석의 다양한 가능성을 일정한 한도 내에서 수용한다. 탈식민지적 해석학의 과제는 두 가지다. 한편으로 인간의 이성과 합리성을 내세운 서구 근대 해석학에 문제를 제기하고, 다른 한편으로 사회의 중심부에서 변두리로 밀려난 '타자(others)'인 민중을 신학의 대상으로 부각하는 것이다. 민중은 역사의 주체인 동시에 역사의 소외자이기도 하다. 민중이 스스로를 역사의 주체로 인식하고, 성서를 그들의 경험에 비추어 새롭게 독해하도록 돕는 것은 탈식민지적 해석학의 주요 과제이다. 이 해석학적 패러다임은 한편으로 성서에 대한 이데올로기적 비판과 사회적·정치적 해석을 추구하고, 다른 한편으로 수사학의 발판인 정치적 민중을 해석학의 주제로 삼는다.[30]

탈식민지적 해석학은 해석학의 윤리적 책임성을 강조한다. 곧 온갖 형태의 불평등과 억압 구조로부터의 민중 해방을 과제로 삼는다.[31] 그

30 R. H. Brown, *Society as Text: Essays on Rhetoric, reason, and Reality* (Chicago, 1987), p. 85 참조.

31 H. M. Bonino, 『해방의 정치윤리』(한국신학연구소, 1985), 74쪽 이하 참조.

것은 동시에 해석학의 과제를, 텍스트의 의미 규명에 한정시키지 않고, 어떠한 해석학적 패러다임이 텍스트를 바르게 다룰 수 있는가를 묻는다. 설령 성서가 의미와 해석의 다원성을 지닌다 하더라도, 그것은 텍스트의 사회역사적 조건에 따라서 규정될 수밖에 없다. 그렇다면 텍스트가 지니는 의미들 역시 교회 공동체의 '일정한' 사회적·정치적 조건에 의하여 제약된다. 이 점을 피오렌자는 다음과 같이 말한다. "한 본문의 해석학은 본문 자체에 의해서 제약된다. 본문은, 그 자체의 의미와 경계들을 지시한다."[32]

탈식민지적 해석학의 패러다임은 성서의 정치윤리적 차원과 사회역사적 차원을 민중의 지평에서 재구성한다. 그럼으로써 신학적 해석학이 외면해왔던 민중의 소리와 운명의 개혁을 해석학의 대상으로 삼았다.[33] 탈식민지적 해석학은 오늘의 불의한 사회구조 속에서 성서의 해방적 기능을 수행하도록 촉구한다. 성서 해석에 그쳐서는 안 되고, 한 걸음 더 나아가 진정한 사회적 실천을 통해서 민중의 삶의 현실을 변혁하는 데까지 나아가야 한다.[34]

이와 같이 탈식민지적 해석학은, 사회의 중심부에서 밀려난 민중을

---

32 엘리자베스 피오렌자, 「해석학의 에토스: 탈근대적·탈식민지적 상황에서의 성서 연구」, 56쪽.

33 E. S. Fiorenza, "Text and Reality-Reality as Text: The Problem of a Feminist Historical and Social Reconstruction Based on Texts," *Studia Theologica*, 40(1989), pp. 19~34.

34 세군도는 진리의 궁극적인 기준은 이론이 아니라 민중의 사회적 운명의 개변을 위한 해방의 실천에서 찾아야 한다는 점을 분명히 한다. 이러한 당파적 해방 실천이야말로 진리가 보편성을 획득할 수 있는 진정한 방법이다. J. L. Segundo, *Liberation of Theology* (New York, 1976), p. 32 참조.

'신학함(doing theology)'의 출발점으로 삼는다. 민중의 눈으로 성서를 독해함으로써, 기존의 관념적이고 추상적인 해석학적 패러다임을 지양한다. 동시에 탈식민지적 해석학은 민중에게 인식론적 특권을 부여한다. 탈식민지적 해석학의 대표적인 예의 하나로서 안병무의 민중신학적 해석학을 들 수 있을 것이다.

6. 안병무의 해석학적 패러다임

1970년대 중반까지만 해도 안병무는 전형적인 강단 신학자였다. 그는 한국신학대학에서 키르케고르, 하이데거, 불트만으로 이어지는 실존주의 신학을 가르치는 데 몰두했다.[35] 그 당시 안병무가 사용한 신학적 언어들은 주로 주관주의적이고 실존주의적인 틀 안에 머물러 있었다. 안병무의 신학적 패러다임 변화는 민중 경험을 계기로 이루어졌다.[36]

① 박정희 군사정권은 조국 근대화를 위한 경제개방 정책을 실시했는데, 해외 자본과 저임금을 두 축으로 했다. 이것은 한편으로 해외 자본에 의한 한국 경제의 예속을 초래했고, 다른 한편으로 한국 사회의 빈

---

35 불트만의 실존주의 신학의 영향 아래서 쓴 안병무의 글들을 모은 대표적인 책으로는 『성서적 실존』(한국신학연구소, 1977)이 있다.

36 민중신학 이전의 안병무는 일차적으로 한국 교회의 정통 근본주의 신학을 비판하는 데 심혈을 기울였다. '지성의 희생'을 강요하는 성서 문자주의와 축자영감설에 대한 날카로운 비판은 창조 설화에 대한 역사비평적 해석에서 잘 나타난다. 안병무, 『역사와 해석』(대한기독교서회, 1978).

부격차를 다그쳤다. 1970년대에 접어들면서 이러한 모순들이 사회 전반에 걸쳐 확산되었고, 근대화의 실질적 주역이었던 노동자, 농민, 도시빈민 등은 근대화의 혜택에서 배제를 당한 채, 구조적인 빈곤과 억압의 질곡에서 헤어날 수 없었다. 민중은 근대의 '타자'가 되었다. 1970년 11월 전태일 분신 사건을 계기로, 그동안 누적되었던 민중의 생존권을 위한 경제 투쟁이 민주 회복을 위한 정치 투쟁과 병행하여 전국적으로 확산되었다.[37] 전태일 사건은, 개인 영혼 구원을 선교의 전부로 알았던 한국 교회로 하여금 새로운 각성을 하게 했다.[38] 한국 교회는 하나님 선교 Missio Dei 신학에 근거하여, 사회적 약자들의 생존권 투쟁에 적극 참여하는 것을 선교의 새로운 과제로 인식하기 시작했다.

안병무는 1970년대 민중의 생존권 투쟁, 1975년 독재정권에 의한 교수직 박탈, 1976년 투옥 등 일련의 민중 경험을 통해 깨달은 바가 있다. 실존주의 신학이 현대 크리스천 지식인에게 내면의 위안을 줄 수 있을지 몰라도, 민중의 현실을 인식하고 변화시키는 데는 쓸모가 없다는 것이다. 안병무는 실존주의 신학적 패러다임을 과감히 벗어 던진다. 그는 '실존의 눈'이 아니라, '민중의 눈'으로 성서를 새롭게 읽기 시작한다.[39]

안병무의 민중신학적 해석학은 민중사건 속에서 일하시는 하나님의 활동을 식별하게 하고, 예수 그리스도를 새로운 눈으로 보게 한다.

---

37 민중신학 태동기의 사회 역사적 상황에 대해서는 김성재, 「민중신학의 발전 과정과 방법론」, ≪신학사상≫, 제95권(1996), 212~246쪽 참조.

38 도시산업선교(UIM) 운동은, 하나님 선교 신학의 이론적 근거 아래서 공장 근로자들과 도시 빈민들의 생존을 위한 투쟁에 적극적으로 연대하는 등 사회선교에 힘을 쏟았다.

39 안병무, 「한국적 그리스도인 상의 모색」, ≪신학사상≫, 제52권(1986), 48쪽.

초대 그리스도인들은 바로 그 십자가에서 그리스도를 만났다. …… 오늘의 우리는 어디에서 그리스도를 만날 수 있나? …… 우리가 오늘의 그리스도를 들을 수 있는 것은 바로 2천 년 전의 그리스도의 절규를 오늘(민중사건 : 필자 주)에서 들을 수 있을 때다. …… 그것은 수난을 당하는 이웃의 비명소리를 타고 우리 현장에까지 진동한다. …… 바로 이러한 절규에 호응해서 그 고난에 참여하는 자는 오히려 그 현장에 현존하는 그리스도를 만나고 있는 것이다.[40]

안병무의 신학적 해석학은, 오늘의 민중이 처한 현장에서 출발하여 성서로 나아간다. 그리고 성서 텍스트에서 출발하여 오늘날 민중이 경험하는 현실로 돌아오는 해석학적 순환 구조를 가지고 있다.[41]

② 성서는 묻지 않으면 침묵한다. 물음은 해석학의 출발점이다. 민중의 현실에 대한 물음은 해석자로 하여금 필연적으로 성서의 텍스트를 향해 시선을 돌리게 한다. 안병무는 '예수사건'을 물음의 출발점으로 삼는다. 예수사건은 '민중 언어'로 전승된다.[42] 예수사건의 전승 주체인 민중은 정치적 박해 아래 있었기 때문에, 예수사건을 액면 그대로 전달하지 못했고 유언비어의 형태로 전달했다는 것이다.

안병무는 태초에 케리그마가 있었던 것이 아니라, 예수사건이 있었다고 말한다. 예수사건의 선행성(先行性)을 강조한다. 케리그마 전승자들

40 안병무, 「오늘의 그리스도」, ≪현존≫, 제68권(1976), 8~9쪽.

41 J. S. Croatto, *Exodus: A Hermeneutics of Freedom* (New York, 1981), p. 2 참조.

42 예수사건의 전승 매체로서 민중 언어에 관해서는 안병무, 「그리스도교와 민중언어」, ≪현존≫, 제108권(1980), 8~22쪽.

이 교권주의자들이었다면, 예수사건 전승자들은 예수를 따랐던 민중이다. 케리그마 전승자들이 예수사건을 탈정치화했다면, 예수민중은 그들이 목격한 그대로 전달했다.[43] 안병무는 예수사건의 전승 주체와 전승과정을 그 시대의 사회역사적 맥락 속에서 찾음으로써, 예수사건의 사회역사성을 회복하려 한다. 이러한 노력들은 복음서에 대한 그의 사회학적 성서 해석의 시도에서 구체화한다.[44]

③ 서구신학이 신론, 그리스도론, 성령론을 신학의 주제로 삼고 있다면, 안병무는 예수민중을 신학의 대상으로 삼았다. 그는 예수민중을 역사의 주체요 하나님 나라의 상속자로 규정했다.[45] 그는 한국의 민중에 상응하는 마가복음의 '오클로스'를 신학적 해석학의 대상으로 삼고, 사

---

43 안병무, 「예수사건의 전승모체」, 121쪽. 교회가 제도화되기 이전의 원시 그리스도교 교회 공동체의 케리그마에 대하여 안병무의 케리그마 비판을 적용시켜서는 안 될 것이다. 제도화되기 이전 '가정교회(House Church)' 형태에서 지도층과 민중 계층의 엄격한 분리는 필자에게는 사실상 불가능해 보인다. 원시교회 공동체에서 케리그마와 예수사건의 이분법적 이해 역시, 서구 근대 부르주아 신학의 이분법적 패러다임이 투영된 이해라고 생각된다.

44 물론 성서에 대한 사회학적 시도들의 한계성도 주목하지 않으면 안 된다. 예수사건을 단순히 사회학적 관점에서만 해석한다면 그것은 예수사건에 대한 평면적 이해에 머물게 될 것이다. 그러나 이를 무시하면 예수사건은 '탈역사화'되고 주관적 이해에 그치게 될 것이다. 안병무는 다음 논문들에서 사회학적 성서 해석을 시도하고 있다. 「예수와 오클로스」, 『민중과 한국신학』(한국신학연구소. 1982); 「예수와 민중」, ≪신학사상≫, 제50권(1985); 「가난한 자」, 『한국문화와 그리스도교 윤리』(문학과 지성사, 1986); 「마가복음에 대한 사회학적 이해」, 『사회학적 성서이해』(한국신학연구소. 1983).

45 안병무는 인류 역사를 역사의 주체인 민중이 자기 본래의 위치를 찾아가는 과정으로 설명한다. 「새 역사의 주인」, ≪현존≫, 제91권(1978), 12쪽.

회학적 방법론을 동원해 이를 집중적으로 연구했다.[46] 예수가 선포한 하나님 나라의 도래는 갈릴리의 민중에게 어떠한 의미를 지니고 있는가? 하나님 나라가 지금 오고 있다는 예수의 선포는, 기존 세계의 종말과 더불어 새 시대의 개벽을 알리는 종소리와 같다.[47] 안병무의 신학적 해석학은 갈릴리 민중의 고난과 해방을 지향한다.

④ 안병무는 예수를 하나의 인격을 지닌 독립된 개인(Individiuum)으로 보기보다는, 민중과의 연관성 속에서 '관계적 존재'로 이해한다.[48]

---

46 안병무, 「예수와 오클로스」, 86~103쪽.

47 같은 글, 103쪽.

48 '관계적 존재'로서의 예수 이해는 최근 부흥하고 있는 예수 르네상스에서도 발견된다. 역사적 예수에 대한 '제3의 물음(The Third Question)'이라고도 불리는 예수 르네상스 신학운동을 주도하는 신학자로는 샌더스(E. P. Sanders, *Jesus and Judaism*, Philadelphia, 1985.), 라이트(N. T. Wright, *Who was Jesus?*, London, 1992), 보그(M. J. Borg, *Jesus in Contemporary Scholorship*, Vally Forge, 1994), 브라운(C. Brown, "Quest of historical Jesus", ed. by B. Green etc., *Dictionary of Jesus and the Gospels*, Illinois, 1992, pp. 337~339), 버메스(G. Vermes, *The Religion of Jesus the Jew*, Minneapolis, 1993), 맥(B. Mack, *A Myth of Innocence: Mark and Christian Origins*, 1988), 크로샌(J. D. Crosann, *The Historical Jesus: The Life of a Mediterranean Jewish Peasant*, San Francisco, 1991.) 펑크(R .Funk, *The Five Gospels*, New York, 1993.), 하비(A .E. Harvey, *Jesus and the Constraints of History*, London, 1982) 등이 있다. 예수 르네상스에 대한 좋은 안내서로는 김진호 엮음, 『예수 르네상스: 역사적 예수 연구의 새로운 지평』(한국신학연구소, 1996)이 있다. 샌더스는 예수 말씀이 아니라 예수사건을 역사적 예수 연구의 출발점으로 삼는다. 그는 성전 숙청 사건을 비롯하여 예수 공생애 기간에 일어났던 여덟 개의 예수사건을 주변 요소들과의 '관계성' 속에서 해석함으로써 역사적 예수를 재조명한다. 예수 르네상스 신학운동은 크게 두 갈래로 분류할 수 있는데, 그들은 예수운동을 유대의 사상 세계 및 헬레니즘 사상 세계와 연관 지어 이해하려고 한다. 케리그

관계적 존재로서의 예수 이해는 안병무의 초기 논문에서 그 맹아가 엿보인다. "예수가 가는 곳마다 언제나 그를 찾아 모이는 이들이 바로 오클로스이다. …… 저들은 예수의 활동의 배경이며 …… 무조건적 추종자이다."[49] 민중은 예수 활동의 배경이다. 예수는 그 어떤 조건도 내걸지 않고, 오클로스에게 하나님 나라를 약속한다. 예수는 오클로스를 형제요 자매라고 부름으로써 그들이 하나님 나라 공동체의 구성원임을 선언한다. 안병무는 예수사건을 민중과 더불어 일으킨 집단사건이라고 말한다.[50] 예수는 출신으로나 행태상으로 민중이며, 예수의 활동 무대는 민중 현장이고, "예수가 있는 곳에 민중이, 민중이 있는 곳에 예수가 있다."[51] 예수는 민중언어를 사용했고, 예수의 수난은 민중의 수난이며 그의 부활 또한 갈릴리 민중의 부활이다.[52] 예수가 고난을 당하는 바로 그때 민중의 운명을 드러내는 것이다. 안병무는 예수의 수난에서 오늘의 민중이 겪는 운명을 보았고, 오늘의 민중의 운명에서 예수의 수난이 현재화되고 있음을 보고 있다.[53] 예수와 갈릴리 민중의 관계적 이해는, 예

마가 아니라 예수사건에 우선성을 두는 이들의 신학적 해석학의 패러다임은, 안병무의 민중신학적 해석학과 일정한 한도에서 맥을 같이 한다. 예수 르네상스 학자들은 예수사건을 그 시대의 종교적·사회적 세계와 관련지어 연구하는 데 머물고 있지만, 안병무는 그것을 오늘의 민중사건과 접합하고 있는 점에서 차이가 드러난다.

49 안병무, 「예수와 오클로스」, 88~89쪽.

50 안병무, 「마가복음에서 본 역사의 주체」, 『민중과 한국신학』, 180쪽; 안병무, 「마르코 복음에 대한 사회학적 이해」, 『사회학적 성서이해』, 231쪽.

51 안병무, 「마가복음에서 본 역사의 주체」, 181쪽.

52 같은 글, 184쪽.

53 안병무는 이미 마가가 편집 작업을 통하여 이러한 시도를 하고 있다고 본다. 마가는 예수의 수난에서 그의 시대 민중의 수난을, 그리고 그의 시대 민중의 수난

수사건과 민중사건을 상호 연관성 속에서 둘이 아닌 관계로 보게 한다. 예수와 민중은 하나도 아니요, 그렇다고 별개도 아닌 '부즉불이(不卽不二)'의 관계에 있다.[54] 민중사건으로서 예수사건은, 유일회적인 사건이 아니라 마치 '화산맥'처럼 민중사건 속에서 끊임없이 분출한다. 안병무는 예수와 민중을 주객으로 나누어 별개의 존재로 이해하지 않는다. 불이적(不二的)인 운명 공동체로 이해한다.

⑤ 서구 신학이 해석한 성서 메시지는, '인간에 의한 인간의 억압'에 대해 침묵한다. 세군도(J .L .Segundo)는 진리의 궁극적인 척도로서 '참된 실천'을 제시한다. 진리는 역사 속에서 언제나 편파성을 띠고 나타날 수

에서 예수의 수난을 보고 있다. 민중의 고난을 매개로 한, 안병무의 텍스트와 콘텍스트 사이의 이러한 해석학적 순환성은 클로도비스 보프의 '관계 상응 유형'의 해석학과 유사점이 있다. C. Boff, *Theology and Praxis*, pp. 143~147.

54 불이법문(不二法門) 사상은 원래 대승불교의 『유마경(維摩經)』에서 유래한다. 유마힐이라는 재가(在家) 신도가 병들었다는 소식을 듣고 석가모니 붓다는 문수보살을 비롯한 제자단을 파송하여 병문안을 한다. 이때 두 현자, 유마힐과 문수보살 사이의 대화를 기록한 것이 유마경의 내용이다. 어째서 병이 났느냐는 문수보살의 질문에 유마힐은 다음과 같이 대답한다. "…… 모든 중생들이 병에 걸려 있으므로 나도 병들었습니다. 만약 모든 중생들의 병이 나으면, 그때 내 병도 나을 것입니다." 마치 아들이 병들면 그 부모도 앓는 것처럼, 유마힐은 중생의 병을 앓고 있다고 말했다. 보살이 앓고 있는 중생의 병이야말로, 보살도(菩薩道) 정신에서 유래했음을 밝히고 있다. 여기에서 불이법문 사상이 유래한다. 번뇌와 보리(깨달음)가 둘이 아니고, 부처와 중생이 둘이 아니며, 정토(淨土)와 예토(穢土) 역시 둘이 아니라는 불이법문 사상은 모든 대립을 초월한 절대 평등의 경지를 나타낸다. 경전연구 모임 엮음, 『유마경』(불교시대사, 1991) 참조. 안병무는 인식론적 관심에서가 아니라 실천적 관심에서 예수와 민중을 불가분의 관계, 곧 '부즉불이'의 관계로 이해하고 있는 것 같다.

밖에 없다는 것이다. 따라서 불의한 세계 속에서 민중의 해방을 위한 실천은 민중 편파적일 수밖에 없고, 민중 편향적인 실천을 할 때 보편성을 획득하게 된다. 안병무는 하나님의 민중 편향성을 말한다.[55]

안병무는 마가복음의 오클로스 범주에 속하는 병자, 죄인, 세리, 여인, 가난한 사람, 어린이에 관한 예수의 행태를 면밀히 연구한다. 예수는 언제나 민중의 요구에 대해 거절하지 않았고, 철저히 민중 편에 섰다는 것이다.[56] 그러나 안병무는 민중을 이상화하지 않는다. 오클로스가 '사회사적 계층성'을 나타내고 있는 개념이기는 하지만, 프롤레타리아트와는 다르다. 오클로스는 "스스로의 삶과 갈구를 지닌 자신만의 세계를 갖고 있기"[57] 때문이다. 예수는 오클로스를 미화하지도 않았고, 그들을 규합하지도 않는다.[58] 예수는 오클로스를 하나님 나라의 일차적인 수혜자로 선포한다.

⑥ 서구 신학의 해석학에서는, 예수 그리스도에 대한 신앙(pistis)을 상정하지 않고 구원을 말할 수 없다. 구원의 주체는 어디까지나 한 인격

---

55 J .L .Segundo, *Liberation of Theology*, p. 101.

56 안병무, 「예수와 오클로스」 참조. 안병무의 민중의 편파적 해석학은 피오렌자의 비판적 독해의 윤리학과 책임의 윤리학적 해석학에 상응한다. 엘리자베스 피오렌자, 「해석학의 에토스: 탈근대적·탈식민지적 상황에서의 성서연구」, 56쪽.

57 안병무, 「예수와 오클로스」, 103쪽.

58 피오렌자도 탈식민지적 해석학이 민중을 이상화하지 않도록 주의해야 한다는 점을 지적하고 있다. 민중도 억압자와 마찬가지로 비인간화되었기 때문이다. 비인간화되고 분열된 민중도 그렇기 때문에 교육의 대상이 되어야 한다. 엘리자베스 피오렌자, 「해석학의 에토스: 탈근대적·탈식민지적 상황에서의 성서연구」, 60~61쪽; 파울로 프레이리, 『페다고지』, 성찬성 옮김(한국천주교평신도회, 1979), 32쪽 참조.

인 예수이며, 인간은 어디까지나 구원의 대상일 뿐이다.[59] 그러나 안병무에 따르면 민중은 구원의 객체가 아니라 주체이며, 민중사건 속에서 스스로를 구원한다.[60] 안병무는 민중 메시아론을 말한다. 요한복음의 '세상 죄를 지고 가는 하나님의 어린 양'을 민중과 일치시킨다(1장 29절).[61] 민중의 고난은 우리를 구원으로 이끄는 메시아적 고난의 성격을 띤다.[62] 민중은 구원의 주체이며 동시에 구원의 통로이기도 하다. 이러한 안병무의 해석학은, 한국적 상황에서 민중의 자의식을 일깨우고, 비민중이 민중과 연대하는 삶을 이끌어내도록 인도하는 데 목적이 있다.

7. 맺음말

불트만의 신학적 해석학은, 모든 인간은 자기 자신에 관하여 물음을 던지는 존재라는 명제에서 출발했다. 인간이 세계와 업적으로부터 자기 자신을 이해하느냐, 아니면 하나님과 신앙으로부터 자기 자신을 이해하느냐는, 불트만이 보기에 모든 인간에게 해당되는 보편성을 띤 물음이다. 성서와 다른 세계관을 갖고 살아가는 현대인에게 어떻게 그리스도교 신앙을 매개할 수 있는가 하는 문제는 불트만을 비롯한 서구 신학에

---

59 최근 민중신학계에서 거론되고 있는 민중의 죄론에 대한 관심에서는, 예수와 민중을 이분화하고, 민중을 객체화하는 보수 회귀적인 경향성이 엿보인다.

60 안병무, 「가난한 자」, 324쪽.

61 안병무, 『민중신학 이야기』, 32쪽.

62 같은 책, 115쪽. 그는 민중의 메시아성을 좀 더 역동적인 해방의 실천 과정이 아니라, 수동적인 고난의 인식 과정에서 찾는다.

서는 해석학적 최대 과제였다.

이에 견주어 안병무는 그동안 서구 신학에서 주목을 받지 못했던 예수민중을 신학적 해석학의 대상으로 설정했고, 이를 계기로 탈서구신학적 해석학의 기초를 놓았다. 그는 예수민중과 한국의 민중을 상호 순환적인 해석의 패러다임 속에서 파악하고, 민중의 눈으로 성서를 독해했다. 그는 하나님 나라의 수혜자인 민중, 복음의 민중 편향성, 예수와 민중의 불이성(不二性), 구원의 통로인 민중을 새롭게 발견했다. 오늘의 민중과 성서의 민중은 다르다. 상이한 역사적 조건 아래 놓여 있기 때문이다. 그렇다 하더라도, 삶의 질과 존재 양식에서 양자 사이에는 공통점이 있다. 그들은 구조악에 의해 억압된 상태에 놓여 있으며, 해방을 얻기 위해 스스로 노력한다. 이러한 측면에서 볼 때 성서의 민중과 오늘의 민중 사이에는 '불연속적 연속성(uncontinuierliche Kontinuität)'이 있다. 오늘의 민중사건을 성서의 민중사건으로 증언하고 해석하는 것만으로 신학적 해석학의 과업이 완결되는 것은 아니다. 예수민중은 복음의 주체요 동시에 구원의 통로이기도 하다. 민중을 통하지 않은 구원의 길은 없다. 민중의 고난과 해방의 대열에 참여하여 세계를 변혁할 때, 우리는 구원에 이르게 된다.

제4장

민중 구원론

안병무의 민중 구원론에 따르면, 그리스도인은 민중 현장에서 그리스도의 현존을 인식하고, 민중의 고난에 참여함으로써 구원을 받는다. 그렇다면 민중 자신은 어떻게 구원받을 수 있는가? 민중은, 민중사건을 통해서 스스로를 구원한다.

민중이 나를 구원하는 메시아적 위치에 있다. 그러면 예수는 민중에게 어떤 의미가 있는가? 안병무는 예수 자신의 해방과 민중 해방을 분리해 이해하지 않는다. 구원의 주체는 예수도 아니고 민중도 아니다. 예수민중이다. 예수와 민중을 둘이 아닌 불이적(不二的) 관계로 생각하는 안병무의 관점에서 보면, 민중이 스스로를 구원한다는 것은 당연한 귀결일 것이다.

1. 민중신학의 사회적 배경

헤겔은 『법철학 강요(Grundlinien der Philosophie des Rechts)』(1821) 서문에서, 학문의 역할을 올빼미에 비유한 적이 있다. 낮에 일어난 사건을 밤에 체계화하고 해석하는 작업이 바로 학문이라는 것이다. 헤겔의 이 명제는 일면 타당성을 지니면서도, 다른 한편으로 학문의 또 다른 사명을 잊고 있음을 볼 수 있다. 사회 변혁을 위한 사명이 그것이다. 학문은 사회 현실을 올바르게 해석해야 하는 과제와 더불어 그것을 건강한 방향으로 변혁하는 과제를 가져야 한다.

민중신학도 예외가 될 수 없다. 태초에 민중사건이 있었다. 한국 사회의 민중사건, 그리고 한국 교회의 민중선교운동이 먼저 있었고, 이에 대한 신학적 성찰이 민중신학이라는 열매를 맺게 했다. 지금까지 민중사건과 민중선교운동에 대한 신학적 성찰과 해석이 민중신학의 주요 과제였다면, 앞으로 민중신학은 민중선교운동에 대한 신학이론과 사상을 정립하는 데서 더 나아가, 민중의 삶과 운명을 개선하기 위한 사회 변혁의 실천이론으로 다시 태어나야 할 것이다.

민중신학을 바르게 이해하려면, 그 신학이 태어나게 된 사회적·역사적 정황과 한국 교회 민중선교운동의 태동과 전개 과정에 대해서 살펴보아야 할 것이다. 1960년 4·19 민주학생혁명의 정신은 그 이듬해에 일어난 5·16 군사 쿠테다로 무참히 짓밟히고 말았다. 총칼로 정권을 장악한 군사정부는, '조국 근대화'를 슬로건으로 내걸고 5개년을 단위로 한 경제개발 정책을 지속적으로 추진했다.[1] 해외 자본과 저임금 정책을 두 축으로 삼아 강행된 경제개발 정책은, 한편으로 한국 경제의 고도성장을 가져왔고, 다른 한편으로 한국 경제의 외자 의존도를 높이는 결과를 가져왔다. 파이를 나누기보다는 먼저 크게 만들어야 한다는 경제개발 정책은, 사회 양극화 현상으로 귀결되었고, 이는 사회계층 간의 빈부격차를 부채질했다.[2] 한국 경제가 고도의 성장을 이룩했음에도, 일반 서민들의 생활 여건은 개선될 조짐을 보이지 않았다. 국내 자본이 열악한 상태에서 수출 주도형 경제성장 정책을 추진하다 보니, 노동자는 저임금에 시달릴 수밖에 없었다. 제조업에 종사하는 노동자들은 세계 최장의 노동시간, 열악한 노동 환경, 낮은 임금에 시달렸다.

1970년대에 들어서면서 계층 간의 갈등과 모순은 사회 전반으로 확

---

1 1차 경제개발 5개년 계획 기간(1962~1966)에는 연평균 8.5%의 성장률을 보였고, 2차 경제개발 5개년 계획 기간(1967~1971)에는 연평균 11.4%의 고도성장을 이룩했다. 隅谷三喜男, 『한국의 경제』(도서출판 한울, 1983), 11쪽 참조.

2 1973년의 경우 제조업 분야에서 한국 노동자들의 임금 수준은 미국의 15분의 1, 일본의 7분의 1에 불과했다. 주간 56시간이라는 세계 최장 노동시간에 시달리면서도 한국의 노동자들은 열악한 작업 환경과 저임금에 시달려야 했다. 같은 책, 11~68쪽.

대되었고, 경제성장의 실질적인 주역이었던 근로자, 농민, 도시 빈민은 분배 과정에서 소외되었으며 경제성장의 혜택은 소수의 지배 계층에게 독점되었다. 군사정권은 1972년 이른바 유신헌법을 공포해 민주인사에 대한 정치 탄압을 노골화했고, 노동자의 생존권 투쟁의 길을 원천봉쇄했다. 1970년 11월 13일, 청계천 5가에서 봉제공 전태일은 분신(焚身)했다. 근로자들의 저임금과 열악한 근로 환경에 항거하여 동료 근로자들과 더불어, "우리는 기계가 아니다"라고 적힌 현수막을 들고 시위를 하는 과정에서였다. 이 분신 사건은 사회 전반에 걸쳐 크나큰 충격을 주었고, 특히 지식인이 각성하는 계기가 되었다. 그동안 사회선교에 무관심했던 한국 교회도 긴 잠에서 깨어나기 시작했다.

전태일 사건을 계기로 한국 교회는 본격적으로 사회 참여를 하게 되었다. 조선 말엽 봉건주의 사회제도가 해체되는 시기에, 기독교 복음이 한국 땅에 들어왔다. 미국 선교사들을 통해 들어온 기독교는, 개화기를 맞아 새로운 민족 공동체 형성에 적극적인 역할을 담당했다. 그러나 1919년 3·1 독립운동을 계기로 일제의 종교 탄압이 본격화하면서, 한국 교회는 정교분리의 길을 걷게 되었고, 기독교의 사회적 책임을 외면한 채 개인의 영혼 구원 사업에 몰두하게 되었다. 해방을 맞으면서 한국 교회는, 기독교의 종주국임을 자처하는 미국을 등에 업은 이승만 독재정권의 비호 아래, 민족의 문제와 민중의 아픔을 외면한 채 기득권을 확장하는 데 여념이 없었다. 1970년대에 접어들면서 한국 교회는 다시 민중의 문제에 관심을 기울이게 되었다. 한국 교회의 민중선교운동은 초창기 한국 교회의 선교 전통과 복음의 정체성을 회복하는 계기가 되었다.

한국 교회의 민주화 인권운동과 민중선교의 산실은 한국기독교교회협의회(NCCK)이다.[3] 한국기독교교회협의회에 가입한 교단과 교회들은, 사회선교의 차원에서 도시 빈민과 산업체 근로자의 생존권 보장 문제에 적극적으로 관심을 기울이기 시작했고, 그들과 연대해 민중 생존권 투쟁에 참여하기도 했다.[4] 특히 한국기독학생총연맹이 벌인 학생사회개발단 운동 차원의 수도권특수지역 빈민선교와 도시산업선교(UIM)[5]는, '하나님의 선교(Missio Dei)' 신학에 이론적인 바탕을 두고 사회선교에 박차를 가했다.[6] 한국 교회는 '하나님의 선교' 신학을 근거 삼아, 제

---

3 당시 한국기독교교회협의회에 가입한 교회는 대한예수교장로회(통합), 한국기독교감리교회, 한국기독교장로회, 대한성공회, 기독교대한복음교회, 구세군 등이었다.

4 도시산업선교(Urban Industrial Mission)가 그 대표적인 예이다.

5 도시산업선교는(UIM) 사울 알렌스키(Saul Alenski)의 지역조직이론, 파울로 프레이리의 피압제자의 페다고지(Pedagogy do the Opressed), 월터 라우션부시(Walter Rauschenbush)의 사회복음(social Gospel)에 이론적 바탕을 두고, 공장 근로자와 도시 빈민을 조직해 민중의 생존권을 위한 경제 투쟁을 할 수 있도록 도왔다.

6 '하나님의 선교'는 창조주 하나님 신앙에 근거한 선교를 말한다. 지금까지 교회의 선교는 교회의 교인 수를 불리기 위한 수단이었다. 교회의 자기 확장을 위한 선교였다. 선교를 교회의 한 기능으로 이해했던 것이다. 그러나 '하나님의 선교'에서는 교회가 선교를 위한 여러 수단과 방편 중의 하나로 이해된다. 선교의 주체는 교회가 아니라 하나님이며, 교회는 성령을 통한 하나님의 선교 활동에 참여하는 하나의 도구로 이해된다. 교회 중심의 선교에서는 교회와 세계가 이원론적으로 구분된다. 교회는 거룩한 곳이고, 세상은 속된 곳이다. 하나님은 교회를 통해서 세상을 구원한다. 하나님-교회-세계라는 도식이다. 그러나 '하나님의 선교'에서는 하나님-세상-교회의 순서로 된다. 하나님께서 세상을 다스릴 때 교회를 중재자로 내세우는 것이 아니라, 성령을 통해서 직접 다스린다는 것이다. 세상은 하나님에 의해서 직접 창조되었고, 하나님의 영에 힘입어 지탱되고 있기 때문이다. 하나님은 교회가 아니라 세상을 사랑하셔서 외아들을 보내셨다. 그러므로 이 세계는 사탄이나 허무가 지배하는 세계가 아니다. 하나님께서 친히 지배하시며 사랑하시는 세계이다. 교회의 사명은 무엇인가? 성령을 통해서 세상에서

도권에 속한 교회뿐만 아니라 민중선교 현장을 교회로 간주했다.[7] 현영학은 당시 빈민선교에서 얻은 민중 경험을 다음과 같이 술회한다.

> 어느 날 날이 어두워진 다음에 똥물이 흐르는 청계천 둑을 따라 빈민선교회의 장소인 판잣집으로 가는 길이었다. 많은 사람들이 둘러서서 싸움구경을 하고 있었다. 옷은 다 찢어져서 거의 발가벗다시피 되었다. 서로 머리채를 휘어잡고 밀고 당기면서 생전 들어본 일도 없는 흉악한 욕설을 계속 퍼붓고 있었다. 싸움의 원인은 쉽게 알아차릴 수 있었다. 그들은 창녀였다. 한 아이가 다른 아이의 단골손님을 모셔다가 접대한 것이 화근이 되었다. 그중에 얼마를 포주에게 뜯기고 얼마가 그들에게 돌아가는지 알 수 없었다. 너무도 더럽고 치사하고 잔인하고 저주스러운 장면이었다. 세상에 이럴 수가! 나는 창자가 꼬이면서 통증과 역겨움이 치밀어 오르는 것을 느꼈다. 그날 회의에서는 아무 말도 귀에 들어오지 않았다. 멍청하게 앉아 있기만 했다.[8]

직접 활동하시는 '하나님의 선교'에 참여하도록 부름 받은 공동체이다. 교회에서만이 아니라, 세상 속에서 그리스도의 주권을 발견하고 회복하는 것이 하나님의 선교이다. 예수 그리스도를 교회당 안에서만 찾으려는 신자가 많으나, 그리스도가 없는 교회당도 많다. 우리는 교회 안에서 그리스도의 임재를 경험하듯이, 세상에서도 그리스도의 임재를 경험해야 한다. 이것이 '하나님의 선교'가 지향하는 바이다.

7 하나님의 선교 신학의 지평에서 보면, 한국기독교교회협의회 인권위원회, 산업선교회, 빈민선교회, 수도권선교회, 가톨릭농민회, 기독교농민회, 목요기도회, 아울러 재야 세력이 재판을 받는 법정 등도 현장교회의 한 형태라고 할 수 있을 것이다. 민중사건 현장도 물론 이 범주에 포함될 것이다.

8 현영학, 「민중·고난의 종·희망」, 『1980년대 한국 민중신학의 전개』(한국신학연구소, 1990), 15쪽.

민중신학자들은 이러한 민중 경험을 통해서 민중의 현실이 얼마나 비참한지를 알게 되었고, 가난이라는 것이 인간을 비인간적으로 만든다는 것을 새삼스럽게 깨닫게 되었다. 이런 민중 경험을 통해서 민중신학자들은 민중을 타락한 죄인으로 만들 수밖에 없는 사회구조악을 발견하게 되었다. '하나님의 선교' 신학은, 교회와 세계라는 이분법적 경계를 해체하고, 교회뿐 아니라 하나님께서 스스로 이 세계에서 구원을 이루어 간다는 확고한 신학적 태도를 갖는다. '예수를 믿음'으로써 내가 구원받고 축복을 받으려고 하는 이기주의적인 신앙 차원을 벗어나서, 이웃과 세계를 구원의 대상으로 삼는 이타주의적인 신앙을 견지한다. 빈민선교나 산업선교 활동가들은 민중과의 '연대적 삶'을 선교의 주요 과제로 삼았다. 그들은 이러한 연대운동 과정에서 사상범으로 몰리기도 하고, 감옥에 갇히는 수난을 당하기도 했다.

이와 같은 민중과의 연대운동과 더불어 한국 교회는 군부 독재정권에 항거하여 민주화와 인권 회복을 위한 정치 투쟁에도 앞장섰다. 유신헌법 철폐, 긴급조치 해제, 언론 탄압 중지, 구속 인사 석방, 민중의 생존권 보장, 이 구호들은 당시 한국기독교교회협의회 소속 교회와 성직자들이 정치 투쟁을 하는 과정에서 내걸었던 중요한 이슈들이다. 한국 교회의 이러한 정치 투쟁과 민중선교 과정에서 민중신학이 태어났다.[9]

1974년 11월 「한국 그리스도인의 신학적 성명」이 발표되었다. 민중신학자들이 작성한 것이다. 이 성명서는 군사정권에 대해서 몇 가지 점을 묻고 있다. "국가권력은 그 한계를 인정하고 있는가?" "정의를 위해

9 초창기의 민중신학을 대표하는 학자로는, 현영학, 서남동, 안병무, 문동환, 서광선, 한완상, 김용복 등을 들 수 있다.

서 권력이 사용되고 있는가?" "본래 인간의 기본권과 종교 행위가 현 정권 아래서 보장되고 있는가?" 이 성명서는 민중신학이 강조하는 앞으로 전개될 정치 투쟁의 성격을 드러내준다. 한국 교회의 민주화 인권 운동은, 개발독재에 항거하는 반체제적 성격을 띠게 되었다. 1976년 명동성당에서 개최된 3·1절 기념미사에서 김대중, 문익환, 함석헌, 안병무 등 기독교 계열의 재야 민주인사들은 「민주구국선언문」을 낭독했다. 이 선언문은 군사정권에 대해서 몇 가지를 제안했다. 부익부 빈익빈의 경제 정책의 근본적인 수정, 민족 통일을 위한 정책 수립, 민주화 등을 제시했다. 군사정권은 이와 관련된 사람을 투옥했다. 안병무, 서남동, 문동환, 이문영이 포함된다.[10]

2. 근본주의신학 비판

안병무 민중신학의 중요한 요소 중 하나는, 기성 교회의 성서관에 대한 비판적 성찰이다. 기성 교회는 대체로 근본주의(Fundamentalism) 관점에서 성서를 이해했다. 근본주의는 웨스트민스터 신앙교리에 근거를 두고 성서를 읽었다. 그것은 문자무오설과 축자영감설로 요약된다. 성서는 하나님의 말씀이기 때문에, 자구 하나에 이르기까지 오류가 있을 수 없다는 것이며, 성서는 글자마다 하나님의 영적 감동에 의해 쓰였다는 것이다. 이러한 관점에 기대어 근본주의자들은 그들 교리의 정당성을

10 민중신학의 사회역사적 토대에 관해서는 김명수, 『초대기독교의 민중생명신학』(한국신학연구소, 2001), 12장을 참조할 것.

주장했다. 그러나 문제는, 이처럼 성서를 문자무오설과 축자영감설에 기대어 해석할 때, 성서가 말하고자 하는 본래의 뜻이 상실된다는 데 있다. 근본주의적 성서 해석은 현대인에게 '지성의 희생'을 강요한다. 안병무는 한국 교회의 반(反)지성주의적 경향이 결코 이와 무관할 수 없다고 말한다.[11]

사람들은 성서를 오랫동안 생활 전반을 위한 교과서로 읽었다. 그래서 성서 안에서 인간이 살아가야 할 윤리 규범을 찾으려고 했다. 중세 교회의 지도자들은, 천동설 대신에 지동설을 주장한 코페르니쿠스와 갈릴레이를 사탄의 후예처럼 생각했다. 다윈이 진화론을 주창했을 때, 기독교는 천재지변이라도 난 것처럼 대소동을 벌였다. 창세기에서는 하나님이 처음부터 인간을 창조한 것이지, 동물이 진화해서 인간이 되었다고 말하지 않기 때문이다. 진화론에 기초한 자연과학에 따르면, 우주의 시작을 알리는 빅뱅은 150억 년 전에 일어난 사건으로 추산된다. 지구상에 생명이 출현한 역사를 35억 년, 그리고 인간의 출현을 300만 년 미만으로 추산한다. 그러나 성서에 기록된 아담의 계보(系譜)를 따라 현대까지의 역사를 연대기로 계산하면, 지구 역사는 6,000년 정도가 된다. 근본주의자들은, 과학적 결론에 대항하여 성서 문자주의 해석에 근거를 둔 지구 역사 6,000년 설을 고수한다. 지금도 근본주의적 성서교리를 신봉하는 창조과학회는 마치 성전(聖戰)을 치르듯이 지구 역사 6,000년 설을 고수한다.

물론 성서를 오랜 역사적 자료로 보고, 거기에서 하나의 특정한 지식

---

11 안병무, 『역사와 해석』, 26~28쪽; 안병무, 『민중신학을 말한다』(한길사, 1993), 55쪽.

을 추구할 수도 있을 것이다. 그러나 사람들이 성서에서 특정한 지식과 정보를 얻으려 할 때, 성서 자체가 본래 나타내는 뜻을 보지 못하고 그 일에 매달린다면 엉뚱한 결론에 도달하게 된다.

만약 중학교 정도의 지식을 갖춘 사람이, 성서의 첫 책인 창세기를 찬찬히 읽는다면, 아마도 첫 장부터 회의에 빠져들게 될 것이다. 그것은 창세기에 나오는 하나님의 세계 창조 과정이 중학교 과정에서 배운 진화론적 관점에 비추어 볼 때, 전혀 이해될 수 없기 때문이다. 더욱이 창세기에는 창조 이야기에 대한 두 가지 서로 다른 자료(1장과 2장)가 나오는데, 창조 순서의 진술에서 그 둘이 순서가 뒤바뀌고 있다. 창세기 1장에서 하나님은 모든 피조물을 남김없이 창조하시고 나서 맨 나중에 인간을 창조한다. 그런데 창세기 2장에 등장하는 창조 이야기에서는 어떤가? 하나님은 인간을 모든 피조물에 앞서 가장 먼저 창조하신다. 아담을 역사 안에서 창조된 첫 인간으로 보고, 그다음에 전개되는 이야기를 따라가다 보면 곧 모순에 부딪히게 된다. 낙원에서 추방된 후 아담은 카인과 아벨이라는 두 자식을 갖게 되는데, 카인이 아벨을 죽인다. 그러면 논리적으로는 이 세상에 세 사람만 있어야 한다. 그러나 동생을 죽인 후 추방당한 카인은 다른 지역으로 가 그곳에서 결혼하여 한 씨족을 이룬다. 이를 과학적으로 어떻게 설명할 수 있는가? 이러한 논리적 모순을 창세기를 기록한 사람은 모를 리 없었을 것이다. 그럼에도 창세기 저자는 왜 이를 은폐하려 하지 않았는가? 창세기 저작의 목적이 다르기 때문이다. 창세기 저자는, 인류의 기원을 과학적으로 밝힐 목적으로 붓을 든 것이 아니다. 하나님 앞에 선 인간(아담) 실존의 모습을 밝히기 위해 창세기를 기록했기 때문이다.

노아 홍수 이야기도 마찬가지이다.[12] 한 과학자는 이 기록에 의거하여 어느 시대에 그 근방에 큰 홍수가 있었다는 사실을 착안할 수 있다. 그는 지질학적이고 고고학적인 접근을 통해, 성서에 나오는 어느 지역에 큰 홍수가 있었음을 확인할 수 있을 것이다. 이러한 연구 결과에 따라서, 그러니까 "성서는 참 진리다"라고 말할 수 있을 것이다. 그러나 좀 더 연구를 계속한다면, 그 홍수는 성서가 말하는 것처럼 세계 전반에 일어난 일이 아니고, 어느 특정 지역에 일어난 사건임을 알게 될 것이다. 그런데 성서는 이를 전 세계 인류의 심판이라고 한다. 이와 같이 창세기 저자는, 홍수에 관한 이야기 자체를 역사적 사실(historical fact)을 위한 자료로 전하려는 의도를 가지고 있지 않다. 그는 홍수가 생긴 원인을 인간과 하나님의 관계적 지평에서, 곧 인간의 죄악에 대한 하나님의 진노와 심판의 지평에서 신앙적으로 이해하고 있다. 인간의 죄악은 결국 죽음과 멸망을 초래하게 된다는 교훈적 동기가 홍수 이야기 배후에 깔려 있다.[13]

안병무는 근본주의 성서 해석에서 나타나는 반지성주의를 비판하면서, 역사비평학적 방법을 통하여 성서의 문자 배후에 의도된 신학적인 뜻을 찾으려고 한다. 성서는 하나님의 말씀을 담고 있는 책이다. 그렇다고 해서 성서의 문자가 곧 하나님의 말씀은 아니다. 성서의 문자는 어디

---

12 창세기 7~8장

13 안병무, 『역사와 해석』, 31쪽. 안병무는 홍수 이야기를 다음과 같이 평가한다. "이 이야기 자체는 시대적인 제약을 받고 있다. 따라서 비과학적이다. 그러나 성서는 이러한 민담을 도구로 위대한 사상, 장엄한 선언을 한다. 그것은 '이 역사는 하나님의 은혜에 의해서 성립되며 존속한다'는 것이다. 이것은 성서를 꿰뚫고 있는 큰 테마이다. 성서를 읽을 때 사람들은 이러한 핵심적인 주장에 마주서야 한다. 그 중심적인 주장 앞에서 비로소 그것을 거부하거나 받아들이는 결단을 할 수 있는 것이다."

까지나 인간의 언어이다. 구약은 히브리어로 쓰였고, 신약은 헬라어로 쓰였다. 성서의 문자는 그 자체가 하나님의 말씀이 아니라, 단지 하나님의 말씀을 담고 있는 그릇에 불과하다. 따라서 성서를 해석할 때 문자에 매달리면, 그 문자가 말하고자 하는 뜻(하나님 말씀)을 얻을 수 없다. 물고기를 잡고 나면 그물을 버려야 하듯이, 뜻을 잡으려면 문자를 버려야 한다. 문자는 마치 '달을 가리키는 손가락〔指月〕'에 비유될 수 있다. 손가락이 곧 달은 아니다. 다만 달을 가리키는 방편일 뿐이다. 손가락을 달로 착각하고 시선이 거기에 머물러 있으면, 결코 달을 볼 수 없을 것이다. 인간의 언어인 문자를 근본주의자들처럼 하나님 말씀으로 절대화한다면 그것은 문자에 대한 우상숭배가 아닐 수 없다.

둘째로, 안병무 민중신학이 비판의 대상으로 삼고 있는 것은, 서구 정통주의(Orthodoxie) 신학이다. 정통주의 개념은 원래 동방교회에서 유래한다. 이단(異端)이 주장하는 잘못된 교리에 대응하는 이른바 '바른 신앙'이라는 뜻을 지닌다. 종교개혁에서 시작된 개신교 정통주의 신학은 19세기에 접어들면서 근본주의의 모습을 띠고 등장했고, 20세기에 들어와서는 바르트를 비롯해서 신정통주의(Neo-Orthodoxie)라는 옷을 걸치고 나타났다. 신정통주의는 특히 미국 보수주의 기독교에서 꽃을 피웠다. 그들은 한편으로 성서문자주의를 숭배했고, 다른 한편으로 루터의 두 왕국론을 근거 삼아 교회와 국가는 통치 영역이 서로 다름을 주장했다. 교회의 사회 참여를 거부했던 것이다. 신정통주의는 모든 인간이 하나님의 말씀 아래 서 있음을 강조한다. 인간에게는 자유의지가 없고, 단지 하나님 말씀을 듣고 복종할 의무만 주어지게 된다. 그들은 세상 위에 군림하는 그리스도를 고백한다. 그러면서도 모순되게 정치적인 문제에 대해서는 전혀 물음을 제기하지 않는다. 그것은 오로지 세상 권력에 내어 맡긴다.

안병무는 세상 위에 군림하는 그리스도를 말하지 않는다. 그 대신에 세상과 약자들을 섬기기 위하여 종으로 오신 그리스도를 말한다. 세상의 다른 종교들이나 문화도 마찬가지이다. 그들은 그리스도와 적대적인 관계를 갖는 것이 아니다. 서로 상생적인 관계를 갖는다. 안병무는 그리스도를 교회에 한정시켜 이해하지 않는다. 문화나 종교의 영역을 포함한 인간의 전체 삶의 영역을 그리스도의 활동 무대로 설정한다.[14] 그의 민중신학은 세상과 민중을 섬기며, 문화 속에서 다시 태어나는 그리스도에 관심을 갖는다. 신학의 본래 자리는 어디인가? "신학은 본래부터 왕좌에 앉는 영광의 학문도 아니며, 지배자의 이론도 아니며, 지배자를 위한 것도 아니며, 교권을 위한 것도 아니다. 그것은 사실상 수난자의 것이요, 눌린 자의 것이며, 섬기기 위한 것이다."[15]

마지막으로, 안병무가 비판의 대상으로 삼고 있는 것은 인간의 이성을 진리의 유일한 척도로 숭상하는 서구 자유주의 신학 전통이다. 자유주의 신학은 계몽주의의 비판정신을 성서 해석의 주요한 도구로 삼았다. 그들은 이성의 잣대로 성서 본문의 진위(眞僞)를 가릴 수 있다고 여겼다. 자유주의 신학은 '문화와 대립되는 그리스도(Christ counter Culture)' 복음을 견지하는 신정통주의를 비판하고, 세속 문화와 그리스도의 화해를 주창했다(Christ of Culture). "문화는 종교의 형식이요, 종교는 문화의 실체다"라는 폴 틸리히(Paul Tillich)의 명제는, 서구 사회에서 문화와 복음 사이의 밀접한 관계를 잘 설명해준다.[16]

---

14 안병무, 『기독교의 개혁을 위한 신학』(한국신학연구소, 1999), 360쪽.

15 같은 책, 361쪽.

3. 민중신학의 태동

모든 신학의 이념은, 그것이 형성된 사회역사적 상황을 떠나서 말할 수 없다. 민중신학도 예외가 아니다. 민중신학을 최초로 학문적인 지평에서 사용한 학자는 서남동이다.[17] 초창기 민중신학을 선도했던 학자들은[18] 대부분 민중사건과 한국 교회 민중선교운동의 컨텍스트에 놓여 있었다. 이들은 1970년대 중반부터 한 달에 한 번씩 정규적으로 한국신학연구소에 모여 그들이 경험했던 민중사건을 서로 나누고 발표하면서, 공동으로 신학화 작업을 진행했다. 이들이 주축이 되어 민중신학이 형성되기에 이른다. 서남동은 세계 신학계의 최근 동향을 한국에 소개하는 신학의 안테나 역할을 했던 전형적인 강단 신학자였다.[19] 그는 성서

---

16 자유주의 신학은 계몽주의 사상의 유산을 물려받았다. 곧 그것은 과학의 유용성, 종교의 역사성, 문화와 종교의 통일성을 근간으로 한다. 자유주의 신학이 중요시하는 계몽주의적 비판정신의 신학적 수용은, 역사비평학(historical Criticism)을 비롯해 근대 성서학계에 학문적 토대를 놓는 데 기여했다.

17 서남동, 「예수, 교회사, 한국 교회」, ≪기독교사상≫, 2월호(1975), 53~68쪽

18 서남동은 성서의 민중 전통과 한국 역사의 민중 전통의 합류를, 안병무는 마가복음서에 등장하는 오클로스(민중) 신학을, 현영학은 한국 민중의 가면극에 나타난 민중의 해학을, 문동환은 민중교육의 의식화 운동을, 서광선은 민중 종교의 사회학적 현상을, 김용복은 민중의 사회전기를, 한완상은 즉자적(卽自的) 민중과 대자적(對自的) 민중의 상호 관계성을, 허병섭은 민중 현장의 신학화 작업을 민중신학의 주요 테제로 삼고 연구했다. 당시 김지하의 희곡 「금관의 예수」가 민중신학자들에게 큰 영향을 끼쳤는데, 이 희곡에서는 거지, 창녀, 문둥이, 술주정뱅이와 같은 사회의 밑바닥 민중이 콘크리트에 갇혀 있는 예수의 머리에서 금관을 벗겨냄으로써 예수가 살아난다.

19 서남동은 1960년대 이후 본회퍼의 '세속화 신학'을 비롯한 불트만의 해석학적 신학, 테야르 드 샤르댕(Pierre Teilhard de Chardin)의 과정신학, 몰트만의 희망의

의 민중 전통, 교회사의 민중 전통, 그리고 한국 역사의 민중 전통이 하나로 합류하여 오늘의 민중사건을 터뜨린다고 보았다. 서남동은 전태일 사건에서 이러한 성서의 민중 전통과 한국 역사의 민중 전통이 하나로 합류되는 것을 보았다. 그는 민중의 부르짖음이 메아리가 되어 돌아온 것이 민중신학이라고 했다. 그는 민중과의 연대적 실천을 새 시대에 메시아를 영접하는 행위로 보았다. 그러한 연대적 실천이, 메시아의 은총과 자비를 가능하게 한다는 것이다.[20]

전태일 사건은 안병무에게도 신학적 패러다임을 바꾸게 하는 기점이 되었다. 서구 사회 지식인들에게 위로의 메시지가 될 실존주의 신학이, 한국 사회의 민중 상황에서는 그 어떠한 위로도 줄 수 없다는 것을 그는 깨닫게 되었다. 안병무는, 새 술은 새 부대에 담아야 한다는 예수의 말씀에 대한 시대적 인식을 가졌던 것 같다.[21] 서남동의 '기독교의 탈서구화'[22]라는 명제와 함께 안병무의 신학적 인식 전환은 민중이 겪는 고난

신학, 볼파르트 판넨베르크(Wolfhart Pannenberg)의 역사로서의 계시신학, 토머스 알타이저(Thomas Altizer)의 신의 죽음의 신학 등 서구 진보주의 현대신학의 조류를 국내에 소개했다. 이러한 사상을 담은 글들은 서남동, 『전환시대의 신학』(한길사, 1979)에서 찾아볼 수 있다.

20 서남동, 『민중신학의 탐구』(한길사, 1983) 참조.

21 안병무는 군사정권의 탄압에 의해서 구조악에 대한 인식에 도달했다고 한다. 주로 자유주의 신학사상에 익숙했던 일부 신학자들은, 날로 조여드는 구조악을 몸으로 느끼면서 이에 저항하기 위해 재래 신학이 던져준 인권이나 자유를 내걸었으나, 그런 가치만으로는 폭압적인 구조악에 항거하기엔 한계를 느낄 수밖에 없었다고 한다. 이런 저항 과정에서 이른바 성서가 말하는 사탄 또는 악마라고 하는 것은 다른 것이 아니고 구조악이라는 인식에 도달하게 되었다. 안병무, 「민중신학의 회고와 전망」(미발표 논문) 참조.

22 민중과의 만남을 통한 이러한 신학적 인식 전환은 서남동에게서 더욱 극명하게

의 현장과 직결되어 있다. "민중신학은 서재에서 나온 사변이 아니고, 한국의 정치 현장에서 형성된 역사적인 산물이요, 신학적인 귀결이다. 구체적으로는 군사정권이 수립된 이래 그들의 탄압 밑에서 그 정체를 드러낸 민중과의 만남과, 그들의 고난에 어떠한 형태로든 참여한 결과가 민중신학을 낳았다."[23]

4. 민중신학의 방법론

안병무의 민중신학은 상아탑에서 나온 것이 아니라, 거리의 민중사건 속에서 나왔다. 따라서 그는 주도면밀한 신학 논리를 전개하기에 앞서, 민중사건을 신학적으로 증언하는 데 주력했다. 불트만 신학이 실존적 자기 이해와 결단에 초점을 맞추고 있다면, 이와 달리 안병무는 민중사건의 경험과 참여에 중점을 두고 있다. 구조악에 의해 철저하게 억압과 수탈을 당하면서도, 역사에서 끈질기게 생명을 이어가는 민중은 계몽의 대상도 아니고, 구원의 대상도 아니다. 민중이야말로 참 생명의 원천이며 스스로 삶을 개척해간다.

서구 신학의 주제에서 민중은 주목을 끈 적이 없다. 그러나 안병무는 복음서에 자주 등장하는 민중을 새로운 신학의 주제로 삼았다. 그의 신학 방법론은 '위에서 아래로'가 아니라, '아래에서 위로'이다. 모든 신학

표현된다. 서남동은 전통적인 서구 부르주아 신학과의 결별을 선언하고, '반신학(反神學)'의 신학을 제창한다. 서남동, 『민중신학의 탐구』.

23 안병무, 「민중신학의 회고와 전망」(미발표 논문).

적 주제를 '민중의 눈'으로 바라본다. 그는 예수를 '독존자(獨存者)'로 보지 않고, 일종의 '관계적 존재'로 본다. '위로부터의 그리스도론(Christologie von oben)'에서 보면 예수는 누구인가? 하나님의 아들, 천상의 로고스, 성자 하나님이다. 이 시각에서 보면 예수의 신분은 하나님으로 신격화되거나, 아니면 다윗의 자손으로 귀족화된다. '아래로부터의 그리스도론(Christologie von unten)'의 관점에서 보면 어떠한가? 예수의 특징은 그의 민중성(民衆性)에서 드러난다. 안병무는 복음서에 나타나는 예수의 특성을 무명성(無名性)과 민중성에서 발견한다. 유대 사회의 밑바닥에서 온갖 종류의 학대와 멸시를 받으며 살아가는 빈자(貧者), 죄인, 창녀, 세리들이 하나님 나라 선교의 중심에 서 있다. 예수는 거룩한 장소로서 성전이나 민중의 현장을 구별하지 않는다. 그는 성(聖)에서 속(俗)을 만나고, 속에서 성을 만난다. 성과 속의 경계가 해체된다. '신적 그리스도론'에서 '민중 그리스도론'으로, '위로부터의 그리스도론'에서 '아래로부터의 그리스도론'으로 그리스도론의 패러다임 교체가 안병무에게 일어난다. '민중의 눈'은 그의 성서해석학적 방법론의 새로운 출발점이 된다.[24]

안병무는 '실체론'에서 '사건론'으로 신학의 패러다임을 바꾸었다. 서구 신학의 주요 과제가 무엇인가? 하나님이 누구냐 하는 문제이다. 하나님의 본질(essence)이나 실체(substance) 규명이 신학의 주요 과제였다. 하나님의 말씀에 근거를 둔 삼위일체 신학이 그 대표적인 예이다. 바르트는 '하나님의 말씀'을 중요시한다. 불트만도 복음서 전체를 선포된 말(Kerygma)로 환원했다. "태초에 말씀이 있었다"라는 요한복음 1장

24 안병무, 「한국적 그리스도인 상의 모색」, ≪신학사상≫, 제52권(1986), 48쪽.

1절은 서구 신학의 근간을 이룬다. 그러나 안병무는 이에 도전한다. "태초에 사건이 있었다." 그것은 곧 '예수민중사건'을 말한다. 예수는 민중과 더불어 하나님 나라 운동을 벌인다. 예수민중이야말로 하나님 나라 운동의 주체이며, 동시에 예수는 민중을 하나님 나라의 수혜자로 축복한다(누가복음 6장). 예수민중사건이야말로 케리그마에 앞선다. 역사의 예수를 탐구하는 길은 민중사건에 참여하는 데 있다.[25]

서구 신학의 주요 패러다임의 하나는 주객 이원론이다. 플라톤, 데카르트, 칸트로 이어지는 관념론에 바탕을 둔 서구 신학은 세계를 둘로 쪼개어 이해한다. 본질과 현상, 중심과 주변, 신과 인간, 이성과 감성, 육체와 영혼으로 구분하고, 양자 사이의 질적인 차이를 강조한다.[26] 주객 이원론에 바탕을 둔 서구 신학은, 신을 인간 위에 군림하는 분으로 이해하고 권력자와 민중을 지배와 피지배 관계로 이해한다.

이러한 서구 재래 신학의 주객 이분법을 안병무는 고유한 한국적 개념인 '우리'를 통하여 극복하려고 한다.[27] 민중사건에는 "나 없이 너 없

25 안병무는 바울 신학도 그의 삶과 더불어 이해해야 한다고 역설한다. 바울의 삶이 철저히 민중의 삶으로 점철되었다는 것이다. 예수의 삶을 가장 철저하게 따른 사람이 곧 바울이다. 바울 자신이 고백했듯이, 감옥에도 여러 번 갔고, 무수히 구타를 당하고, 박해를 받고, 마침내 로마에 압송되어 그곳에서 처형되었다. 이러한 고난의 삶이 전제될 때만이 바울의 신학을 바르게 이해할 수 있다. 안병무, 「민중신학의 회고와 전망」 참조.

26 서구 근대 사상체계의 토대를 제공한 데카르트의 '에고(ego) 철학'은 칸트의 관념철학에서 완성된다. 근대 정신의 에고가 바르트에게는 하늘로 올라가 '절대 타자'로, 불트만에서는 인간의 자기 이해의 차원인 '실존'으로, 그리고 틸리히에게는 인간의 심층 차원으로 내려가 '존재 자체'로 계시된다. 이러한 주관성의 계시 범주들은 인간을 외부 세계와 단절시키고, 전체로서의 세계를 정신(res cogitans)과 물질(res extensa)로 이분화한다.

고, 너 없이 나 없다. 실제로 있는 것은 나와 너가 아니고 '우리'뿐이다".[28] 한국 말 '우리'는 개체들이 모여서 여럿을 이루는 영어의 'we'와 다르다.[29] '우리'는 '울타리'에서 유래한다. 울타리 안에 있는 무리를 통틀어 '우리'라고 한다. 따라서 '우리'는 한 울타리 안에 있는 운명 공동체를 뜻한다. 민중은 평소에 이기적인 동기에 따라서 행동한다. 그러나 수난과 투쟁의 현장에서는 '우리'라는 운명 공동체 의식이 발동한다.[30] 우리가 창조하고, 우리가 투쟁하고 노동하며, 우리가 세상을 만든다.

성서에서는 너와 나의 이분법을 모른다. 인간은 개체로 존재하는 것이 아니라 오직 '우리'로 존재한다. 인간을 가리키는 히브리어 '아담(adam; homo)'은 흙을 가리키는 '아다마(adama; humus)'에서 왔다. 인간은 흙에서 나왔다. 흙으로 지어졌기 때문에 흙을 떠나 생명을 이어갈 수

---

27 안병무의 '우리' 강조가 개인주의를 극복하는 측면이 있으나, 우리와 우리 아닌 타자(others)를 구별함으로써, 또 다른 형태의 집단이기주의적 이원론으로 빠질 위험성도 배제할 수 없다. '우리'라는 경계는 해체되어 전체로, 곧 화엄 사상에서 말하는 '일즉다(一卽多), 다즉일(多卽一)'의 경지로 확장되어야 할 것이다.

28 한국말 '우리'는 본래 소 우리 또는 돼지 우리와 같은 '울타리'에서 유래한다. 한 울타리 속에 있는 운명 공동체가 바로 우리이다. 서양적 사고에서는 '나'가 중심인 반면에 동양적 사고에서는 '우리'가 중심이다.

29 영어의 'we'나 일본어의 '와다시다치(私たち)'는 이기적인 개체들의 수평적인 집합 현상 말고는 다른 것이 아니다. 'we'는 개인의 이익을 추구하는 게젤샤프트(Gesellschaft)이지 공동체의 이익을 추구하는 게마인샤프트(Gemeinschaft)가 아니다.

30 방목하는 소는 밤에 잘 때 집단으로 모여서 머리 뿔을 밖으로 향하고 삥 둘러서 잠을 잔다. 그런데 말은 이와 반대로 머리를 안으로 그리고 뒷발을 밖을 향해 두고 삥 둘러서 잠을 잔다. 적이 침입해올 때 말은 뒷발로 방어하기 위해서이고 소는 뿔로 방어하기 위해서이다. 자기방어를 위한 이러한 운명 공동체의 모습을 안병무는 민중사건에서 본다.

없다. 인간과 흙은 상호 운명 공동체를 이루고 있다. 따라서 사람과 자연을 별개의 존재로 보아서는 안 된다. 창세기에 나오는 '아담'은 한 개체라기보다는 표상인 '사람 일반'을 가리킨다. 인간과 자연은 따로(individiuum) 존재하지 않는다. 하나의 운명 공동체(corporative)인 '우리'로 존재한다. 하나님(elohim)도 '우리'다. 우리와 같은 형상으로 사람을 만들자고 결의한다(창세기 1:26). 인간과 인간의 관계도 우리요, 인간과 자연의 관계도 우리다. 인간과 하나님의 관계도 우리다. 구약성서의 세계에서는 신과 자연과 인간이 따로 존재하는 것이 아니다. '우리'로 존재한다. 우리를 통해서 하나님의 구원의 역사가 이루어진다.[31]

서구 신학에서 예수는 구원의 주체요, 인간은 객체일 뿐이다. 그러나 안병무는 예수와 민중도 우리의 관계로 이해한다. 주객이 해체된 '우리'의 틀에서 하나님 나라 운동이 전개된다. 예수의 공생애는 민중과 우리를 이룬 생애였다. 그는 민중 위에 군림하지 않고 민중의 동반자(Partner)로서 동고동락하는 삶을 살았다.[32] 예수와 민중은 대상적 사유 방식으로 파악될 수 없다. '우리'라는 운명 공동체의 관계로 파악되어야 한다.

안병무는 구약의 하나님을 유일신(Monotheism)의 지평에서 보는 것을 거부한다. 서구 신학의 유일신 사상은 다윗의 통일왕국 시대와 연관성

---

31 그리스도교 신학은 유일신론을 내세워 신을 절대화하고 신을 피안의 세계로 추방해, 인간과 자연으로부터 신을 격리했다. 그리고 민중을 억압하는 기득권자들의 지배 이데올로기로 신을 이용했다. 안병무, 「민중신학의 회고와 전망」 참조.

32 그리스도교 신학이 예수를 신격화하고 예배의 대상으로 삼으면 삼을수록, 그는 인간과 자연으로부터 이탈되고 마침내 탈역사적인 무능한 존재로 되고 만다. 마치 도스토예프스키의 「대심판관」에서처럼, 안병무는 그리스도교가 예수를 민중의 현실 생활에서 완전히 추방하고, 예수 없는 독자적인 그리스도교 왕국을 건설했다고 비판한다. 같은 글 참조.

을 갖는다. 다윗은 이스라엘 열두 부족을 통합해 강력한 군주국을 건설하려고 했다. 이를 위해서는 단일한 통치철학이 필요했다. 야훼 유일신 신앙은, 다윗 왕국의 필요에 따라서 제도적으로 형성되었다. 통일된 다윗 왕국의 통치 이데올로기가 바로 유일신 신앙이었던 것이다. 유일신 신앙의 특징은 배타성에서 나타난다. 야훼 하나님의 유일한 지상 대리인을 자처한 다윗 왕조는, 야훼 하나님의 이름으로 권력을 휘두르며 이스라엘 백성의 억압 통치를 정당화했다.

이러한 유일신 신앙의 유산을 이어받은 기독교는 세계를 서구와 비서구로 이분화하고, 계몽과 발전의 이름으로 비서구 국가들에 대한 침탈을 정당화했다. 안병무는 서구 신학의 유일신 신앙과 주객 이분법 속에서 제국주의적이고 식민주의적 의식이 도사리고 있음을 간파한다. 주객 이분법은 성서에서 예수를 이해하는 데도 그대로 적용되었다. 서구 기독교 전통에서 예수의 신성과 유일성이 강조될수록 예수는 인간과 역사로부터 멀어졌다. 그리하여 마침내 예수는 인간의 현실적 삶과 무관한 비역사적 존재로 전락하고, 기독교라는 제도의 테두리 안에 갇히게 되었다. 그들은 결국 기독교에서 예수를 추방하고, 그들만의 배타적인 기독교 왕국(Christentum)을 건설했다. 예수 없는 기독교를 만들었던 것이다. 기독교의 배타성(排他性)은 결국 배자성(排自性)으로 귀결된다. 기독교의 배타적 확대는 21세기 다원화된 사회구조에서는 결국 기독교의 입지를 좁히는 결과를 초래한다.

예수는 참 생명으로 가는 길을 안내한다는 점에서 그리스도이다. 안병무는 예수만큼 민중적인 인물을 찾아보기 힘들다고 한다. 예수 공생애의 많은 부분을 차지하는 치유 기적 이야기들은, 예수가 초능력자임을 과시하려는 데 목적이 있지 않다. 예수는 병자들을 치유하기에 앞서 그 어떤 조건을 내걸지 않는다. 예수는 병자를 치유할 때 어떻게 말하는가? 대체로 "네 믿음이 너를 낫게 했다"라거나, "네가 너를 낫게 했다"라고 말한다. 병을 치유하는 참 생명의 기운은 병자 밖에 있는 것이 아니라 그 사람의 내면에 있다는 것이다. 여기에서 믿음은, 자기 내면에 존재하는 치유력에 대한 깨달음과 연결된다. 예수는 모든 인간 속에 잠재력을 일깨워주는 길 안내자(Wegweiser)로 등장한다.[33] 치유 기적 사건을 통해 예수와 민중은 주객으로 분리되지 않고, 주객이 해체된 상태에서 우리가 된다. 그런 의미에서 안병무는, 마가복음의 기적 이야기들을 개인 예수의 자서전(Auto-Biography)이 아니라, 민중의 '사회전기(social Biography)'라는 시각에서 읽는다.[34]

안병무는 불트만에게서 '사건(Ereignis)' 개념을 빌려온다. 불트만에 따르면 하나님의 구원 사건으로서 십자가 사건은 과거의 일회적인 사건으로 그치는 것이 아니라, 시공을 초월하여 보편적 의미를 지닌다. '십자가 사건'은 신앙을 통해서 그 의미가 현재화될 때 우리와 실존적으로 관계를 가진다는 것이다. 그렇다면 오늘날 우리는 어디에서 현존의 예수를 만날 수 있는가? 불트만은 예배 속에서 만날 수 있다고 한다.[35] 부활은 무엇인가? 십자가 사건의 '의미 사건'이다. 십자가와 부활 사건은 예배의 설교(케리그마)에서 현재화된다.[36] 이와 달리 안병무는 예수의 활동 속에 나타나는 하나님의 의지(Gottes Wille)를 하나의 사건으로 이해한다.[37] 이웃 사랑 계명은 하나님 사랑 계명의 현재적인 모습이고, 하

---

33 마가복음 5:25~34.

34 안병무, 『사회학적 성서해석』, 177쪽.

35 R. Bultmann, *Kerygma und Mythos*, Bd. I(Hamburg, 1960), p. 67.

36 같은 책, p. 70.

나님의 역사 개입은 이웃 사랑에서 완성된다.

불트만이 설교 말씀, 곧 케리그마에서 초월을 만난다면, 안병무는 민중사건 속에서 초월을 만난다.[38] 안병무는 민중사건을 매개로 역사의 예수에 도달하려고 한다. 그가 말하는 역사의 예수는 무엇인가? 자유주의 신학자들이 추구했던 이른바 객관적인 인격체로서의 예수상은 아니다. 그것은 예수사건이다. 사건은 혼자 일으킬 수 없다. 집단적이고 관계적인 개념이다. 사건은 말에 앞선다. 예수사건이 민중언어로 표현된다.[39] 예수사건을 전달해주는 민중은 정치적 박해 아래 있었기 때문에, 그들이 경험한 예수사건을 유언비어 형태로 전해줄 수밖에 없었다. 케리그마가 교회의 권위를 중시한 교권주의자들에 의해서 전승되었다면,[40] 예수사건은 무명의 민중에 의해서 전승되었다. 안병무는 케리그마가 예수사건을 은폐하고 탈역사화한다고 보았다.[41]

---

37 Ahn Byungmu, *Das Verständnis der Liebe bei Kung-tse und bei Jesus* (Heidelberg, 1965), p. 97. 예수는 세리와 죄인들과 더불어 삶으로써 하나님의 구원의지를 실현했는데, 이러한 역사적 예수의 삶의 스타일로부터 안병무는 인간이 지켜야 할 일반적인 윤리 규범들을 도출한다.

38 서구의 재래 신학은 신학의 본질을 예수의 말씀(로고스)에 두고, 말씀을 중심으로 신학을 연구한다. 서구 신학은 그런 면에서 하나의 로고스 신학이라고 부를 수 있는데, 이 연장선에서 불트만은 복음서 전체를 하나의 '확대된 케리그마'로 규정하기에 이른다. 말씀 위주의 로고스 신학은 포스트모더니즘 시대에 주요한 비판의 대상이 되고 있다. 김명수, 『그리스도교와 탈 현대성』(대한기독교서회, 2000), 제6장. 안병무가 주창한 사건 신학에 관해서는 다음을 볼 것. 안병무, 「복음의 전진」, ≪현존≫, 제48권(1974), 8쪽; 안병무, 「사건의 신학」, ≪현존≫, 제72권(1976), 8쪽.

39 ≪현존≫, 제108권(1980), 8~22쪽.

40 고린도 전서 15장 3~9절 참조.

41 안병무, 「예수사건의 전승모체」, ≪신학사상≫, 제47권(1984), 121쪽. 고린도 전

전체이고, 전체이면서 하나이다. 하나 속에 전체가 들어 있고, 전체 속에 하나가 들어 있다. 하나가 전체에 통하며, 전체가 하나로 통한다. 부분과 전체가 하나가 아니지만 그렇다고 다른 것도 아닌 불일불이(不一不異)의 관계를 이루는 것이 몸의 특성이다. 몸은 인간이 세계와 만나는 장소이며, 동시에 하나님과 만나는 장소이기도 하다. 민중사건은 몸 사건이다. 민중사건에 참여함으로써 예수와 민중이 하나가 되고, 나와 민중이 하나가 된다. 곧 '몸 체험'을 통해서 비로소 주객 이분법이 극복된다.[46] 안병무는 예수사건을 몸 사건으로 이해한다. 그는 예수에게 붙여진 메시아적 칭호들을, 다니엘서에 나오는 인자(人子) 표상에 의거하여 집단적으로 해석한다.[47] 예수에게 붙여진 메시아 칭호들은 사적(私的)이 아니라 공적(公的)인 특성을 지닌다.

5. 성서해석학의 역사

안병무의 성서해석학에서 빼놓을 수 없는 것이 역사비평학의 유산이

46 인간이 몸이듯이 우주 또한 한 몸이다. 150억 년 우주 역사에서 지구상에 생명이 탄생한 것은 35억 년 전 일이다. 유기물과 단백질 형성 그리고 최초의 자기 복제 체제를 통하여 생명이 탄생했고, 생명의 무수한 진화 과정을 거쳐 자기가 누구인가를 인식할 수 있는 인간이라는 종이 태어났다. 따라서 모든 생명 일체는 동일한 뿌리를 가진다. 제임스 러브록(James Lovelock)의 가이아(Gaia) 가설에서 볼 수 있듯이 지구 자체가 하나의 거대한 생명체이다. 이제 주객 이분법적 사유에서 주객일체의 사유로, 그리고 인간 중심의 사유에서 생명 공경의 사유로 과감한 패러다임 전환이 있어야 한다.

47 안병무, 「마가복음에서 본 역사의 주체」, 177~180쪽.

다. 역사비평학이란 무엇인가? "예수는 하나님 나라를 선포했는데, 도래한 것은 교회이다"라는 알로시우스 로이시(Alosius Loissy)의 명제는, 예수의 선포와 초기 교회의 선포 사이에 분명한 차이가 존재함을 보여준다.

예수는 무엇을 선포했는가? 하나님 나라이다. 하나님 통치이다. 하나님 나라는 당시의 세계 질서, 곧 로마제국에 대한 대안적 성격을 지닌다. 하나님 통치 역시 로마 황제의 통치에 대한 대안적 성격을 지닌다. 로마의 통치에서 지배 계급이 중심에 있다면, 하나님 통치에서는 피지배 계급인 민중이 중심에 있다. 하나님 나라 운동은 예수민중에 의한(by the Jesus-people), 예수민중을 위한(for the Jesus-people), 예수민중의(of the Jesus-people) 운동으로 출발했다. 가난한 사람들에 대한 축복 말씀이나 부자들에 대한 저주의 말씀 등은, 예수의 하나님 나라 운동이 소외된 사회적 소수자들의 운동으로 시작되었음을 보여준다.

그런데 팔레스타인의 갈릴리에서 예수민중이 주축이 되어 전개한 하나님 나라 운동은, 바울에 의하여 헬레니즘 도시 세계로 뻗어나갔다. 그 과정에서 하나님 나라 개념은 뒤로 물러나고, 그 자리에 예수 그리스도가 들어섰다. 바울의 설교는 예수 그리스도에 대한 신앙에 집중된다. '그리스도 안'에서 존재의 변화에 집중된다. "누구든지 그리스도 안에 있으면 새로운 피조물입니다. 낡은 것은 지나갔습니다. 보십시오. 새것이 되었습니다"(고린도 후서 5:16). 바울은 '그리스도 안(en Christo)'에서의 존재 변화를 말한다. '그리스도 안'은 무엇을 일컫는가? 물론 교회 공동체이다. 그리스도 안에서의 존재 변화는, 곧 교회 공동체 구성원다운 삶을 말한다. 예수민중이 전개한 하나님 나라 선교가 사회복음적(social Gospel) 성격을 지니고 있다면, 바울의 선교는 교회 공동체복음적

(church community Gospel) 성격을 띤다. 바울의 공동체 지향적 선교신학은, 초기 교회 교부들이 계승하고 어거스틴에 이르러 교리화되고 체계화되었다.[48] 어거스틴은 특히 절대은총과 용서의 체험을 바탕으로 개인영혼 구원과 교회 공동체 중심의 신학사상을 펼쳤다. 종교개혁자 루터는, 어거스틴 신학의 연장선에서 종교개혁운동을 펼쳤다. 그는 수도원에서 오랫동안 내적 수행생활을 통해서 한 가지 결론에 이르렀다. 인간은 자기 공로나 성례전에 참여함으로써 구원에 이를 수 없고, 오로지 예수 그리스도에 대한 믿음(sola fide)을 통해서만 구원에 이를 수 있다는 것이다. 루터도 어거스틴과 마찬가지로 개인주의적 신앙에 몰두했다. 역사적 예수의 삶에는 별로 주목하지 않았던 것이다. 바울, 어거스틴, 루터로 이어지는 이러한 신학적 흐름은, 예수민중에 의한 하나님 나라 운동과 차이를 드러낸다. 종교개혁 이후 개신교는 축자영감설에 갇혀 있었다. 성서 글자 하나에 이르기까지 하나님의 영적 감동에 따라 쓰였기 때문에, 절대로 오류가 있을 수 없다는 것이다.

18세기에 이르자, 제믈러에 의해서 최초로 역사비평학적 성서 해석의 길이 열렸다. 계몽주의의 영향을 받은 제믈러는, 인간의 내면적 가치를 결정하는 합리성과 비판정신을 성서 해석의 방법으로 채택했다. 초기 교회 시대에는 주로 알레고리적인 성서 해석 방법이 유행했다. 알레

48 어거스틴은 한때 마니교와 신플라톤주의에 심취했다가 뒤늦게 회심하고 기독교인이 되었다. 기독교 진리에서 마음의 평안을 얻게 된 어거스틴은 하나님의 절대적 은총과 조건 없는 용서의 메시지를 기독교 복음의 본질로 이해했다. 그는 하나님 나라와 세상 나라, 구원사와 세속사로 기독교 복음을 둘로 나누어 이해했고, 교회 중심적 구원 사관을 주장했다. 아우구스티누스, 『고백록』, 김병호 옮김(집문당, 1974) 참조.

고리적 해석은 문자 배후에 숨겨져 있는 '영적 의미'를 찾아내는 것을 사명으로 한다. 예를 들면 오리게네스(Origenes)는 성서를 인간의 몸, 정신, 영혼에 비유하여 세 가지 차원으로 해석한다. 예수는 하나님 나라를 '씨뿌리는 농부'(마가복음 4장)에 비유하여 설명한다. 이 비유에서 오리게네스는 씨앗의 문자적 의미는 실제 씨앗이고, 도덕적 의미는 믿음이며, 영적 의미는 하나님 나라라고 해석했다.[49] 이러한 알레고리적 방법은 어거스틴을 거쳐 중세 가톨릭 교부들에 이르기까지 성서 해석을 주도했다.

루터는 '오직 성서만으로(sola scriptura)'를 성서 해석의 방법으로 제창했다. 성서를 교리문답서로 읽지 말고, 성서는 성서로 하여금 말하게 하라는 것이다. 루터는 성서를 읽을 때 문자적 의미와 영적 의미를 추구하는 알레고리 방법을 포기하고, 성서 자체가 말하고 있는 역사적 의미를 찾으려고 했다. 루터는 성서를 알레고리적으로 해석하는 교부를 "원숭이 재간을 부리는 사기꾼들"[50]이라고 혹평했다. 그러나 종교개혁자들의 성서 해석 방법은, 성서를 교리(Dogma)에서 해방시키는 데 도움을 주었다. 하지만 동시에 개인주의적 해석의 한계를 드러내기도 했다.[51]

계몽주의와 문예부흥 시대를 거치면서 인간의 이성과 합리성 그리고

---

49 R. H. Stein, *An Introduction to the Parables of Jesus* (Philadelphia, 1981), pp. 45~47.

50 같은 책, p. 49. 그러나 루터는 알레고리적 방법을 비판하면서도, 본인은 사마리아 사람의 비유를 해석하면서 알레고리적 방법을 사용하고 있다.

51 종교개혁자들이 개인주의적 성향을 띠는 것은 중세 봉건주의 사회제도가 붕괴되고 근대 자본주의 시대가 시작되는 과도기적 현상과 무관하지 않다. 집단적 권위주의적 성격을 지닌 가톨릭 교리가 중세 봉건주의 시대를 이념적으로 지탱해주었는데, 종교개혁 신학은 이를 거부하고 개인주의에 기초를 둔 근대 자본주의 시대를 이념적으로 지탱해주었다.

비판정신이 모든 학문의 주요 방법론으로 떠오르기 시작했다. 신학 분야도 예외가 아니었다. 역사비평학자들은, 가톨릭의 도그마에서 해방된 역사적 예수의 모습을 찾을 수 있다고 생각했다. 이를 위해서 그들은 복음서를 집중적으로 탐구했다. 자유주의 신학자들이 도달한 역사적 예수는 어떤 모습을 띠고 있는가? 200여 년에 걸친 역사적 예수 탐구를 총정리한 알베르트 슈바이처(Albert Schweitzer)에 따르면, 자유주의 신학자들의 예수상은, 그들이 살고 있는 시대정신에 부합한 이상적인 인간상을 예수에게 투영한 것에 불과했다. 성서의 예수와는 거리가 멀다는 것이었다.[52] 그들의 관심에 따라 그려낸 예수상(像)도 각기 다를 수밖에 없었다.[53]

자유주의 신학자들의 예수전(傳) 연구의 한계를 극복한 것이 양식비평학과 편집비평학이다. 양식비평학은, 복음서에서 발견되는 예수 전승들이 여러 단계를 거쳐 오늘의 모습을 띠게 되었다는 점을 밝혀냈다. 그리고 각 전승 단계 배후에 깔려 있는 초기 교회의 '삶의 자리'를 추적했다. 양식사 연구는, 특히 예수의 비유 이야기를 연구하는 데서 획기적인 공헌을 했다.[54] 그러나 이들의 연구에서 몇 가지 한계점도 드러나게 되

52 알베르트 슈바이처(Albert Schweitzer), 『예수의 생애 연구사』(대한기독교출판사, 1986), 25~35쪽.

53 예를 들면 헤르만 라이마루스(Hermann S. Reimarus)는 역사적 예수를 실패한 혁명가의 모습으로, 다비드 슈트라우스(David F. Strauss)는 신적 이성(理性)의 체현자로, 알브레히트 리츨(Albrecht Ritschl)은 윤리 선생으로, 요하네스 바이스(Johannes Weiß)는 미래적인 하나님 나라의 선포자로, 카를 카우츠기(Karl Kautzky)는 프롤레타리아트 해방을 위한 지도자로, 알베르트 슈바이처는 철저한 종말 사상가로 그리고 있다.

54 양식비평학(Formgeschichte)의 대표적 학자로는 카를 슈미트(Karl L. Schmidt),

었다. 첫째로, 양식사 연구는 예수의 개별 전승을 연구하는 데 집중하기 때문에, 예수 이야기를 전체적인 시각에서 보는 균형 감각을 상실하고 있다. 예를 들면 불트만은 안식일 논쟁(마가복음 2:23~28)을 해석하면서 그 핵심을 예수의 말씀 한마디, 곧 "안식일은 사람을 위해서 있는 것이요, 사람이 안식일을 위해서 있는 것이 아니다"에서 찾는다. 그 밖의 모든 상황 설정은 단지 이 말씀을 전하기 위한 액세서리에 불과하다고 본다. 따라서 안식일 논쟁에서 마가가 말하고자 하는 제자들의(곧 민중) 굶주린 상황에 대해서는 전혀 주목하지 않는다.[55] 양식사 연구는 또한 예수 전승의 기원을 초기 교회의 선교 상황에 국한한다. 그렇게 함으로써 예수 전승을 예배, 설교, 선교 등 초기 교회의 순수한 종교적인 문제로 환원하는 결과를 가져왔다.

편집사 연구는 복음서 저자가 그 책을 저술한 편집 목적과 그 의도에 관심을 기울인다.[56] 저자는 단순히 개인이 아니라 그가 속해 있던 교회 공동체의 대변자이고, 따라서 그의 신학적 입장은 공동체의 신학적 입장을 반영한다는 것이다. 편집사 연구는 복음서 전체의 지평에서 예수 전승 이야기를 해석하기 때문에, 예수운동을 더욱 폭넓게 그리고 역동적으로 이해할 수 있는 길을 터놓았다. 그러나 편집사 비평은 복음서 저자의 신학적 의도를 밝히는 데 치중했기 때문에, 예수 전승 이야기가 담

마르틴 디벨리우스(Martin Dibelius), 불트만을 들 수 있다. 양식사적인 방법론으로 예수의 비유 이야기를 연구한 책으로는 요아킴 예레미아스(Joachim Jeremias)의 다음 책이 대표적이다. 『예수의 비유』, 허혁 옮김(분도출판사, 1974).

55 안병무, 『역사 앞에서 민중과 더불어』(한길사, 1986), 76쪽.

56 권터 보른캄(Günther Bornkamm), 한스 콘첼만(Hans Conzelmann), 빌리 마르크젠(Willi Marxsen) 등이 대표적인 편집사적 방법론을 동원하여 편집사 신학을 전개했다.

고 있는 사회역사적 맥락과 예수운동이 본질로 하는 민중해방적 성격을 탐구하는 데는 한계를 드러냈다.[57]

이러한 편집사적 연구의 한계를 보완하는 작업의 일환으로, 사회학적 성서 해석 방법론이 대두되었다. 사회학적 연구는, 오랫동안 성서 해석의 연구 역사에서 외면당했던 예수운동의 사회역사적 현실에 관심을 기울이기 시작했다. 교회 공동체란 무엇인가? 교회는 어디에 존재하는가? 종교사학자들이 주장하는 것처럼, 교회는 세계와 무관하게 존재하는 인간의 영적 영역에 존재하는 것이 아니다. 교회는 어디까지나 세계 안의 존재이며, 세계를 위해 존재한다. 교회는 세계를 떠나 존재할 수 없다. 세계 안에서 그리고 세계와의 관계성 속에서만 존재한다. 따라서 교회 공동체 구성원은 자신이 속해 있는 여러 '사회적 조건들(sozaile Bedingungen)'로부터 영향을 받을 수밖에 없다. 이와 같이 사회학적 성서 연구는 성서 텍스트가 지니고 있는 사회역사적 차원을 고려하며 성서를 해석한다.

게르트 타이센(Gerd Theißen)은 예수의 공생애를 하나의 사회운동 지평에서 해석한다. 그는 예수의 하나님 나라 운동과 바울의 그리스도교 운동 사이의 사회학적인 차이를 분명히 했다.[58] 예수민중의 하나님 나

57 다가와 겐조(田川健三), 『原始 그리스도교 연구』, 김명식 옮김(사계절, 1983) 참조.

58 타이센은 초기 교회의 예수운동이 가지고 있는 네 가지 사회적 차원을 언급한다. 사회경제적 요인(sozio-ökologische Faktor), 사회정치적 요인(sozio-politische Faktor), 사회문화적 요인(sozio-kulturelle Faktor), 사회생태적 요인(sozio-ökologische Faktor)이 그것이다. 예수운동의 특성이 예수의 삶의 스타일에서 드러나는데, 탈가정적 에토스(familienlose Ethos), 탈고향적 에토스(heimatlose Ethos), 탈소유적 에토스(besitzlose Ethos)가 예수의 삶의 양식을 결정짓는 요인들이다. 이에 관한 타이센의 본격적인 사회학적 연구논문들은 필자의 번역으로 국내에서 출판되었다. 방

라 운동은, 카리스마를 지닌 떠돌이 예언자들에 의해서 계승되었다. 하나님 나라 운동에서는 기존의 사회제도를 개혁하려는 성향이 뚜렷하게 나타난다.[59] 이와 달리, 바울의 그리스도교 운동은 교회 공동체의 유지와 확장에 힘을 기울인다. 타이센이 제기한 성서에 대한 사회학적 연구는, '예수 세미나'[60]를 중심으로 한 '예수 르네상스' 운동에서 계승된다. '예수 르네상스' 운동은, 후기 불트만 학파의 역사적 예수에 관한 '새로운 물음'과 맥을 같이한다. 전자가 예수와 그리스도 사이의 연속성 문제를 주요 화두로 삼고 있다면, 후자는 사회적 책임성을 강조한다. '예수 세미나'는 종래의 기독교 교리신학을 해체함으로써 역사적 예수의 본

랑하는 예수의 카리스마 운동에서는 사회복음적 성격이 두드러지게 나타난다면, 이와 달리 바울의 그리스도교 운동에서는 복음의 공동체적 특성이 강하게 부각된다. 게르트 타이센(Gerd Theißen), 『원시 그리스도교에 대한 사회학적 연구』, 김명수 옮김(대한기독교출판사, 1986). 안병무가 편집한 『사회학적 성서해석』(한국신학연구소, 1983)과 김창락이 편집한 『새로운 성서해석: 무엇이 문제인가』(한국신학연구소, 1987)도 사회학적 시각에서 성서를 해석한다.

59 타이센은 맑스주의 사회학, 이해사회학, 지식사회학의 연구 방법론을 도입하여 성서 해석을 시도하고 있다. 특히 그는 '카리스마' 개념을 막스 베버에게서 빌려와 신학화했다. 베버는 카리스마의 특성으로 비일상성(außeralltäglichkeit), 초자연성(übernatürlichkeit), 초인간성(übermenschlichkeit)을 들고 있다. 개인의 능력이 아니라 하나님으로부터 능력을 받고, 그분으로부터 파송된 지도자가 바로 카리스마적 지도자이다. 이미 에른스트 트뢸치(Ernst Troeltsch)는 기독교 신앙의 세 가지 양식에 대해서 언급했다. 교회(사랑의 가부장 주의), 소종파 운동(카리스마적 지도자), 신비주의(밀의, 열광주의)가 그것이다. E. Troeltsch, *Die Soziallehren der christlichen Kirchen* (Berlin, 1912).

60 '예수 세미나(Jesus Seminar)'는 1983년 미국 성서학회 소속 로버트 펑크(Robert Funk)를 중심으로 결성되었다. 예수 세미나에서는 예수운동의 성격을 예수의 인격적 측면이 아니라, 주변의 문화, 사회, 종교, 정치적 이해관계 속에서 밝혀내려고 노력한다.

래 모습을 재구성할 수 있다고 본다. 그들은 예수의 모습을, 기원후 1세기 팔레스타인의 사회문화적 관계성 속에서 해석한다.

'예수 세미나'의 예수 연구는 크게 두 갈래로 요약된다. 예수운동을 유대교의 지혜 문화 전통 속에서 해석하려는 움직임이 하나이고,[61] 헬레니즘의 지혜 문화 전통 속에서 보려는 운동이 다른 하나이다.[62] 에른스트 샌더스(Ernst P. Sanders)는, 성전 숙청과 같은 역사적 개연성이 높은 전승들에 기대어, 예수를 당시 타락한 유대교를 갱신하기 위해 노력한 예언자로 보고 있다. 예수는 메시아 의식을 가지고 하나님 나라 운동을 전개했고, 성전 숙청 사건은 이스라엘의 회복을 위한 상징적 사건이었다는 것이다. 이와 달리, 버튼 맥(Burton Mack)은 예수의 활동 무대인 갈릴리가 철저하게 헬라화된 지역이었다는 점에 착안한다. 그는 예수의 무소유를 당시 헬라 세계에서 유행했던 견유학파(Cynics)의 무소유운동과 연관 지어 해석한다. 예수가 비록 유대 문화적 배경에서 성장했지만, 그의 삶의 스타일은 이와 다르게 헬라 견유학파의 현자(賢者)의 모습을 닮았다는 것이다. 역사적 예수에 대한 '제3의 물음'은, 예수운동을 그 시대의 사회문화적 상황 속에서 해석한다. 그러나 그 시대의 구체적인 민중의 사회적 상황과 관련짓지는 않는다. 예수운동을 민중의 사회적 상황을 고려해 해석한 학자로는 볼프강 슈테게만(Wolfgang Stegemann)

---

61 당시 유대교 문화 지평에서 예수운동을 해석하고 있는 학자로는 에른스트 샌더스(Ernst P. Sanders), 앨버트 하비(Albert E. Harvey), 조지 버메스(George Vermes), 홀슬리(Richard Horsley) 등을 들 수 있다.

62 역사적 예수운동을 헬레니즘적 문화 전통 속에서 해석하고 있는 학자로는 버튼 맥(Burton Mack), 마커스 보그(Marcus Borg), 존 크로샌(John D. Crossan) 등을 들 수 있다. 이들은 주로 성서 이외의 자료들을 동원하여 예수운동이 가지는 헬레니즘 문화적 요인들을 밝혀내려고 한다.

이 있다.[63] 그는 예수운동의 주체 세력이 가난한 사람들이었을 뿐 아니라, 가난한 사람들이야말로 복음의 상수(常數)라고 보았다. 그리고 가난한 사람들의 사회역사적 상황을 심도 있게 분석한 결과 복음의 전승 주체가 민중임을 발견한다. 그는 예수운동을 민중운동의 한 갈래로 본다.

그러면 안병무의 성서 해석에서 나타나는 특징은 무엇인가? 그에 따르면, 성서는 객관적인 정답을 가지고 있지 않다. 성서는 묻지 않으면 침묵한다. 그런 의미에서 물음 없는 성서 해석은 없다. 실존적인 물음을 안고 성서를 읽을 때, 우리는 그리스도 안에서 결단을 촉구하는 하나님을 만나게 된다. 안병무는 "민중이 내 눈을 뜨게 해주었다"[64]라고 술회한다. '민중의 눈'이 성서 해석의 또 하나의 출발점이라고 말할 수 있다.

그는 일차적으로 양식비평학의 도움을 얻어, 마가복음에 등장하는 예수 전승을 시대별로 구분한다. 복음서의 예수 전승은 한 사람의 손으로 쓰인 것이 아니다. 여러 세대를 거치고 여러 사람의 손을 거친 것이다. 예수 전승에는, 역사의 예수가 활동했던 예수 시대와 마가교회 시대의 선교 상황이 겹쳐 있다. 안병무는 우선 마가 교회 공동체가 선교했던 시대의 역사를 탐구한다. 마가복음은 기원후 70년 직후에 쓰였다. 유대 민중의 대 로마 항쟁이 패배로 끝난 직후이다. 예루살렘은 초토화되고 성전은 불에 타버렸다. 전쟁의 참화 속에서 배고픔과 질병으로 고통을 당하며 이곳저곳을 배회하는 유대 민중의 현장이, 곧 마가복음서가 쓰인 장소이다.[65] 마가복음에서, 예수는 사흘 동안 굶주린 민중을 목자 없는

---

63 W. Stegemann, *Das Evangelium und die Armen* (Kaiser, 1981).

64 안병무, 『역사 앞에 민중과 더불어』(한길사, 1986), 126쪽.

65 안병무 엮음, 『사회학적 성서해석』, 206쪽

양으로 비유한다. 이것은 40년 전 예수를 따르던 배고픈 민중의 모습을 보여주지만, 동시에 지금 전쟁의 참화로 말미암아 가정을 잃고 먹을 것을 찾아 떠돌아다니는 마가 시대의 민중의 모습을 보여주는 것이다.[66] 그러면 누가 이런 이야기들을 전했는가? 그것은 예수를 따르던 민중과 마찬가지로 마가 공동체의 민중의 손으로 전승되었다. 아니면 마가 교회 민중의 예수운동을 뒤에서 돕고 있던 사람들의 손으로 전해졌을 것이다. 안병무는 갈릴리 민중의 예수 이야기 속에서, 마가 교회 공동체의 민중이 겪는 고난의 상황이 반영되어 있음을 본다.[67]

시대적으로 보면, 바울이 마가보다 한 세대 정도 앞선다. 바울은 복음을 헬레니즘 문화권에 전파하는 것을 사명으로 삼았기 때문에, 선교 목적을 달성하기 위하여 헬레니즘 철학의 개념을 빌리는 데 주저하지 않았다. 당시 헬레니즘 세계에 유행하던 철학 가운데 영지주의가 있었다. 영지주의는 세계를 이분법적으로 이해했다. 바울은 영지주의 개념을 빌려 복음을 설명했다. 안병무에 따르면, 바울은 본래 역사적이고 사회적인 예수의 복음을 탈사회화하고 탈역사화했다.[68] 바울의 초월적인 그리스도론, 곧 부활과 승리의 그리스도 상(像)이 대표적이다.

물론 마가는 바울의 저작들을 알고 있었을 것이다. 그러나 바울의 초월적인 그리스도론이, 전쟁의 폐허 속에서 절망과 좌절에 빠진 민중 그리스도인들에게 그 어떤 위로를 줄 수 없다는 것을 알았을 것이다. 마가는 바울의 케리그마 그리스도론에서 방향을 바꾸어, 역사적 예수의 생

66 안병무, 『민중신학 이야기』, 105쪽.

67 안병무, 「예수사건의 전승모체」, 130쪽.

68 안병무 엮음, 『사회학적 성서해석』, 208~209쪽.

애로 시선을 돌린다. 마가는 예수의 수난 이야기를 썼다. 마가는 자기 시대의 민중의 수난에서 40년 전 예수의 수난을 보고 있으며, 예수의 수난 이야기에서 자기 시대 민중의 수난을 보고 있다. 수난을 매개로 시공을 뛰어넘어, 예수의 민중과 마가의 민중이 하나로 된다. 안병무의 성서 해석학도, 오늘의 민중에 대한 물음에서 시작한다. 오늘의 민중사건에서 예수민중사건을 보고, 예수민중사건에서 오늘의 민중사건을 본다. 예수민중사건이, 오늘의 민중사건에서 육화(incarnation)한다. 안병무는 역사비평학에 의지하여, 예수민중 운동의 전승 주체와 교회 공동체의 사회적 정황을 탐구한다.[69] 그러나 안병무는 역사비평학에서 한 걸음 더 나아가, 예수민중의 사회경제적 정황을 민중의 관점에서 조명한다. 곧 예수민중이 처한 사회경제적 현실을 밝히는 데 주목한다.[70]

1) 오클로스의 발견

마가복음은 예수를 둘러싼 '무리'에 관해서 언급한다.[71] 마가는 '무리'에 해당하는 헬라어 '오클로스'를 무려 36회나 사용한다.[72] 이 점에

---

69 안병무, 「예수사건의 전승모체」, 111쪽 이하.

70 안병무 엮음, 『사회학적 성서해석』, 3~5쪽.

71 안병무, 「예수와 오클로스」, 86~87쪽. 안병무는 민중을 하나의 생명체로 보기 때문에 정의하기를 거부한다. 그러나 그는 이집트에서 해방되어 가나안에서 한 종족 공동체를 형성한 하비루(Habiru)와 바빌론 포로 시대에 예루살렘에 남아 그 땅을 지켰던 암하아레츠(Am-ha-aretz)에서 신약의 오클로스를 연상한다. 이 세 개념은 민중이라는 언어가 지니는 내용을 어느 정도 포함하고 있기 때문에 상호 연관성이 있다. 안병무, 「민중신학을 묻는다」, 166~168쪽.

72 마가복음 7장 6절과 14장 2절에 '라오스(laos)'가 등장한다. 성서에는 민중을 표현하는 두 가지 상이한 개념이 있다. 라오스(laos)와 오클로스(ochlos)가 그것이다. 라오스는 오늘날 국민과 통하는 개념이다. 그것은 한 집단 안에서 보호받을

주목하여, 안병무는 예수사건을 오클로스와의 관계성 속에서 이해한다. 오클로스는 유대 사회의 중심부에서 변두리로 밀려난 사회적 소수자들을 모두 아우르는 개념이다. 가난한 사람, 날품팔이 노동자, 실업자, 세리, 죄인, 여인, 어린이, 병자, 불구자, 맹인, 창녀, 귀신 들린 사람들이 오클로스의 범주에 속한다. 오클로스를 안병무는 '제4 계급'이라고 부른다.[73] 예수는 오클로스에 대해 어떤 자세를 취했는가? 목자 없는 양처럼 불쌍히 여기기도 하고(마가복음 6:34), 내 어머니며 형제라고 선언하기도 한다(마가복음 3:34). 예수는 오클로스를 질적으로 평가하지 않고, 있는 그대로 받아들인다. 예수는 언제나 그들을 가르친다.[74] 마가는 의식적으로 오클로스를 예수운동의 주체로 선언한다. 그럼으로써 복음이 지니는 민중 편향적 성격을 분명히 한다. 예수는 오클로스를 정치 세력화하지 않으며, 하나님 나라의 일차적 수혜자로 선포한다.

2) 예수와 민중의 관계적 이해

안병무는 긴급조치 1호, 4호로 구속된 김찬국과 김동길의 석방을 기념하는 자리에서 '민족·민중·교회'라는 제목으로 강연했다.[75] 그는 이 강연에서 오늘날 군사 독재정권하에서 한국 사회에는 민중은 없고 민족만 남아 있다고 했다. 안병무는 한국 근현대사에서 역사의 주체로 등장

권리를 지닌 사람들을 뜻하는 개념이다. 그러나 오클로스는 한 집단 안에 있으면서도 보호받을 권리를 상실한 대중을 뜻한다. 안병무, 「민족·민중·교회」, 『민중과 한국신학』, 24쪽.

73 안병무, 「민족·민중·교회」, 24쪽.

74 마가복음 2:13; 4:11~12; 7:4; 10:1; 11:18.

75 안병무, 「민족·민중·교회」, 4쪽.

한 민중이, 복음서에 등장하는 예수와 그를 둘러싼 민중과 서로 유사성이 있음을 밝힌다. 안병무는 마가복음을 예수의 개인전기가 아니라 예수민중의 사회전기로 보았다. 예수에게 붙여진 메시아 칭호들, 곧 하나님의 아들, 사람의 아들, 그리스도는, 예수라는 한 개인의 칭호라기보다 예수민중이라는 집단 인격의 표현이다.[76] 그는 특히 다니엘서 7장에 등장하는 묵시문학적 메시아 칭호인 '사람의 아들〔人子〕'에 주목한다.[77]

중세에서 근대로 넘어오는 계몽기 르네상스 시대에 서구 세계에 희랍의 개인주의적 사고가 유입되었다. 사실 히브리 사고에서는 개인주의가 생소하다. 개인주의적 인격 개념 역시 생소하다. 안병무는 예수와 민중을 주객 이분법으로 이해하지 않는다. 상호 연관성 속에서 집단적으로 이해한다. 안병무는 예수와 민중의 관계성에 주목함으로써, 오늘의 민중사건에서 예수사건을 집단적으로 이해할 수 있는 길을 터놓았다. 예수민중사건은 마가교회의 민중사건에서 재현되고, 오늘 한국의 민중사건 속에서 재현된다. 그는 전태일 분신에서 예수사건의 부활을 본다.

> 1970년 한 무명의 어린 노동자가 평화시장 앞거리에서 대낮에 자기 몸에 휘발유를 부어 불을 그었습니다. 누구도 알지 못하는 겨우 소년기를 벗은

---

76 안병무, 「마가복음에 서 본 역사의 주체」, 177쪽.

77 다니엘서 7장 13~14절에서는 다음과 같이 인자를 설명한다. "내가 밤에 이러한 환상을 보고 있을 때에 인자 같은 이가 오는데, 하늘 구름을 타고 와서, 옛적부터 계신 분에게로 나아가, 그 앞에 섰다. 옛적부터 계신 분이 그에게 권세와 영광과 나라를 주셔서, 민족과 언어가 다른 뭇 백성이 경배하게 하셨다." 18절에는 다음과 같이 이어진다. "그러나 가장 높으신 분이 성도들이 나라를 얻을 것이며, 영원히 그것을 누릴 것이다." 안병무는 13절의 '인자 같은 이'를 18절의 '가장 높으신 분의 성도들'과 일치시키면서 인자 칭호가 갖는 집단적 의미를 강조하는 것 같다.

젊은 사람, 그 어린 손으로 큰 교회들의 문을 두드리고, 정부와 노동부 등 여러 곳의 문을 두드려보았지만, 아무 반응도 없었습니다. …… 그는 자기 동료들이 근대화라는 미명 아래서 혹사당하는 것을 보아왔습니다. 그것을 알리려고 그는 그렇게 몸부림쳤던 것입니다. 그에게는 끝없는 이야기가 많았지만, 그것을 제대로 들어줄 사람이 없었어요. 그래서 선택한 것이 분신이었습니다. 그 분신과 함께 전태일이라는 청년은 갑자기 거인처럼 민중들 사이에 살아났던 것입니다. 그만 살아난 것이 아니라, 그 이야기가 번져나가기 시작했습니다. 그해와 그다음 해를 비교해보면, 노동자들이 자기 권리를 찾자는 자주적인 운동이 10배, 20배, 30배로 증가했습니다. 전태일이 어떻게 살았나, 하늘에 갔는지, 땅에 갔는지, 그건 모릅니다. 분명한 것은 사람들에게 이야기에서 이야기로 전해지는 동안 뜻밖에도 전태일이 살아났다는 것입니다. 전태일이 백도 되고, 천도되고, 만도 되어 지역을 넘어서 퍼져나가고 있었습니다.[78]

안병무에게 전태일 사건은, 2,000년 전 갈릴리에서 일어난 예수민중 사건이다. 이웃을 위하여 목숨을 바친 전태일 사건에서 안병무는 인류의 죄를 속량하는 그리스도의 현존을 본다.

3) 민중 구원 이야기

민중 구원이라고 말할 때, 안병무는 어떤 의미에서 이를 사용하는가? 민중을 위한 구원(salvation for the minjung)이라는 의미인가? 민중의 구원(salvation of the minjung)이라는 말인가? 민중에 의한 구원(salvation by

78 안병무, 「전태일 이야기와 부활」(미발표 설교문)에서 인용.

the minjung)을 말하는가? 아니면 이 모두를 포함하는 개념으로 사용하는가?

복음서에 따르면, 예수와 민중은 별개로 존재하지 않는다. 예수가 있는 곳에 민중이 있고, 민중이 나타나는 곳에 예수가 있다. 따라서 곧 예수를 구원의 주체로 그리고 민중을 구원의 객체로 이분화하여 이해하는 것은 옳지 않다. 안병무의 민중 구원론에 따르면, 그리스도인은 민중 현장에서 그리스도의 현존을 인식하고, 민중의 고난에 참여함으로써 구원을 받는다. 그렇다면 민중 자신은 어떻게 구원받을 수 있는가? 민중은, 민중사건을 통해서 스스로를 구원한다. 민중이 나를 구원하는 메시아적 위치에 있다.[79] 그러면 예수는 민중에게 어떤 의미가 있는가? 안병무는 예수 자신의 해방과 민중의 해방을 분리해 이해하지 않는다. 구원의 주체는 예수도 아니고 민중도 아니다. 예수민중이다. 예수와 민중을 둘이 아닌 불이적(不二的) 관계로 생각하는 안병무의 관점에서 보면, 민중이 스스로를 구원한다는 것은 당연한 귀결일 것이다. 예수의 수난과 십자가는 곧 민중의 그것 외에 다른 것이 아니다. 예수의 삶 자체가 곧 민중의 삶이었다.[80]

안병무는 이사야서 53장에 등장하는 '고난의 종'의 지평에서, 마가복음에 나오는 예수의 수난 이야기를 해석한다. '야훼의 종(Ebed Jahwe)'은 스스로 징계를 받고 고난을 짊어짐으로써 이스라엘을 구원으로 인도한다고 한다. 여기에서 '야훼의 종'은 누구를 일컫는가? 안병무는 이스라엘에 대한 집단적 표상으로 본다. 이처럼 마가복음이 전하는 예수의 수

79 안병무, 『민중신학을 말한다』, 148쪽.
80 같은 책, 150쪽.

난 이야기에서는, 예수를 따르던 민중이 '고난의 종' 지평에서 예수를 메시아로 고백한다는 것이다. 메시아가 고난을 받는다는 것은, 마가 시대의 유대 사회의 정황에서는 생소한 것이었다. 당시에는 다윗의 아들 메시아와 묵시적 메시아라는 대망이 유대 민중 사이에 지배적이었다.

기원전 587년 유대 왕국은 바빌론의 느부갓네살 왕의 침공으로 멸망했다. 유대인들은 전쟁 포로가 되어 티그리스 강 유역으로 끌려갔다. 바빌론 포로 시기의 유대인들은, 다윗의 후손에서 메시아가 나타나 그들을 외세의 압제에서 해방시켜주고, 유대 국가의 주권을 회복시켜주길 기대했다. 예수 시대에도 민족 해방의 염원을 담은 이런 정치적 메시아 사상이, 일반 유대 사회에서 인기를 끌었다. 이를 이용해 젤롯당(Zealot)은 유대 민중을 규합해서 로마의 식민지 통치에 항거하는 전쟁을 일으켰다(기원후 66~73년). 다른 한편으로 묵시적 메시아 사상이 있다. 기원전 163년, 셀루커스(Seleuchus)의 안티오쿠스(Antiochus) 4세의 헬라화 정책에 따라 유대인 탄압이 강화되자, 세상 종말에 관한 신앙이 널리 퍼지게 되었다. 세상 마지막 날에 '사람의 아들〔人子〕' 메시아가 하늘로부터 구름을 타고 내려와, 세상 지배자들을 심판한다는 것이 주요 골자이다. 인자 종말 사상은 세례 요한의 회개운동과 예수의 하나님 나라 운동에서 적지 않은 역할을 했다.

'다윗의 아들' 메시아 상과 '사람의 아들' 메시아 상이 지배적인 상황에서, 이와 대조적으로 마가는 수난의 메시아 상을 제시했다. 마가는 독자에게 십자가에 달려 "내 하나님, 내 하나님, 어찌하여 나를 버리십니까" 하고 외치며 죽어가는 예수의 모습에서 진정한 메시아를 보라고 말한다. 안병무는 고난당하는 민중을 통해 인류 전체가 구원에 이르게 된다는 사실을 알리려고 예수가 스스로 십자가에 달려 죽었다고 말한다.[81] 정통주의 속죄론에서는 예수가 온 인류의 죄를 대신해 십자가에서 죽음으로써 온 인류를 구원한다고 본다. 이러한 속죄론은 신도를 맹목적으로 십자가에 매달리게 하고 사회에 대한 책임을 회피할 수 있는 여지를 마련해준다. 그러나 민중구원론에 따르면, 십자가는 예수의 죽음뿐 아니라 민중의 죽음을 나타낸다. 예수의 죽음은 민중을 통해 인류가 구원을 받는다는 사실을 알게 해준다. 민중 구원론에서 민중은, 예수와 함께 구원의 주체로서 능동적이고 역동적인 존재로 이해된다.[82]

안병무의 민중 구원론에는 두 차원이 있다. 민중이 민중사건을 통하여 스스로 구원을 이루어나간다면, 비민중 계층은 민중을 향한 회개를 통해서 구원에 이르게 된다. 왜 그런가? 민중이 당하는 고난은, 비민중 계층과의 사회적 관계에서 형성되기 때문이다. 회개의 사회적 실천, 곧 민중을 향하여 자기를 개방할 때, 비민중 계층은 구원에 이르게 된다. 민중의 소리에서 메시아의 소리를 듣고, 그 소리에 응답하는 삶을 살 때 구원에 이르게 된다. 민중 속에서 현존의 그리스도를 만나는 것이 구원이다.[83] 고난 그 자체가 중요한 것은 아니다. 민중이 자신의 고난을 전체의 고난으로 각성하게 될 때, 비로소 민중은 메시아적 민중이 되고, 그의 소리에서 우리는 메시아의 소리를 듣는다. 민중이 고난을 개인적인 차원에서 받아들이면, 민중은 패배감에 빠질 수밖에 없다. 그러나 그

---

81 같은 책, 99쪽.

82 함석헌도 기독교 정신의 핵심을 고난에서 찾는다. 이와 같은 지평에서 한국 역사의 특성 또한 고난에서 찾는다. 이스라엘 역사와 예수사건에서 볼 수 있는 바와 같이 고난을 당함으로써 인류를 구원할 수 있다는 것이다. 함석헌 전집, 『뜻으로 본 한국 역사』(제1집)(한길사, 1981), 315~316쪽.

83 안병무, 『민중신학 이야기』, 117~118쪽.

들의 고난을 공동체의 고난으로 인식하게 될 때, 고난을 극복하는 힘을 얻게 된다. 하나님은 민중의 고난 가운데 현존하기 때문이다. 민중구원론은 밥상공동체를 통해 역사에서 실현된다.

6. 밥상공동체

서구 신학은 그리스도의 인간성을 말하지만, 그것은 역사성을 띤 인간이 아니라 단지 추상적인 인간성이었다. 그들이 말하는 구원 역시 인간의 의지와 무관하게, 하나님에 의해서 주어지는 것으로 이해했다. 서구 부르주아 신학은 하나님과 인간의 접점으로써 자연과 문화를 말하고 개인의 구원을 말하나, 기독교 복음을 어디까지나 사적인 일로 취급했다. 그들은 역사 한가운데서 고난을 당하는 민중의 변혁과는 아무 관계가 없는 하나님에 대해 말했다.

요한은 예수를 생명의 떡, 세상의 빛, 생명의 물, 부활이요 생명이라고 선언한다. 요한은 예수를 '생명의 떡'이라고 소개하기 전에 5,000명을 먹이는 기적 장면을 먼저 소개한다. '생명의 물'이라고 말하기에 앞서, 예수가 사마리아 여인에게 목이 마르니 물을 달라고 하는 장면이 연출된다. '예수는 빛'이라고 말할 때에도 예수가 실제로 소경을 눈 뜨게 하는 장면이 먼저 등장한다. '예수는 부활이요 생명이다'라고 말할 때도 마찬가지이다. 죽은 나사로를 살리는 이야기와 이를 결부시킨다. 요한의 의도는 명백하다. 예수가 내 살을 먹으라고 말할 때도 실제로 배고픈 민중을 먹인 다음 그 이야기를 한다.[84] "나는 하늘에서 내려온 생명의 떡이다. …… 내가 줄 떡은 곧 나의 살이다"(요한복음 6:51). 영지주의자들은 사르크스(Sarks)와 프뉴마(Pneuma)를 이분화하고, 영이 육 또는 살로부터 해방될 때 진정한 구원의 길이 열린다고 했다. 이런 현실에서 예수는 "내 살을 먹고 내 피를 마시는 자에게 영생이 있을 것이며, 내가 그를 마지막 날에 다시 살릴 것이다. 내 살은 참된 양식이요, 내 피는 참된 음료이다"라고 외친다. 이 말을 들은 자들은 그 말을 더 이상 감당할 수 없어 흩어져 갔다고 한다. 예수는 이미 제자들과 나눈 마지막 만찬 자리에서 떡과 포도주를 나누면서 이것은 나의 살과 피라고 했다.

그리스도의 살을 참된 양식으로 먹고 그의 피를 참된 음료로 마시는 것, 그것은 바울에 따르면 곧 '그리스도의 몸(soma Christi)'에 참여하는 것을 뜻한다. 바울은 '몸(soma)'을 통해서 희랍 이원론을 극복하려 했다. '소마'는 육이 아니고, 영도 아니다. 그렇다고 육과 영을 떠난 다른 그 무엇도 아니다. 바울이 지향했던 공동체의 모습은 유기체적인 '그리스도의 몸'을 이루는 것이다. 유기체적인 한 몸을 이루는 데서 가장 중요한 요인은 무엇인가? 그것은 밥을 나누어 먹는 것, 곧 밥상공동체이다.

초기 그리스도교의 밥상공동체 운동에 관한 전승에는 두 가지 종류가 있다. 유무상통 전승과 성 만찬 전승이 그것이다. 예루살렘 교회는, 한마디로 유기적인 밥상공동체 운동으로 성격 지을 수 있다. 사도행전 2장에는, 예루살렘 교회의 생활상이 소개되고 있다. "믿는 사람들은 다 함께 모여 모든 물건을 공동으로 사용하며 살아갔습니다. 그들은 재산과 모든 소유를 팔아서 필요한 사람들에게 나누어주었습니다. 그들은

---

84 안병무는 주기도문을 밥상공동체의 지평에서 해석한다. "당신의 나라가 임하옵소서!" "뜻이 하늘에서 이루어진 것 같이 땅에서도 이루어지게 하십시오." 하나님은 역사 현장에서 오늘도 일어나고 있는 민중사건 속에서 화육(化肉)하고 물(物)의 형태로 재현된다.

날마다 한 마음으로 성전 뜰에 모였습니다. 그리고 집집마다 돌아가며 밥을 나누고, 함께 모여 기쁘고 순전한 마음으로 식사를 함께했습니다"(사도행전 2:44~46). 그들 가운데는 가난한 사람들이 하나도 없었다고 한다. 어떻게 이런 일이 가능했을까? 임박한 종말 신앙이 그들로 하여금 밥상공동체 운동을 가능하게 했을 것이다. 그러나 밥상공동체 운동은 오래 지속될 수 없었다. 종말 지연이 그 한 가지 원인이었을 것이다. 예루살렘 교회는 소비 중심의 밥상공동체였지 생산 중심의 밥상공동체가 아니었다. 재산 사유제와 가부장적 사회제도 속에서 재산을 공유한다는 것은 현실적으로 불가능했을 것이다.

밥상공동체의 또 다른 모습으로 성 만찬 전승을 들 수 있다. 초기 교회는 그리스도 부활의 날을 기념하는 주일(主日)마다 예배를 드리고는 가져온 음식을 함께 먹었다. 그중에는 넉넉하게 가져온 사람도 있었고, 가난해서 아무것도 가져올 수 없는 사람도 있었다. 그런데 불미스런 일이 발생했다. 가진 자들은 저희들끼리 모여 배불리 먹고 취했다. 그들은 음식을 가져오지 못한 가난한 사람들을 모욕하고 멸시했다. 결과적으로 성 만찬 식사가 '그리스도의 몸 됨'을 파괴하는 결과를 가져왔다. 바울은 이에 분노한다. "여러분이 먹을 때에 각기 가져온 음식을 먼저 먹기 때문에, 여러분 중에 배고픈 사람이 생기고 술 취한 사람이 생깁니다. 여러분에게 먹고 마실 집이 없습니까? 그렇지 않으면 하나님의 교회를 멸시하고 가난한 사람들을 부끄럽게 하려는 것입니까?"(고린도 전서 11:21~22) 바울은 이러한 불평등 현상이 교회 안에서 근절되지 않는 한, '주의 만찬'에 참여할 수 없음을 분명히 한다.

그러자 주의 만찬은 의례적인 행사에 지나지 않게 되었다. 바울은 주의 만찬을 '거룩한 만찬(sacrament)'화하여, '사랑의 만찬(아가페 식사)'과 분리했다(고린도 전서 11:23). 결국 아가페 식사는 사라지고, 성 만찬만 남게 되었다. 주의 만찬의 이러한 과도기 모습을 우리는 마가복음에서 찾아볼 수 있다(마가복음 14:17~25). 본문에는 식사한다는 말이 두 차례에 걸쳐 다른 사건과 얽히며 반복된다. 18절과 22절은 본래 서로 다른 장면이었는데, 마가의 편집 작업에 의해서 하나로 합쳐진 것임을 알 수 있다. 결국 밥을 함께 나누는 전통은 사라지고, 성 만찬만 남게 되었다. 밥상공동체가 종교의식으로 대체되었다. 예수의 살과 피를 먹고 마신다는 종교의식인 성 만찬만 남게 되었던 것이다. 성 만찬의 기원은 예수가 죽기 직전 제자들과 함께했던 '마지막 식사'이다. 제자들에게 예수의 죽음은 단순히 대속적인 지평에서만 생각된 것이 아니다. 밥상공동체의 지평에서 해석되었다. 예수의 찢긴 살은 여럿이 함께 나누어 먹는 밥이며, 예수의 흘린 피는 함께 나누어 마시는 음료이다. 성 만찬에서 예수의 죽음은 밥상공동체로 재현된 것이다. 누가복음은 예수가 십자가에서 처형된 후, 그의 제자 둘이 실의에 차서 엠마오로 내려가는 장면을 전한다(누가복음 24:13~35). 그 제자들은 밥상공동체를 이루었을 때 눈이 밝아져 예수를 보게 되었다고 한다(30절).

초기 기독교의 밥상공동체 운동은, 원래 역사적 예수의 하나님 나라 운동에 소급된다. 예수가 선포한 하나님 나라는 '밥의 문제'와 직결되어 있다. 하나님 나라의 가장 우선적인 수혜자가 누구인가? 극빈자들(ptochoi)이다(누가복음 6:20). 예수의 하나님 나라 운동은, 갈릴리 민중을 질병과 굶주림에서 해방시키는 일이었다. 예수는 하나님 나라를 잔치에 비유하기도 하면서, 가난한 사람들과 함께 나누는 밥상공동체 운동을 생활화했다. 예수의 하나님 나라 운동에서, 민중과 더불어 먹고 마시는 밥상공동체는 큰 비중을 차지한다. 하나님 나라에서 재회(再會) 장소도 다름 아닌 먹고 마시는 밥상공동체이다. 예수는 '먹고 마시는 일을' 즐겼기 때문에 세리나 죄인의 친구라는 별명까지 붙었다. 예수는 제자들에게 기도를 가르쳐주면서, '하나님 나라의 임함'과 '하루 끼니를 구하는 일'은 불가분의 관계에 있다는 것을 말한다. 그런데 기독교의 현실은 어떠했는가? 기독교 귀족들은 가난이 무엇인지 모르는 포식가들이 되었고, 그들의 부는 그것을 생산한 민중에게서 가로챈 것들이기 때문에 물질의 소중함 또한 모른다. 이로써 기독교 귀족들은, 민중과 더불어 먹고 마시며 밥상공동체를 이루었던 예수와도 단절된 셈이다.

한국의 문화 전통에서는 가족을 식구(食口)라고 부른다. '먹는 입'이 모여 한 가족을 이룬다. 이만큼 밥상공동체의 소중함을 생생하게 설명하는 말이 있을까? 식구라는 말의 등장은, 한국 역사에서 민초(民草)들의 굶주림 경험과 결코 분리해서 생각할 수 없을 것이다. 식구는 단순히 함께 먹는다는 의미를 넘어서, 종교적 배경도 지니고 있다. 한국에서는 식사 때마다 일단 선조에게 바쳤던 음식을 식구가 함께 먹었다. 한국의 문화 전통에서 식사는 선조와 함께 밥을 먹는 것이다. 한솥밥을 먹는 관계가 바로 식구이다. 바울도 이와 유사한 말을 한다. "유다 민족의 예를 들어 말하고자 합니다. 제단에 드린 제물을 나누어 먹는 사람은 그 제단에 동참하는 것이 아닙니까?"(고린도 전서 10:18).

가족을 나타내는 또 다른 개념이 '우리'이다. 한국어에서 '우리'는 개인의 복수(複數)나 집합적인 개념이 아니다. 그것은 너와 나의 공동 운명을 나타내는 말이다. 한국 문화 전통에서는 공동체가 강조된다. 민초들은 두레나 부락제를 통해서 생산하고 소비한다. 그들은 더불어 먹고 마시는 밥상공동체 문화를 이루어왔다. '개인'보다 '우리'가 상위 개념에 해당한다. 내 집, 내 남편이 아니라, 우리 집, 우리 남편이다. 밥상공동체를 통해 민초들은 '우리'를 경험한다. 시인 김지하는 밥상공동체를 하나의 시어로 형상화했다.

> 밥이 하늘입니다/ 하늘을 혼자 못 가지듯이/ 밥은 서로 나눠 먹는 것// 밥이 하늘입니다/ 하늘의 별을 함께 보듯이/ 밥은 여럿이 같이 먹는 것// 밥이 하늘입니다/ 밥이 입으로 들어갈 때에/ 하늘을 몸속에 모셔 들이는 것// 밥이 하늘입니다/ 아아, 밥은 모두 서로 나눠 먹는 것
>
> — 김지하, 「밥」

7. 맺음말

안병무는 오늘의 민중사건에서 예수민중을 보고, 예수민중사건에서 오늘의 민중을 본다. 오늘의 민중과 예수민중을 잇는 다리는 무엇인가? 고난이다. 안병무가 마가의 수난 이야기에 의거하여 민중신학을 전개하는 것도 그런 연유에서이다. 오늘의 민중사건을 현존의 그리스도 사건으로 증언함으로써, 현대인을 복음에 초대하는 것이 안병무 신학의 지향점이다. 안병무가 민중신학을 하면서 마지막 도달한 지점은 생명이다. 그는 민중을 참 생명의 근원으로 정의한다.[85] 많은 것을 소유하고 있는 사람은, 결국 자기가 사는 것이 아니라 소유에 의해서 살아간다. 따라서 그들은 소유를 잃는 순간, 삶을 지탱하지 못하고 만다. 그러나 민중은 외부적인 소유로 사는 것이 아니라 내면적인 생명으로 산다. 그

85 안병무, 『한국 민족운동과 통일』(한국신학연구소, 2001), 271쪽.

토록 짓눌러도 죽지 않고 죽지 않고 되살아나는 민중, 고난을 당하면서도 체념하지 않고 삶을 이어가는 민중, 누구의 힘을 빌리지 않고 스스로의 힘으로 살아가는 민중, 그 민중은 생명의 근원이요 생명 자체이다.[86] 민중은 성서에서 말하는 '루아흐(ruach)', '프뉴마(pneuma)', 동양적으로는 '기(氣)'에 해당한다. 그것이 작동하여 움직이기 시작하면 공동체적인 생명이 탄생하게 된다. 한국 민중은 가난과 수난 속에서도 좌절하지 않고 살아남아 강인해졌기 때문에, 민중은 한국 민족의 생명의 근원이 되었다. 예수의 생명은 갈릴리 민중으로 환생했고, 오늘 민중사건으로 환생한다. 민중사건 속에서 예수의 생명은 끊임없이 이어진다.[87]

---

86 같은 책, 271쪽.

87 같은 책, 276~277쪽.

제5장

안병무와 역사의 예수 연구사

안병무는 예수사건을 예수민중사건으로 해석함으로써 예수사건을 집단적으로 해석할 수 있는 길을 터놓았다. 그는 '예수민중사건'을 해석학적 고리로 삼아 성서에 등장하는 예수민중과 오늘의 민중이 만나도록 주선한다. 예수민중에게서 오늘의 민중을 보고, 오늘의 민중에게서 예수민중을 본다. 텍스트와 콘텍스트, 예수민중사건과 오늘의 민중사건은 '고난'과 '해방'을 두 축으로 지평 융합을 이룬다. 안병무는 현존의 그리스도를 설교(불트만)나 성례전(가톨릭)에서가 아니라 오늘의 민중사건 속에서 만난다.

정통주의 기독교 교리에 따르면, 예수 그리스도는 하나님의 계획에 따라 인간으로 오신 '성육하신 하나님(God incarnated)'이다. 니케아 신조와 칼케돈 신조에 나타나는 삼위일체론의 제2 위격 '성자'는 신성과 인성을 한 인격체 안에 지니신 분이며, 그분은 기독교 신앙 안에서 참 하나님이며 동시에 참 사람으로 고백된다. 예수는 실체론(substentialism)의 관점에서 신과 동일시되었다. 삼위일체론과 양성론(兩性論)은 초기 기독교 역사에서 신학적인 동기로 형성된 것만은 아니다. 당시 로마 황제 콘스탄티누스는 이를 로마제국의 통치 이데올로기로 삼았다.

1. 자유주의 신학과 역사적 예수 연구

암흑기라 불리는 가톨릭 중세 사회에서 인간 이성 중심의 근대 사회로 이행하는 과정을 이른바 계몽기(Aufklärungsera)라 부른다. 계몽주의 운동은 신으로부터 인간의 해방을, 신앙으로부터 이성의 해방을, 교권으로부터 세속 권력의 해방을 기치로 내걸었다. 이성, 합리성, 비판정신을 뼈대로 하는 계몽주의의 물결은 당시 사회 전반에 걸쳐 일어났다. 인문사회 계열의 학문뿐 아니라 신학 분야에도 크나큰 영향을 끼쳤다.

신학 분야에서는, 한편으로 가톨릭의 도그마에 따라 일방적으로 주어진 성서 해석에 항거하고, 다른 한편으로 인간 이성에 의존하여 성서를 해석하려는 경향이 나타났다. 이를 '자유주의 신학(liberal theology)'이라 일컫는다. 자유주의 신학자들 사이에서는, 중세 교회의 도그마에서 해방된 예수 그리스도, 피와 살을 지닌 역사의 예수를 탐구하려는 운동이 활발하게 진행되었다. 그들은 성서가 성령의 감동에 따라 쓰인 책이라는 것을 부인하지 않는다. 그러나 인간의 손으로 쓰인 책이라는 점에 착안하여, 하나님의 말씀을 담고 있는 성서를 이성의 눈으로 비판적 시각에서 해석하기 시작했다. 루터가 종교개혁을 주창하면서 내걸었던 깃발이 '오직 성서만으로'였다. 성서는 오로지 성서 자체만으로 해석되어야 한다는 주장이다. 그러한 점에서 루터는 자유주의 신학의 효시라고 할 수 있다.

알베르트 슈바이처는 1906년 『라이마루스에서 브레데까지(Von Reimarus zu Wrede)』라는 주목할 만한 책을 저술했다. '예수 생애 연구사(Geschichte der Leben Jesu Forschung)'라는 부제가 달린 이 책은, 18세기부터 20세기 초에 이르기까지 200여 년간 저술된 역사적 예수 연구서의 내용을 소개하고 신학적으로 평가했다.

헤르만 라이마루스(Hermann S. Reimarus)[1]는 예수의 생애를 역사적으

1 H. S. Reimarus, *Fragmente von der Wolfenbüttler* (Braunschweig, 1778).

로 접근한 최초의 학자였다. 그에 따르면 예수는 유대교 메시아 신앙을 지니고 있었다. 그는 메시아가 곧 온다는 종말적 기대 속에서 살았다. 라이마루스는 유대교의 임박한 메시아 대망 신앙의 지평에서 예수의 생애를 조망해야 한다고 했다. 삼위일체 교리의 틀에서 예수를 보아서는 안 된다는 것이다. 예수의 임박한 종말 기대는 무산되고 말았다(마태복음 10:23). 예수는 나귀를 타고 입성하여 스가랴 예언이 자신에게서 성취되리라 기대했다(스가랴 9:9). 그러나 그 계획이 관원들에 의해서 좌절되었고, 결국 십자가에서 처형되고 말았다. 예수는 십자가 위에서 "엘리 엘리 라마 사박다니(나의 하나님, 나의 하나님, 어찌하여 나를 버리셨나이까)"라고 말하며 생을 마감했다(마가복음 15:34). 예수의 이 절규 속에서 라이마루스는, 메시아 왕국을 세워 유대인을 구원하려 했던 예수의 혁명 계획이 그가 죽음으로써 실패로 돌아갔음을 보고 있다. 제자들은 그의 시체를 감추어놓고 그가 다시 온다고 유언비어를 퍼뜨려 교회를 설립했다. 기적과 부활 이야기 배후에는 제자들의 심리적인 착시 현상이 깔려 있음을 그는 보고 있다. 예수는 유대교 메시아 사상에 심취했던 실패한 혁명가였다는 것이다.

다비드 스트라우스(David F. Strauss)[2]는 복음서 전체를 신화(mythos)의 집대성으로 간주했다. 복음서에 등장하는 예수 탄생 이야기들은(마태복음 1~2장; 누가복음 1~2장) 구약의 메시아 사상을 설명하려고 초기 교회가 만들어낸 일종의 신화라는 것이다. 물론 예수가 열두 살 때 예루살렘 성전에 머무는 장면 역시 역사성이 없다는 것이다. 예수가 세례 받는 장면, 그가 악마에게 시험을 당하는 장면도 마찬가지로 초기 교회에 기원

2 D. F. Strauss, *Das Leben Jesu* (Tübingen, 1835).

을 둔 신화이다. 그는 특히 나사렛의 부활 이야기를 예수의 메시아성 입증을 위해 꾸며낸 이야기로 보고 있다. 인간의 상식에 어긋나고 이성으로 설명 불가능한 복음서 이야기들을 그는 모두 신화로 처리했다.

요하네스 바이스(Johannes Weiß)[3]에 따르면, 복음서에 등장하는 '하나님 나라'는 예수 설교의 요약(Summarium)이다. 예수가 선포한 하나님 나라는 미래적인 성격을 띠고 있으며, 이 세상적인 사회제도나 인간 역사를 초월한 이질적인 그 무엇이다. 도래하는 하나님 앞에서 유대인들을 회개시키는 것이 예수의 일차적인 사명이었다. 그는 후기 유대교의 묵시적 종말론자 가운데 한 사람으로서, 요단 강에서 요한에게 세례 받을 때 하늘의 음성을 듣고 '메시아 자의식(Messiasbewußtsein)'을 갖게 되었다는 것이다.

마르틴 캘러(Martin Kähler)[4]는 객관적 사실(Faktum)에 대한 기술인 히스토리(Historie)와 주관적 해석(Interpretation)의 역사인 게쉬히테(Geschichte)를 처음으로 구분했다. 그는 복음서에서 순수 객관성을 지닌 역사적 예수의 모습을 찾는다는 것이 불가능할 뿐 아니라 무의미하다고 여겼다. 켈러에 따르면, 우리는 복음서에서 객관적 사실로서의 예수가 아니라, 제자들의 주관적인 신앙고백의 대상인 그리스도를 만나게 된다.

카를 카우츠키(Karl Kautzky)[5]는 부자와 나사로 이야기에서, 초기 교회의 예수운동이 무산계급(Proletariat)의 운동이었음을 말한다. 성전 숙청은 예수가 제자들과 함께 일으킨 쿠데타이다. 그런데 사전에 발각되

---

3 J. Weiß, *Das Predigt Jesu von Reich Gottes* (Göttingen, 1892).

4 M. Kähler, *Der sogenannte historische Jesus und der geschichtliche biblische Christus* (Berlin, 1892).

5 K. Kautzky, *Der Ursprung des Christentus, Eine historische Untersuchung* (Berlin, 1908).

어 불발로 그치고 말았다는 것이다. 그는 예수가 로마의 정치범으로 처형되었다는 사실을 끝까지 은폐한 흔적들을 복음서 곳곳에서 찾을 수 있다고 주장한다. 초기 교회의 예수운동은 처음에 혁명적이고 사회복음적인 성격을 지녔다. 그러나 시간이 지나면서 지배 세력과 결탁했고, 기독교는 로마의 국교가 됨으로써 본래의 모습을 상실하고 지배 계급의 이데올로기로 되었다는 것이다.

빌리 브레데(Willi Wrede)[6]는 복음서에서 예수의 진정한 말과 제자들의 증언 사이에 불일치한 점들이 있다는 사실을 최초로 발견했다. 본래 예수는 유대교 랍비 가운데 한 사람이었다. 그는 갈릴리를 중심으로 제자들을 모아 가르치며 율법에 얽매이지 않는 삶을 살았다. 이러한 그의 태도가 유대 지도층에게 미움을 사게 되었고, 예수는 결국 죽임을 당했다는 것이다. 예수는 스스로 메시아라는 생각을 하지 않았다. 그런데 제자들은 그를 메시아로 고백했다. 이러한 모순을 해결하기 위해, 마가는 메시아 비밀론(Messiasgeheimnistheorie)을 만들어냈다. 브레데는 마가복음을 예수 전기(傳記)가 아니라, 일종의 신학서로 보았다.

슈바이처[7]는 예수를 철저한 종말론자로 보았다. 예수는 생전에 곧 종말이 임하리라는 기대를 가지고 살았던 열광적인 묵시 종말론자였다. 그러나 그가 선포한 하나님 나라는 계획대로 오지 않았다. 그는 종말을 앞당기기 위해 자신의 몸을 인류 역사의 수레바퀴에 내던졌다. 그러나 인류 역사의 수레바퀴는 멈추지 않고 계속 돌아갔다는 것이다. 슈바이

6 W. Wrede, *Das Messiasgeheimnis in den synoptischen Evangelien* (Göttingen, 1901).

7 A. Schweitzer, *Von Reimarus zu Wrede: Geschichte der Leben Jesu Forschung* (Tübingen, 1906).

처는 산상설교를 중간윤리(Interimsethik)로 규정한다. 그것은 종말이 올 때까지 잠정적으로 효력을 갖는 윤리라는 의미에서이다. 산상설교는 현재와 곧 도래할 종말 사이에 효력을 갖는 윤리이다. 예수는 철저한 종말론(Konsequenz-Eschatologie)의 윤리에 심취했던 유대인이라고 한다.

2. 불트만의 케리그마 신학

역사적 예수에 대한 학문적인 연구가 본격화된 것은, 양식비평학에서 시작된다. 카를 슈미트(Karl L. Schmidt)[8]는, 복음서가 객관적 사료에 근거한 예수 이야기가 아니라, 기록자의 신학적 의도에 따라 수집된 자료들이라고 본다. 그는 예수에 관한 가장 오래된 이야기는, 설교 형식으로 되어 있다고 보았다. 설교에서 예수의 모습을 단편적으로 만날 수 있을 뿐, 복음서에서 우리는 전반적인 예수의 모습을 찾을 수 없다는 것이다. 마르틴 디벨리우스(Martin Dibelius)[9]는 예수 전승 이야기의 양식들을 세밀히 분석하여 그 이야기들이 여러 단계를 거쳐 형성된 것임을 발견했다. 그는 전승 단계 사이의 상호 관계성을 추적하여 예수 전승의 본래 모습을 찾아내려고 했다. 동시에 그 원형이 어떤 '삶의 정황(Sitz im Leben)'에서 나온 것인지를 추적했다. 초기 교회가 정기적으로 드렸던 '예배(Kult)'야말로 예수에 관한 여러 전승이 태어난 정황임을 그는 발

8 K. L. Schmidt, *Der Rahmen der Geschichte Jesu. Literarkritische Untersuchungen zur ältetesten Jesusüberlieferung* (Berlin, 1919).

9 M. Dibelius, *Formgeschichte des Evangeliums* (Tübingen, 1933).

견했다.

불트만[10]은 초기 교회의 설교뿐 아니라 복음서의 다른 이야기들도 그것들이 태어난 정황이 있다는 전제 아래서 그 정황들을 연구했다. 그 정황들은 단순히 설교나 예배에 한정된 것이 아니라, 선교와 논쟁적인 것들임을 발견했다. 불트만은 디벨리우스의 '삶의 정황' 개념을 복음서 전반으로 확대해 적용하고 있다. 한 걸음 더 나아가 불트만은 복음서 이야기를 팔레스타인에서 유래한 메시아 대망 및 종말 사상과, 헬레니즘 세계에서 유래한 기적 신앙 및 신인(神人) 그리스도론으로 분류한다. 그 밖에도 영지주의, 스토아주의, 동방 신비주의 사상이 복음서에서 발견된다는 점을 그는 말한다. 결국 불트만은 복음서가 전하는 예수 이야기들이 초기 교회 신도들의 신앙의 산물이며, 그런 면에서 복음서는 그들의 '확대된 신앙고백서(케리그마)'라는 결론에 도달했다.

불트만은 『예수(Jesus)』를 발간했다.[11] 이 책에서 그는 복음서 이야기를 실존적 시각에서 해석할 것을 주창했다. 자연과학자는 자연을 관찰하면서 객관적인 사실을 발견할 수 있다. 그러나 역사를 관찰할 때는 이와 다르다. 역사가는 역사의 한 부분이기 때문이다. 역사 실증주의자들이 말하는 이른바 순수 객관적인 역사 서술은 불가능하다. 불트만은 성서를 해석할 때도 이를 적용한다. 우리가 성서를 읽을 때, 우리 자신도 이미 신앙고백 가운데서 예수를 만날 수 있을 뿐이다. 때문에 복음서에서 예수를 관찰하는 것이 중요한 것이 아니라, 우리를 결단으로 초대하는 예수와의 인격적 만남(Begegnung)이 중요하다. 불트만은 예수 생애

10 R. Bultmann, *Die Geschichte der synoptischen Tradition* (Göttingen, 1921).

11 R. Bultmann, *Jesus* (Tübingen, 1927).

보다 그분의 교훈과 메시지에 더 관심을 기울인다. 예수의 치유나 축귀 사건은 하나님 나라의 징후(sign)이다. 하나님 나라는 여전히 미래적 사건이다. 지금은 회개의 때이며 결단의 때이다. 하나님 나라는 시간과 공간을 초월하고 모든 세대를 관통하여 자신의 역사 속에서 각 개인에게 실존적 결단을 촉구한다. 이와 같이 그는 하나님 나라의 실존적 해석의 길을 열어놓았다. 그러면 예수는 하나님을 어떻게 이해했는가? 헬레니즘 세계에서 신이 코스모스의 한 부분에 위치한다면, 유대교의 신은 초월자이며 동시에 내재자이고, 미래적이며 동시에 현재적인 분이다. 예수는 이와 동일선상에서 한편으로 하나님을 창조주요 심판주로 생각하며, 다른 한편으로 하나님을 인간의 죄를 용서하시는 자비의 하나님으로 이해하기도 한다. 초기 기독교는 예수를 메시아로 선포했다. 예수의 메시아 자의식은 제자들의 예수 메시아 신앙에서 비로소 탄생했다. 예수가 자신을 메시아로 시인하는 복음서의 전승들, 곧 예수의 세례 받음(마가복음 1:9~11), 시험 사화(마태복음 4:1~11), 베드로의 신앙고백(마가복음 4:1~4), 예루살렘 입성(마가복음 11:1~10), 변화산상의 예수(마가복음 9:28)에 관한 이야기들은 초기 교회의 설교이다. 예수는 하나님 나라를 선포했다. 하나님 나라의 '선포자(Verkündiger)' 예수는 초기 교회에 의해서 '선포의 대상(Verkündigte)'으로 바뀌었다. 따라서 우리가 복음서에서 케리그마 배후로 들어가 역사의 예수를 찾으려 한다면, 그것은 복음서 기록자의 의도를 왜곡하게 된다.

불트만의 역사적 예수 연구는 다음과 같이 요약될 수 있다: 예수는 하나님 나라 도래의 임박성을 선포했다는 점에서 세례자 요한을 능가하는 종말론적 예언자이다. 예수는 자신이 메시아라는 자의식을 가진 적도 없고, 하나님 나라가 도래할 때 취임하게 될 미래의 인자라고 생각해본

적도 없다. 예수는 유대교의 환경(Milieu)에서 살았던 랍비이며, 선지자이고, 하나님 나라가 가까이 왔음을 알린 선포자이다. 그는 청중들에게 그 나라의 도래 앞에서 결단을 촉구한 묵시적 종말 예언자였다. 예수의 메시아 의식은 초기 교회의 부활 신앙에 뿌리를 두고 있다. 예수의 부활 자체는 십자가 사건에 대한 하나의 해석이지만, 제자들의 부활 신앙은 역사적 증명이 가능하다. 예수는 자신을 메시아로 자각한 것이 아니라 제3자인 인자를 기다렸다. 따라서 케리그마의 그리스도와 역사의 예수는 분리해서 이해해야 하고, 복음서에서 우리는 단지 케리그마를 발견할 수 있을 뿐이다. 그렇다면 우리는 어디에서 현존의 그리스도를 만날 수 있는가? 케리그마(설교)를 듣는 순간이다. 하나님 나라는 미래에 속해 있지만, 현재의 삶을 결정짓는다. 불트만은 실존적 종말론(existentielle Eschatologie)을 주장했다.

3. 후기 불트만 학파

후기 불트만 학파(Post Bultmann Schule)를 주도적으로 이끌어 온 에른스트 캐제만(Ernst Käsemann)[12]은, 역사의 예수와 케리그마 사이의 연속성(Kontinuität) 여부를 밝히는 것을 신학의 주요 과제로 삼았다. 그는 복음서가 초기 교회 공동체의 신앙고백의 산물이라는 불트만의 견해를 수용한다. 그렇지만 역사적 실존 인물 예수에 대한 탐구를 포기한다면, 신

12 E. Käsemann, "Das Problem des historischen Jesus," in *Exegetische Versuche und Gesinnungen* II (Göttingen, 1970), pp. 187~214.

학은 가현론(Doketismus)에 빠질 위험성이 있다는 점을 정당하게 지적한다. 케제만은 양자 사이의 연속성을 주장한다는 점에서 그의 스승 불트만의 견해와 거리를 두고 있다.

케제만에 따르면, 초기 교회 공동체는 구성원들의 신앙을 돈독히 하는 데 역사의 예수 이야기가 별로 도움이 되지 않는다고 판단했다. 그런데 역사의 예수 이야기는 케리그마 형성에 해가 되는 것처럼 보이지만 실상은 그렇지 않다. 왜 그런가? 케리그마의 그리스도는 나사렛 예수라는 '역사적 사실(bruta facta)'에 근거하고 있기 때문이다. 우리는 케리그마를 올바르게 해석함으로써 역사적 예수를 만날 수 있다. 초기 교회 공동체는 신화적 인물이나 신적 존재를 주님(Kyrios)과 일치시킨 것이 아니라, 역사적으로 실존했던 나사렛 청년 예수를 주님과 동일시했다. 그런 의미에서 케제만은 둘 사이의 연속성을 주장한다.

에른스트 훅스(Ernst Fuchs)[13]는 복음서에서 예수의 행태(Verhalten)를 먼저 설정하고, 예수의 행태를 예수 말씀 연구의 틀로 사용할 것을 제안했다. 복음서에 나타나는 예수의 행태에서 가장 두드러진 점은 무엇인가? 죄인들과의 '밥상공동체(table fellowship)' 행태를 들 수 있다. 예수의 밥상공동체 실천은, 사회에서 소외된 가난한 사람들과 죄인을 부르는 예수의 말씀, 그들을 일차적으로 하나님 나라에 초대하는 예수의 말씀과 상호 연관성이 있다는 것이다. 훅스는 바울 편지들이 복음서보다 20~30년 먼저 기록된 것에 주목한다. 그는 바울 편지들을 근거 삼아 역사의 예수에 도달하려고 했다. 바울이 생전에 예수를 만난 적이 있는지

13 E. Fuchs, "Glaube und Geschichte im Blick auf die Frage nach dem historischen Jesus," ZThK54(1956), pp. 117~155.

불확실하지만, 바울이 증거하고 있는 부활의 그리스도는 역사의 예수와 연관성 속에서 연구되어야 함을 훅스는 주장했다.

특히 훅스는 바울의 칭의론(稱義論)을 민중적 시각에서 해석한다. 그에 따르면 칭의론은 인종, 성별, 사회적 신분, 공로, 업적 등 모든 차별을 해체한다. 인간들이 그어놓은 모든 경계를 떠나 누구든지 예수를 믿기만 하면 하나님과 올바른 관계를 유지할 수 있다는 것이 칭의론의 중심 사상이다. 예수 그리스도를 '믿음으로써만(sola fide)' 구원에 이르게 된다. 당대에 유대교는 엄격한 율법 조항을 행함으로써 구원을 얻을 수 있다고 했다. 스토아 철학은 우주의 진리를 깨닫고 그것과 하나가 될 때 구원에 이르게 된다고 가르쳤다. 이러한 까다로운 조건들을 모두 생략하고, 오로지 예수 그리스도를 믿기만 하면 구원을 얻게 된다는 바울의 가르침은 하루 벌어 하루 먹고 사는 민중 계층에게 복음으로 들렸을 것이다. 이러한 바울의 칭의 사상은, 극빈자, 창녀, 세리, 죄인을 대상으로 하나님 나라 운동을 펼쳤던 역사의 예수의 삶이나 가르침과 일치한다는 것이다. 그 점에서 훅스는 역사의 예수와 바울 케리그마 사이에 연속성이 있음을 주장한다.

귄터 보른캄(Günter Bornkamm)[14]은 복음서에 등장하는 역사적 예수의 인격과 그의 공생애 사역에 관심을 기울인다. 복음서에 나오는 예수의 인물과 그의 교훈에 대한 증언들은 모두 초기 교회 공동체의 신앙고백에 근거를 둔다. 그런데 그 신앙고백 전승들은 자유주의 신학자들이 주장하는 것처럼 제자들이 주관적으로 체험하는 환상의 산물이 아니라, 역사적 예수의 인격과 사역에 기초를 두고 있다. 예수를 따르는 사람들

14 G. Bornkamm, *Jesus von Nazareth* (Stuttgart, 1956).

은 그가 행하고 가르친 모든 일 가운데서, 미래에 올 하나님 나라가 우리 가운데서 현재화하고 있음을 보았다는 것이다. 예수는 제자들과 함께 예루살렘으로 올라갔다. 왜 그랬는가? 예수는 예루살렘에서도 하나님 나라 도래의 복음이 전파되어야 한다고 생각했다. 그 사명을 완수하기 위해 예루살렘에 들어갔다. 보른캄에 따르면 복음서들은 역사의 예수를 신적 존재로 신화화할 목적으로 쓰인 것이 아니다. 지상 예수와 신앙의 그리스도 사이의 통일성을 유지하기 위해서 쓰였다.[15]

---

15 불교의 사상에 색신(色身, rupa-kaya)과 법신(法身, dharma-kaya)이 있다. 색신은 역사적 실존 인물인 석가모니 붓다를 가리키고, 법신은 화엄의 본존불(本尊佛)에 해당하는 진리 자체인 비로자나 붓다를 가리킨다. 색신은 법신이 드러나는 양태이다. 응신(應身) 또는 화신(化身)이라고도 한다. 석가모니는 여러 색신 중의 하나에 해당한다. 이러한 관계성 속에서 우리는 기독교의 성육신 사상을 살펴볼 필요가 있다. 요한복음 1장 14절은 '말씀이 육신이 된' 사건에 대해 말한다.

'말씀'으로 번역된 헬라어 '로고스(logos)'는 인간의 말로 다 표현할 수 없는 진리 자체를 가리킨다. '말씀'보다 중국성경에서 번역된 '도(道)'가, 로고스가 함의하는 본래적 의미에 훨씬 충실한 번역이라고 할 수 있다. 로고스가 보편성을 지니고 있다면, 그의 한 형태인 사르크스는 예수를 가리킨다. 로고스가 육(sarx)이 되었다. 신의 인간화이다. 역사의 예수는 불교적 지평에서 색신에 비유될 수 있다. 대승불교에서는 수많은 붓다를 말한다. 석가모니 붓다는 여러 색신 중 하나이다. 기독교 신학에서도 하나님(또는 로고스)이 자기를 나타내는 방식으로서, 특수 계시와 자연 계시를 말한다. 그러나 특수 계시는 어디까지나 역사의 예수에 한정된다. 석가모니는 붓다이다. 그렇다고 해서 붓다가 곧 석가모니라고 등치할 수 있는가? 아마도 대승 사상에서는 이러한 등식이 성립하지 않을 것이다.

그러나 기독교에서는 다르다. 예수는 그리스도요 동시에 그리스도는 예수이다. 왜 그런가? 하나님은 오직 예수를 통해서만 스스로를 계시한다고 보기 때문이다. 예수야말로 하나님이 지상에 자기 자신을 드러내는 유일무이한 사건, 곧 '에파팍스(ef apax)'이다. 아마도 이 점에서 불교와 기독교 신학은 차이가 있을 것이다. 신학이 역사적 예수 연구에 관심을 갖지 않으면 안 되는 까닭이 여기에 있다.

4. 제3의 물음

1970년대부터 '예수 르네상스'라는 이름으로 진행된 역사의 예수에 관한 '제3의 물음(Third Quest)'은, 거시적 틀에서 보면, 후기 불트만 학파의 역사적 예수에 관한 '새로운 물음'과 맥을 같이한다. 그러나 미시적인 관점에서 보면, '제3의 물음'은 예수라는 '한 인격'보다는 '공시적 지평(Synchronische Horizont)'에서 '예수운동'에 관심을 기울인다. 제3의 물음은 예수운동을 당대의 헬레니즘 문화 또는 유대 문화와의 '간학문적 대화(interdisciplinary Dialogue)'를 통하여 조명하는 것이 특징이다. 1983년 미국성서학회 소속의 로버트 펑크(Robert Funk)를 중심으로 '예수 세미나'가 결성되었다. 그들은 예수의 인격적 측면이 아니라 예수운동이 주변의 문화, 종교, 사회, 정치 집단의 도전에 어떻게 응전하는가를 인접 학문의 도움으로 밝혀내려고 한다.

'예수 세미나' 구성원들은 무엇보다도 신학의 '사회적 책임성(social responsibility)'을 강조한다. 본문비평, 양식비평, 편집비평 등은 주로 성서 텍스트 내부 문제에 한정시켜 역사적 예수를 탐구했다. 그리고 신학의 문제를 인간 실존의 개인 문제로 축소해버렸다. 그 결과 신학은 오늘의 현실 문제에 그 어떠한 해답을 줄 수 없게 되었다. '예수 세미나'는 이에 대한 일종의 자기 성찰이라고 볼 수 있다. 신학은 현실의 문제에

역사적 예수와 신앙의 그리스도는 서로가 분리하여 이해될 수 없다. 양자는 둘이며 동시에 하나이고, 하나이며 동시에 둘의 관계, 곧 부즉불이(不卽不二)의 관계에 있다. 그것은 서로가 서로를 해석한다. 양자 사이의 엄격한 분리를 주장한 불트만 신학이, 케리그마의 그리스도(법신)에 매달림으로써 추상적인 가현론에 빠질 수 있다고 경고한 후기 불트만 학자들의 주장은 일면 타당성이 있어 보인다.

어떤 형식으로든지 책임을 져야 하고 답변하지 않으면 안 된다는 것이다. 지금까지 기독교 신학은 예수를 신앙의 대상으로 신학화하는 데 급급한 나머지 역사성을 상실했다. 예수는 본 모습을 상실하고 지배 이데올로기로 바뀌었다. 토머스 드라이버(Thomas Driver)는 기독교 신학이 전통적인 그리스도론을 해체해야 참 예수의 윤리가 가능하다고 말했다. 이처럼 신학의 현실 비판과 신앙의 사회적 책임에 관심을 기울인 '예수 세미나'는, 신학화되기 이전 예수의 본 모습을 1세기 팔레스타인의 사회문화적 맥락 가운데서 새롭게 고찰하고자 한다.

이러한 시도는 일찍이 타이센에게서 찾아볼 수 있다. 그는 초기 그리스도교에서 예수 말씀을 전승했던, 카리스마를 지닌 떠돌이 예언자(Wandercharismatiker)들의 선교적 상황을 지식사회학적 방법론을 동원하여 밝혀냈다. 그는 한 인격 예수 대신에 예수운동(집단)을 신학의 대상으로 삼았다. 그리고 예수운동을 '독립변수'가 아니라, 주변 세계와의 '관계변수'로서 파악하려고 했다. 이를 위해 그는 예수운동에 영향을 준 네 가지 요인을 제시했다. 곧 '사회경제적 요인(sozio-ökonomishche Faktor)', '사회정치적 요인(sozio-politische Faktor)', '사회문화적 요인(sozio-kulturelle Faktor)', '사회생태적 요인(sozio-ökologische Faktor)'이 그것이다. 이러한 네 가지 사회적 요인들과 상호 연관성 속에서 타이센은 초기 기독교 예수운동의 원형을 탐구한다.

타이센의 영향을 받고 있는 최근 '예수 세미나'[16]의 역사적 예수 연구

16 예수 세미나의 목적은 예수가 말한 것으로 되어 있는 전승들을 검토하여 진정으로 예수가 말한 것을 가려내는 것이었다. 그들은 복음서에서 예수의 이름으로 전해진 말씀 가운데 18퍼센트만이 예수에게 소급시킬 수 있다고 결론지었다. R. Funk and The Jesus Seminar, *Acts of Jesus: The Search for the Authentic Deads of Jesus*

는 크게 두 흐름으로 나뉜다. 유대교 문화 전통과의 연관성 속에서 탐구하려는 시도가 하나이고, 헬레니즘 문화 전통 속에서 예수운동을 해석하려는 시도가 다른 하나이다. 펑크에 따르면, 예수는 제자들에게 하나님 나라를 가리켰다. 그러나 제자들은 하나님 나라를 보지 않고 예수의 손가락을 보았다고 한다. 손가락이 가리킨 달을 본 것이 아니라 달을 가리킨 손가락을 바라본 격이라고나 할까? 복음서에서 만날 수 있는 실제의 예수는 메시아 자의식을 가지고 있지 않았다. 그러나 초기 교회는 예수를 신앙의 대상인 메시아로 숭앙했다. 이를 위해서 교회는 실제의 예수를 무시해야만 했다. 기독교가 공식적인 종교로 발전하면서 '우상 파괴자'를 '우상'으로 만들었다고 한다. 펑크는 '예수에 관한 신앙(faith about Jesus)'이 아닌 '예수의 신앙(faith of Jesus)'에 기초를 두고 그의 신앙을 재정립하려 한다.[17]

헬레니즘 문화 전통에서 예수운동을 새롭게 해석하려는 시도는 버튼 맥[18]에게서 발견된다. 그는 예수의 활동 무대인 갈릴리가 당시 철저하게 헬라화된 지역이었다는 점에 착안한다. 그리하여 예수운동을 헬라

(New York, 1998), pp. 36~37. '예수 세미나'에서 재구성된 역사적 예수의 모습은 다음과 같이 정리할 수 있다: 예수는 세례자 요한의 제자로 출발했으나, 곧 그로부터 독립하여 독자적인 길을 걸었으며, 묵시적 하나님 나라의 도래를 거부하고, 하나님 나라의 현재성을 강조했다. 예수는 사회의 소수자들과 형제처럼 지냈으며, 일상적인 가치체계를 거부하는 역설적인 격언을 말했으며, 사회적 인습에 도전하는 말과 행동을 했다. 그는 사회비평가였지만, 사회혁명가는 아니었다. 예수는 '심신(mind-body)' 상관적인 치유를 행했고, 축제 기간에 예루살렘에 올라가 성전 숙청으로 체포되어 재판 없이 십자가에 처형되었다.

17 R. Funk, *Honest to God, Jesus for a New Millenium* (New York, 1996), pp. 300~314.

18 B. Mack, *A Myth of Innocense: Mark and Christian Origins* (New York, 1988).

세계에서 유행했던 견유학파 운동의 지평에서 해석한다. 그는 예수의 떠돌이 선교 행태에서, 헬레니즘 세계의 견유학파 지혜스승의 모습을 떠올린다. 비록 예수가 유대적 배경에서 성장했지만, 그의 가르침이나 행동에는 비유대적 성향이 짙다. 후기 유대교에서 핵심을 이루고 있는 묵시 종말적 요소들도 거의 찾아볼 수 없다는 것이다. 견유학파의 삶을 본받은 예수는, 유대 사회의 전통적인 가치관을 파기(subversive)한 지혜 교사이다. 맥은 예수의 말씀 복음서 Q를 근거 삼아, 초기 교회의 예수에 관한 신앙의 편린들, 곧 하나님의 아들, 속죄, 부활 등을 가차 없이 폐기 처분해야 한다고 목소리를 높인다.

마커스 보그(Marcus J. Borg)[19]는 역사의 예수를 이해하는 데 필요한 물적 토대로서 문화, 영, 지혜를 말한다. 지혜에는 대안적 지혜(Alternative Wisdom)와 인습적 지혜(Conventional Wisdom)가 있다. 인습적 지혜가 사회문화 전반과 연관되어 있다면, 대안적 지혜는 하나님의 영과 연결되어 있다. 그는 예수가 인습적 지혜를 타파하고 대안적 지혜를 세우기 위해 하나님 나라 운동을 전개했다고 한다. 예수는 지혜교사, 예언자, 카리스마적 지도자이다. 보그는 '누가 예수를 죽였는가' 하고 묻지 않는다. '무엇이 예수를 죽게 만들었는가'라고 묻는다. 십자가 사건은 인습적 지혜에 의하여 대안적 지혜, 곧 하나님의 지혜가 억압당하고 말살된 사건이다. 예수는 새로운 종교의 창시자가 아니라 유대교 갱신운동의 선구자이다. 예수는 하나님의 거룩함이 아니라 자비함을 근거로 사랑과 평화의 대안공동체 건설을 꿈꾸었다. 예수가 사회의 소수자들과 밥상공동체(table fellowship)를 결성한 것은, 유대 사회의 인습적인 계층

---

19 M. J. Borg, *Jesus in Contemporary Scholarship* (New York, 1987), pp. 143~200.

구조를 타파하기 위한 '자비의 정치학'을 보여준다. 그리스도교 신앙은 '부활 이전' 예수에만 의존해서도 안 되고, '부활 이후' 케리그마에만 의존해서도 안 된다. 두 전승 사이의 변증법적 종합에 기초를 두고 기독교 신앙이 정립되어야 한다는 것이다.[20]

존 크로샌(John D. Crossan) 역시 역사적 예수의 원초적 모습을 헬레니즘 문화 전통에서 찾는다. 예수의 삶의 스타일은, 한 곳에 정착하지 않고 떠돌아다니며 대중에게 지혜(Sophia)를 설교하던 유대 견유학파의 지혜스승에 비유된다. 예수와 지혜스승은, 가르침이나 삶의 스타일에서도 동일하다. 견유학파의 지혜스승이 도시를 배경으로 개인에게 지혜를 설교했다면, 예수는 촌락을 배경으로 공동체를 조직하고 하나님 나라를 설교했다. 견유학파는 배낭과 지팡이를 허용하고 있다면, 예수는 제자들에게 그것들조차도 불허한다는 점에서 더 철저하다고 할 수 있다. 크로샌은 예수를 농부 출신의 유대 견유학파의 전형으로 본다.

예수의 프로그램은 무엇이었는가? 사회의 두 계층을 교류시켜 이 땅에 하나님 나라를 건설하는 것이었다. 크로샌은 예수가 선포한 하나님 나라 운동을 나눔과 무상치유로 요약한다. 먹는 일과 치료하는 일은 하나님 나라 운동에서 하나로 통전(統全)된다. 밥상공동체와 무상치유 운동을 두 기둥으로 하나님 나라 공동체를 건설하려고 했던 예수의 비전은, 성전 숙청 사건을 계기로 유대 기득권층과 충돌한다. 성전 숙청은 성전을 깨끗하게 한다는 차원을 넘어, 로마의 식민지 지배에 대한 항거였다. 로마는 성전을 중심으로 유대를 식민 통치했기 때문이다. 예수는 로마 총독 빌라도에 의해 정치범으로 판결을 받고 십자가에서 처형되었

20 같은 책, p. 195.

다. 그런데 예수의 제자들은 스승의 십자가 처형에서 의미를 발견했다. 예수의 죽음은 바로 우리를 위해서라는 것(신앙), 이러한 신앙 아래서 초기 교회는 속죄 교리를 만들어냈다. 초기 교회는 하나님께서 인간과 화해를 위해 아들의 피를 요구하신다는 희생 신앙을 발전시켰던 것이다.[21]

샌더스는 크로샌과 달리 역사적 예수운동을 유대의 문화 전통 맥락에서 해석한다. 그는 타이센과 같이 예수운동을 유대교 내의 갱신운동의 하나로 평가한다. 샌더스는 성전 숙청 사건과 같은, 복음서에 수록된 역사적 개연성이 비교적 높은 전승들을 근거로, 예수의 행태를 유대 문화 전통의 맥락에서 재구성한다. 예수는 세례자 요한에게 세례를 받았고, 갈릴리를 무대로 하나님 나라를 선포하고 귀신을 내쫓으며 병자를 고쳤다. 하나님 나라 선교를 시작하기에 앞서 제자들을 부르고 그중에서도 특히 열두 명을 택하여 하나님 나라 동역자(partner)로 삼았다. 예수의 하나님 나라 선교는 주로 이스라엘 민중으로 한정되었다. 예수는 성전 숙청 후 체포되어 사형 판결을 받고 예루살렘에서 정치범의 하나로 십자가에 처형되었다. 예수가 죽은 후 그의 하나님 나라 운동은 제자들에 의해서 계승되었다. 초기 교회는 회당 종교의 지도자들에게 박해를 당했다. 그런 박해는 바울이 선교 활동을 할 때까지 계속되었다. 역사의 예수는 유대교 신학의 재건(Jewish Restoration Theology)을 꿈꾼 사람이라는 것이다. 성전 숙청 사건에서 그는 이스라엘의 회복을 위한 예수의 상징

---

21 예수운동을 이와 유사한 사회정치적 지평에서 연구하고 있는 대표적인 학자와 저서로는 일본의 아라이 사사구(荒井獻), 『イエスと その 時代』, 다가와겐조(田川建三), 『原始 キリスト教の 一斷面』, 미국의 펑크(R. Funk), *The Five Gospels. The Search for the Authentic Words of Jesus*, 크로샌(J. D. Crossan), 스코트(B. B. Scott), *Hear Then the Parable. A Commentary on the Parables of Jesus*를 들 수 있다.

적 행위를 읽는다.[22]

'예수 세미나'가 시도하고 있는 역사적 예수 연구의 한계점은 무엇인가? 그들의 연구는 방법론적 전제들에 따라서 이미 결정된다. 첫째로, 역사적 예수 전승과 초기 교회의 신앙고백 전승을 이분화한다. 이 도식에 따라 부활 이전 예수 전승에 진정성을 부여하고, 반면 부활 이후 제자들의 신앙고백 전승에 대해서는 진정성을 부인한다. 그렇다면 예수를 그리스도로 고백했던 제자들의 신앙고백은 생전에 그들이 따랐던 예수와 아무 연관성이 없는가? 생전의 예수 제자들과 부활 후 예수를 그리스도로 고백했던 제자들은 전혀 다른 사람들인가? 그렇지 않다. 두 전승 모체는 동일 집단이다. 그렇다면 두 전승 사이의 질적인 차이에 근거를 둔 불연속성보다는, 양적인 차이에 근거를 둔 연속성이 추구되어야 할 것이다.

둘째로, '예수 세미나'는 예수 말씀의 진정성에 대한 기준을 '구전(oral tradition)'에서 찾는다. 구전문화(口傳文化)에서 오래 기억될 수 있는 것은 간결하고 짧은 지혜 말이라는 것이 전제되어 있다. 그들은 복음서에서 지혜의 말이 가장 진정한 예수의 언어이며, 그것들을 설파하는 예수는 견유학파적인 현자라는 결론에 도달한다. 예를 들면 '예수 세미나'는 도마복음서를 공관복음서들보다 먼저 쓰인 작품으로 여긴다.[23]

---

22 샌더스와 유사한 입장에서 예수를 유대교 문화권에서 해석한 예로는 클라우스너(J. Klausner), *Jesus von Nazareth*, 하비(A. E. Harvey), *Jesus and the Contraints of History*, 버메스(G. Vermes), *Jesus the Jew*를 들 수 있고, 비록 예수를 보는 시각은 다르지만 홀슬리(R. Horsley), *Sociology and the Jesus Movement*도 이 계열에 속한다고 볼 수 있다.

23 일반적으로 대부분의 성서학자들은 도마복음서가 복음서들에 의존하여 2세기에 쓰였다고 추정한다.

셋째로, '예수 세미나'는 예수의 하나님 나라 선교에서 종말론적인 요소를 제거했다. 그들은 예수 말씀 복음서 Q에서 종말 선포자로서의 예수상을 이차적인 것으로 간주한다. 지혜를 전파하는 현자 예수상에 그들은 진정성을 부여한다. 단순히 초기 교회가 철저히 종말론적 신앙으로 무장되었다고 해서, 예수에게 묵시적 종말 사상이 발견되는 것은 아니라는 그들의 추정은 설득력이 없다. 초기 교회의 묵시적 종말론의 강조는 오히려 그들이 추종했던 역사적 예수의 종말적 선교 상황에서 유래했을 개연성이 더 높다.

넷째로 '예수 세미나'는 '역사 실증주의적' 오류를 범하고 있다. 역사적으로 증명할 수 없다고 해서 진정성을 부인하는 논리는 아무래도 설득력이 약하다. 어떤 주장의 논리적 근거가 약하다고 해서, 그 주장이 잘못되었다고 성급하게 결론을 내려서는 안 된다. 예를 들면 그들은 예수의 동정녀 탄생 이야기의 해석에서, 마리아가 어떤 남성과 성관계를 맺었다는 것을 가정할 때라야, 예수의 탄생이 역사적 사실이라고 주장한다. 동정녀 탄생 이야기는 초기 교회에 의해서 구성된 허구라고 말한다. 이러한 '예수 세미나'의 주장들은 19세기 계몽주의의 영향을 받은 자유주의 신학자들의 예수 이해를 재현한 것이다.

이상에서 일별한 '예수 세미나' 운동은 역사의 예수 연구에서 공과가 있다. 그들의 연구는 지난 수세기에 걸쳐 진행된 역사적 예수 연구사에서 한 시대를 담당하고 있다. 그 이상도 그 이하도 아니다.

5. 맺음말

큰 틀에서 보면 안병무의 역사적 예수 탐구도 앞서 언급한 학자들과 동일선상에서 진행되고 있음을 알 수 있다. 그러나 안병무는 예수사건을 예수민중사건으로 해석함으로써 예수사건을 집단적으로(corporative) 해석할 수 있는 길을 터놓았다. 그는 '예수민중사건'을 해석학적 고리로 삼아 성서에 등장하는 예수민중(Text)과 오늘의 민중(Kontext)이 만나도록 주선한다. 예수민중에게서 오늘의 민중을 보고, 오늘의 민중에게서 예수민중을 본다. 텍스트와 콘텍스트, 예수민중사건과 오늘의 민중사건은 '고난'과 '해방'을 두 축으로 지평 융합(Horizontverschmolzung)을 이룬다. 안병무는 현존의 그리스도를 설교(불트만)나 성례전(가톨릭)이 아니라, 오늘의 민중사건 속에서 만난다.

제6장

길 위의 신학

공성이불거(功成而不居)라는 그의 좌우명에서 볼 수 있듯이 안병무의 삶은 언제나 길 위에 있었다. 그의 신학 역시 항상 길 위에 있었다. 안병무는 '길 위의 존재'요, '길 위의 신학'을 했다. 실존에서 역사로, 역사에서 민중으로, 민중에서 생명으로, 생명에서 자연으로 그의 신학은 한 곳에 머물기를 거부했다. 물론 그의 신학에서 전자와 후자는 단절되는 것이 아니다. 후자는 전자와 연속성을 지니면서 그것을 포월(包越)한다. 그는 완결된 신학체계를 세우려 하지 않았다. 그의 신학은 항상 열려 있었고, 과정으로 존재했다.

1. 신학의 사명

불트만은 역사의 예수가 아니라 그에 대한 신앙고백, 곧 케리그마를 신학의 출발점으로 삼았다. 왜 그런가? 복음서는 역사의 예수에 대한 '전기'가 아니라 초대교회의 '신앙고백서'이기 때문이다. 이러한 측면에서 불트만은, 역사의 예수는 신학의 대상이 될 수 없고 다만 전제일 뿐이라고 했다.[1] 따라서 케리그마를 넘어 역사의 예수를 추구하는 것은 불신앙의 행위이다. 케리그마는 우리에게 실존적 결단을 촉구한다.

불트만은 현대인이 성서를 읽을 때 주의해야 할 두 가지 점을 지적한다. 성서 텍스트와 현대인의 실존적 상황이 그것이다. 복음서가 역사적 예수의 전기는 아니지만 제자들의 신앙고백 역시 역사적인 사실이라는 점을 부인해서는 안 될 것이다. 인간은 역사적인 존재이다. 그리고 언제

---

1 루돌프 불트만, 『신약성서신학』, 제1장 서문.

나 역사의 체험 가운데서 자기 자신에 물음을 던지는 존재이다. 우리는 성서를 '역사적으로(historisch)' 읽어서는 안 되고, '실존적으로(existenziell)' 읽어야 한다.[2] 불트만의 '탈신화화 프로그램'은 '실존 우위적'인 성서 해석의 당연한 귀결로 보인다.[3] 자연과학적 세계관 속에서 살고 있는 현대인에게 어떻게 신화적 언어로 쓰인 복음을 중재할 수 있는가? 이 화두에 대한 답변이 불트만의 탈신화화 프로그램으로 귀결되었음을 알 수 있다.

그러면 불트만이 생각하고 있는 신화(Mythos)는 무엇인가? 그것은 고대인들의 자기 이해에 대한 객관적 표현 외에 다른 것이 아니다. "신화의 본뜻은 객관적 세계상을 제공하는 데 있지 않고, 인간이 자기 자신을 세계와의 연관성 속에서 어떻게 이해하고 있는가"[4]를 말한다. 따라서 신화는 그에 따르면 우주론적으로 이해되어서는 안 되고 인간학적으로, 다시 말하면 실존적으로 해석되지 않으면 안 된다.

그리스도교 사신이란 무엇인가? 그것은 그리스도 안에서 나타난 하나님의 구원 행위를 신화적인 언어로 증언한 것이다. 이 사신은 인간이 무엇으로부터 자기를 이해해야 할 것인가에 대한 결단을 촉구하게 만든다. '자기의(自己義)'로부터인가, 아니면 '신의 의(dikaiosune tou theou)'로부터인가?[5] 불트만은 복음을 이해하는 문제에서 현대인들에게 지성의

2 우리는 성서 텍스트가 '그 시대에 어떤 의미를 지니고 있었는가'를 역사적·실증적으로 물어서는 안 되고, '오늘 나에게 무슨 의미를 가지는가'를 현재적·실존적으로 물어야 한다. 루돌프 불트만, 「전제 없는 주석은 가능한가?」, 141쪽 참조.

3 불트만은 1941년에 「신약성서 선포의 탈신화화 문제(Das Problem der Entmythologisierung der neutestamentlichen Verkündigung)」라는 논문을 발표했다. 『학문과 실존』 I 참조.

4 루돌프 불트만, 『학문과 실존』 II, 72쪽.

희생을 강요하지 않으려면, 복음의 실존적 의미를 드러내야 한다고 주장한다.

불트만의 해석학적 프로그램이 가지는 한계는 무엇인가? 첫째로, 그는 신화를 인간 실존의 자기 이해 차원으로 축소해 이해한다. 그러나 신화는 불트만이 생각하는 것과 달리, 개인의 실존적 자기 이해 차원을 초월하여, 인간 사회 공동체의 원초적 경험을 반영한다고 보는 것이 일반적인 견해이다.[6] 둘째로, 불트만은 예수에 대한 신학적 반성물인 '초기 교회의 케리그마'를, 개인에게 실존적 결단을 촉구하는 '선포된 말(Anrede)'로 환원한다. 예수의 행태를 담고 있는 이야기, 특히 기적 민담(民譚)들은 케리그마에서 제외된다.[7] 그는 그리스도교 사신과 그것의 물질적 토대에 해당하는 초기 교회 공동체의 사회적·정치적 정황을 전혀 고려하지 않고 있다. 셋째로, 불트만 신학에서는 인간의 실존과 역사(세계) 사이의 접점을 찾을 수 없다. 실존과 역사는 이분법적으로 영원히 평행선을 그을 뿐이다. 그는 인간의 실존을 '자기 자신과의 만남'이라는 인간 내면의 문제로 환원한 나머지, 실존과 세계 사이의 유기적인 연관

---

5 인간은 자기 자신을 무엇으로부터 이해할 것인가? 자기 자신인가 아니면 신의 은총인가? 율법인가 아니면 신앙인가? 그리스도교 사신은 인간으로 하여금 양자 앞에서 실존적 결단을 촉구한다는 것이다. 이러한 불트만의 실존주의 신학은 결국 루터의 칭의 신학으로 귀결됨을 알 수 있다.

6 이러한 입장을 대변하는 학자로는 뒤르켐, 말리노프스키, 레비스트로스를 들 수 있다.

7 불트만은 예수의 이야기들을 아포프테그마(Apophthegma)라는 문학 장르로 구분한다. 아포프테그마에서 상황을 서술하는 이야기들은 단지 예수의 말씀을 효과적으로 드러내기 위한 보조 수단에 지나지 않는다. 이러한 말씀 위주의 서구 신학에 대하여 서남동은 '민담의 신학'을 제창했다. 서남동, 「한의 형상화와 그 신학적 성찰」, NCC 신학연구회 엮음, 『민중과 한국신학』, 319~347쪽.

성이나 변증법적인 관계성에 대해 묻지 않는다. 넷째로, 불트만의 신학에서 예수사건은 케리그마 사건의 전제에 불과하다. 불트만은 케리그마의 물질적 토대에 해당하는 예수사건에 대한 물음을 거부한다. 그렇게 함으로써 예수사건의 탈역사화를 초래했다. 그는 예수의 하나님 나라 설교를 "백성 전체가 아니라 개개인을 향한 것"[8]으로 간주한다.

2. 길 위의 신학

불트만은 그리스도교 메시지를 인간 실존의 게토 속에 유폐함으로써 복음이 갖는 전체성의 상실을 가져왔다. 동시에 복음을 역사와 세계로부터 분리하는 결과를 가져왔다. 이러한 불트만 신학의 한계성을 극복하고자 하는 시도들이 제3 세계 신학자들에 의해서 진행되었다. 안병무도 그 가운데 한 사람이다.

한 인간의 삶은 끊임없는 변화 과정 속에 있다. 일찍이 안병무는 신학함을 수영에 비유한 적이 있다. 수영하는 사람이 가라앉지 않으려면 끊임없이 물을 차고 앞으로 나아가야 한다. 이와 같이 신학은 한 곳에 머물러서는 안 되고 앞을 향하여 끊임없이 나아가야 한다고 했다. 공성이불거(功成而不居)라는 그의 좌우명에서 볼 수 있듯이 안병무의 삶은 언제나 길 위에 있었다. 그의 신학 역시 항상 길 위에 있었다. 안병무는 '길 위의 존재(Auf dem Weg Sein)'요, '길 위의 신학(Auf dem Weg Theologie)'을 했다. 실존에서 역사로, 역사에서 민중으로, 민중에서 생명으로, 생

8 R. Bultmann, *Theologie des Neuen Testaments* (Tübingen, 1958), p. 25.

명에서 자연으로 그의 신학은 한 곳에 머물기를 거부했다.[9] 물론 그의 신학에서 전자와 후자는 단절되는 것이 아니다. 후자는 전자와 연속성을 지니면서 그것을 포월(包越)한다. 그는 완결된 신학체계를 세우려 하지 않았다. 거울은 그 앞에 물체가 나타나면 그것을 충실히 비추어준다. 그러나 그 물체가 지나가고 나면 형체 하나 남기지 않는다. 일절 미련을 두지 않는다. 안병무의 신학함도 이와 같다. 그 앞에 다가오는 신학적 주제에 충실히 응답했으며, 지나가면 그 어떤 미련도 두지 않았다. 그의 신학은 항상 열려 있었고, 과정(process)으로 존재했다.[10]

안병무의 민중신학은 그가 경험한 민중사건에 대한 시대적 증언을 우선으로 한다. 불트만에게 성서 텍스트(역사)보다 독자의 실존적 결단(현재)이 우위를 차지한다면, 안병무에게는 독자가 경험한 현재의 민중사건이 텍스트보다 우위를 차지한다. 이러한 성향은 그의 현실 경험과 분리해서 생각할 수 없다. 계속되는 폭압적인 군사정권의 독재 속에서 그는 인간이 운명적으로 벗어날 수 없는 악의 실체를 체험한다. 안병무는 성서가 말하는 사탄이나 악마를 유신헌법, 국가보안법, 긴급조치 등 민중의 삶을 억압하는 기제로 인식한다. 민중은 구조악에 의해서 철저하게 억압과 수탈을 당하면서도 역사에서 사라지지 않고 생명을 이어간다. 민중이야말로 생명의 원천이요, 역사의 주체이다. 안병무는 이러한

9 1996년 8월 임종 두 달 전 필자가 안 선생을 찾아뵈었을 때, 그의 신학적 사유는 그리스도교라는 종교의 틀에 매이지 않고 자유스럽게 우주와 자연을 넘나들었다. 인간의 언어를 초월하여, 자연과 말없는 말을 주고받았다.

10 1970년대 초 필자가 한국신학대학에 다닐 때만 해도 안병무는 신학의 아카데미즘을 강조했다. 그의 불트만 신학 강의는 학생들을 매료시키기에 충분했다. 그러나 해직과 감옥 경험을 통해 안병무 신학의 화두는 실존에서 민중으로 바뀌었다.

인식을 바탕으로, 역사와 단절을 꾀하며 인간 내면의 세계에 위안을 주는 불트만 실존주의 신학의 한계를 깊이 성찰한다.

3. 아시아 신학적 사유

노년의 안병무는 그의 신학적 단상을 동양사상에서 찾았다. 노자(老子)는 최고의 선, 곧 도(道)를 물과 같다고 했다〔上善若水〕. 그는 물의 특성을 남을 이롭게 하며 언제나 낮은 곳에 거하는 데서 찾는다.[11] 민중 역시 물과 같은 속성을 지닌다〔民衆若水〕. 민중은 사람들이 가장 싫어하는 곳에 거하면서 동시에 역사를 이끌어가는 주체이기 때문이다. 노자는 진리의 자리를 위가 아닌 아래에서 찾았다. 존재의 근원을 양(陽)이 아닌 음(陰)에서 찾았다. 남성이 아니라 여성에서 존재의 본 모습을 보았다. 실(實)이 아니라 허(虛)에서, 직선이 아니라 곡선에서, 단단함〔剛〕이 아니라 부드러움〔柔〕에서, 지배계급이 아니라 민중에서 존재의 원형을 찾았다.[12] 이러한 노자의 사상을 수용하여, 안병무는 민중생명신학을 펼친다. 그는 진리의 속성을 여성적 이미지에서 찾는다. 골짜기, 아래, 음지, 변두리, 고난과 같은 속성에서 민중생명의 원형질을 찾는다.[13]

---

11 "최고의 선은 물과 같다. 물은 만물을 이롭게 하면서 다투지 아니하며, 사람들이 싫어하는 곳에 처하니, 그러므로 도에 가깝다(上善若水, 水善利萬物而不爭, 處衆人之所惡, 故幾於道)"(『도덕경』 8장).

12 안병무, 「민중신학의 회고와 전망」.

13 안병무는 말년에 『선천댁』에서, 자기 어머니의 생애를 역사적으로 재구성함으로써 한국 민중의 사회전기를 기술하고 있다. 필자가 보기에 그에게 민중은 남성적 이미지를 지니고 있다기보다는 오히려 여성적 이미지를 지닌다. 안병무 민중

안병무의 '페미니즘적(feministic) 민중신학'은 노자의 곡신불사(谷神不死) 사상에서도 발견된다.[14] 봉우리가 존재하는 것은 그 사이에 골짜기의 빈 공간이 있기 때문이다. 자태를 드러내는 봉우리보다 자태를 감추고 있는 골짜기가 더 본원적이요 본질적이다. 봉우리는 양이요 골짜기는 음이다. 봉우리는 남성의 성기를 상징하며 골짜기는 여성의 성기를 상징한다.

노자는 봉우리가 아니라 골짜기에서 도의 본래 모습을 발견한다. 봉우리와 봉우리 사이에 있는 골짜기의 특성은 무엇인가? 그것은 바로 빔〔空〕으로 나타난다. 빔은 무가 아니다. 뭇 생명을 순환시키며, 모든 존재를 존재하게 하는 가능태(Potentiality)로서의 빔이다. 죽지 않고 영존하는 것은 봉우리가 아니라 골짜기이다〔不死〕. 도(道)의 여성적 이미지를 형상화한 것이 곡신(谷神)이다. 곡신은 천지의 뿌리〔天地根〕이다. 그것은 마치 있는 듯 없는 듯 존재하지만〔綿綿若存〕[15] 아무리 써도 다하는 법

신학의 주요 관심은 민중의 투쟁과 해방에 있다기보다는 오히려 민중의 수난과 한(恨)을 증언하는 데서 발견된다. 이 점에서 민중신학은 남미의 해방신학과 궤를 달리한다.

14 "골짜기의 신은 죽지 아니하니, 이것을 현묘한 암컷이라 이름 한다. 그 현묘한 암컷의 문, 그것을 천지의 뿌리라고 한다. 그것은 있는 듯 없는 듯하며 아무리 써도 다함이 없다(谷神不死,是謂玄牝,玄牝之門, 是謂天地根, 綿綿若存, 用之不勤)"(『도덕경』 6장). 여기에서 곡신이 무엇을 뜻하는지 불분명하다. 텅 비어 있음을 나타내는 도를 상징할 수도 있고, 생명을 낳는 여성의 성기를 상징할 수도 있다. 아마도 노자는 도의 여성적 이미지를 곡신으로 표상하는 것 같다. 남성적 이미지가 활동적이고, 발산적이며, 공격적이고, 강하고, 딱딱하고, 빠른 것이라면, 여성적 이미지는 고요하고, 수렴적이며, 약하고, 부드럽고, 수동적이며, 느리다. 안병무는 물을 곧 기라고 보는데, 곡에서 물이 증발하여 올라가면 기가 된다고 한다. 대담 「생명과 민중신학」, 한국신학연구소, ≪민중신학≫, 창간호(1995), 21쪽 참조.

이 없다〔用之不勤〕는 것이다.[16] 하늘과 땅의 근본으로서, 있는 듯 없는 듯 존재하며 영존하는 것에서 노자는 도의 특성을 찾는다. 민중이 바로 이러한 도의 특성을 지니고 있는 것이 아닌가? 안병무는 노자가 말하는 도(道)의 여성적 이미지에서 민중신학과의 접점을 발견한다.

다른 한편으로 안병무는 서구적 사고의 전형인 주객 이분법적 사유의 틀을 해체하고자 한다. 민중사건에 참여함으로써 예수와 민중이 하나가 되고, 그리고 나와 민중이 하나가 되는 주객일체의 '몸 체험'을 할 때 우리는 비로소 주객 이분법적 사유를 극복할 수 있다.[17] 예수와 민중은 화엄사상에서 말하는 법신일계(法身一界), 곧 총체적 한 몸을 이룬다.

안병무는 서구적 사유 방식의 근본 문제점을 어디에서 찾는가? 모든 존재를 '페르소나(persona)'화하는 데서 찾는다. 그것은 사물을 '상화(像化)'하는 것이다. 서구 신학은 하나님마저도 상으로 만들어 이른바 인격신으로 고백한다. 하나님을 인격신으로 개념화하면 하나님이 객체화되고 대상화된다. 이러한 유신론은 신을 한계지우는 것이다. 이를 극복하기 위해 서구 신학은 성령을 말한다. 그러나 그들은 성령 또한 하나의 인격으로 받아들였다. 성령이 시간과 공간의 감옥에 갇히게 된 것이다.

---

15 '면면약존'을 왕필은 다음과 같이 설명한다. "欲言存邪, 則不見其形; 欲言亡邪, 萬物以之生, 故綿綿若存也(그것이 있다고 말하려고 하면, 그 형체를 볼 수 없고, 그것이 없다고 말하려고 하면, 만물이 그로부터 생겨나고 있다. 그래서 있다고도 없다고도 말하지 않고, '면면이 있는 것 같다'라고 표현한다)." 김용옥, 『노자와 21세기』, 상권(통나무, 1999), 264쪽.

16 김용옥은 골짜기의 '신'을, 인간의 감각기관으로 포착 불가능하고 형태를 가지지 않은 신령스러운 우주의 기운으로 설명한다. 인간을 유형자(有形者)로 표현할 수 있다면, 하느님은 무형자(無形者)로 나타낼 수 있다. 같은 책.

17 안병무, 『성서적 실존』, 48~58쪽 참조.

하나님을 한 인격으로 개념화할 경우, 하나님과 나 그리고 하나님과 자연은 분리되고 관계가 차단된다. 이러한 맥락에서 안병무는 민중을 개념화하기를 거부한다. 개념화할 경우 민중의 본 모습을 잃게 되고, 박제화된 민중만 남게 된다.

노자는 도의 개념화 또는 분별화를 거부했다. "도를 도라고 말하면 그것은 늘 그러한 도가 아니고, 이름을 이름 지으면 그것은 늘 그러한 이름이 아니다(道可道 非常道 名可名 非常名)."[18] 앞의 '도(道)'는 명사이고, 뒤의 '가도(可道)'는 동사이다. 이를 풀이하면 다음과 같다. "말로 개념화할 수 있는 도는, 본래 그러한 도가 아니고, 이름 지어 부를 수 있는 이름은 본래 그러한 이름이 아니다." 여기에서 우리는 노자의 '본래 그러한 도'와 인간의 '언어로 표현된 도'를 구분한다. 양자 사이에는 틈새가 있다. 무엇인가 말로써 설명하는 순간 도는 이미 본연의 모습을 상실한다는 것이다. 곧 인간의 언어가 갖는 한계성을 지적하고 있는 것이다.

우리가 사용하는 언어란 사회적 약속이다. 따라서 언어는 시공의 제약과 사회적 제약을 받지 않을 수 없다. 인간의 사유체계는 언어의 산물인데, 사유체계 또한 자유로운 것이 아니라 언어로 제한된다. 따라서 모든 사물은 언어로 표현되는 순간 언어의 틀에 갇혀버려 본연의 모습을 잃게 된다.[19] 노자는 인간의 언어로 개념화할 수 없는 또 하나의 세계가

---

18 『도덕경』 1장; 김용옥, 『노자와 21세기』, 상권, 제1장 해설 참조. 이 장은 유가(儒家)에서 주장하는 도를 부정하는 측면도 있다. 도는 노자철학의 중심 개념인데, 그것은 우주 만물의 근원이요, 생성 변화의 원동력이고 원리에 해당한다. 도는 형이상학적 실재이기 때문에 인간의 인식을 초월한 무이다. 그러나 도의 작용으로 만물이 생성, 변화, 발전, 운행하고 있다. 도의 체(體)는 무(無)이지만, 도의 용(用)은 유(有)이다. 실체〔體〕는 없되 작용〔用〕은 있는 것이 도의 특징이다.

19 베르너 하이젠베르크(Werner Heisenberg)의 양자 물리학에 따르면, 미시 세계에

있음을 제시한다. 도를 도라고 설명해버리면, 그것은 '본래 그러한 도〔常道〕'가 아님을 상기시킨다. '명가명비상명(名可名非常名)'도 마찬가지이다. 본래 이름이란 무엇인가? 사물을 다른 것과 구분하기 위해 편의상 붙인 것이다. 내 이름이 바로 나인가? 그렇지 않다.[20] 나에게는 얼마든지 다른 이름이 붙을 수 있다. 어떤 사물에 이름이 붙으면, 그것은 편의상 붙인 것이다. 거기에 필연이란 없다. 붙여진 이름〔可名〕은, 그것이 가리키는 사물의 실제〔常名〕를 그대로 전하지 못한다. 언어와 개념은 어디까지나 실재 세계와 거리가 있음을 강조한 것이다.[21]

도나 사물의 세계를 인간의 언어로 개념화하는 데 한계가 있다면, 하물며 하나님은 더욱 그런 것이 아닌가? 말로 표현된 하나님은, 본연의 하나님과는 거리가 멀지 않을 수 없다. 왜 그런가? 하나님은 인간의 언어와 인식을 초월한 실재이기 때문이다. 주체에서 분리되어 개념화되거나 대상화될 수 없는 분이기 때문이다. 안병무는 노자의 말을 바탕으로, 도 가운데 가장 옳은 도를 상도(常道)라고 했다. 민중(상놈)이 가는 길이 상도인데,[22] 상도(常道)나 상놈〔常者〕은 흙 속에 묻혀 있는 뿌리와 같다.

서 관찰 대상은 그 조건과 관찰자의 의지에 영향을 받게 된다. 따라서 순수 객관적 대상에 대한 인식은 불가능하다. 관찰한다는 것은 조건 설정을 전제하고 있는데, 그것은 곧 전체와 단절된 부분화를 뜻한다. 관찰 주체가 측정 도구들을 동원하여 관찰을 시도할 경우, 객체인 관찰 대상은 이미 관찰 이전에 가지고 있던 본연의 모습을 잃게 된다.

20 이 구절은 공자(孔子)의 정명설(定名說)에 대한 반박이기도 하다.

21 『노자』, 장기근 옮김, 삼성출판사, 1979, 39~42쪽. 요한복음 1장은 말(로고스)의 긍정에서 출발하는데, 이에 반해 노자의 『도덕경』 1장은 말의 부정에서 출발한다. 성서에 기초한 서구 사상이 이성, 합리성, 빛, 유, 양, 남성을 중시하는 데 반해 노자 사상은 카오스, 어둠, 무, 음, 여성을 더욱 근원적인 것으로 사유한다. 이런 면에서 노자 사상은 현대 문명 비판에 중요한 단서를 제공한다.

비록 눈에 보이지 않지만, 뿌리 없이 나무는 생존할 수 없다. 이처럼 도는 인간의 언어를 초월한 영역에 있다는 것이다. 안병무는 하나님과 민중의 속성을 이와 같이 노자가 말하는 '본래 그러한 도(常道)'의 지평에서 이해한다.

신의 인격화에 대한 거부로서 안병무는 동양의 기(氣)에 주목한다. 구약의 '루아흐'나 신약의 '프뉴마'는, 본래 숨, 바람, 생명, 에너지를 뜻한다. 안병무는 이러한 개념들이 동양의 기와 상통한다고 본다. 기의 특징은 무엇인가? 상화할 수 없는 것이다. 일정한 상을 지니고 있지 않지만, 존재하는 것이 '루아흐'요 '프뉴마'이다. 고정된 모양은 없지만 작용하는 것이 기의 특징이다. 체(體)가 아니라 용(用)으로 존재를 파악할 수 있는 것이 기의 특징이다. 기는 곧 생명이다. 안병무는 민중을 생명과 기의 전달자로 보았다. 권력은 민중의 기를 꺾는다. 민중신학은 이처럼 민중의 기를 꺾는 권력에 항거한다. 권력의 집중화를 막아야 한다는 것이다. 안병무는 휴머니즘적 아나키즘과 민중신학의 제휴를 촉구하기도 했다.[23]

---

22 안병무, 「세계 한 민중의 새 지평」, 『민중신학』(한국신학연구소, 1995).

23 아나키즘은 현대 국가가 모든 권력을 독점하고 이를 이용해 불필요하게 시민을 억압하기 때문에 해체되거나 개인의 권리를 보호하는 정도로 축소되어야 한다고 주장한다. 1990년대에 들어오면서 한국 사회에서도 아나키즘이 새롭게 부각되고 있는데, 한국 아나키즘의 주류는 신사회운동의 핵심인 환경운동과 자립공동체운동으로 수렴된다. 방영준, 『저항과 희망, 아나키즘』(이학사, 2006), 198~215쪽; 구승회, 「에코 아나키즘」, 『에코필로소피』(새길, 1995), 103~150쪽 참조.

4. 맺음말

20세기가 서구 기독교의 문화와 합리성의 가치가 지배하던 세기였다면, 21세기는 후기 기독교 시대(post Christianity era)라고 부를 수 있을 것이다. 서구 기독교 문화나 이성과 합리성의 가치가 지배하던 시대는 지나갔다는 의미이다. 신학 분야에서도 그러한 경향성은 감지되고 있다. 한계성에 부딪힌 서구 기독교 신학과 가치를 바탕으로 세계 문제를 해결할 수 없다는 보편적 인식이 확산되고 있다. 이러한 현상은 사람들로 하여금 동양의 문화나 가치에 관심을 기울이게 한다. 안병무도 서구 신학의 한계성을 철저하게 인식하고 있었다. 서구 신학에 대한 하나의 대안으로서, 그는 특히 존재의 가치를 실체가 아니라 관계에 두고 이해하는 동양사상에 관심을 기울인다. 동양사상으로의 패러다임 전환은 후기 안병무 신학의 새로운 경향이라고 볼 수 있을 것이다.

제7장

동양사상의 지평에서

서구 신학은 말(로고스)을 중요시한다. 그들은 십자가 사건과 부활 사건을 케리그마화한다. 교리화하여 거대한 구원의 체계를 세운다. 그래서 대속론이 생기고 속죄론이 생겨났다. 안병무에게 십자가 사건과 부활 사건은 인간의 이성으로 파악할 수 없는 사건이다. 언어화할 수 없는 사건이다. 그것은 '빈 무덤' 사건이며, '존재의 침묵' 사건이다. 이러한 안병무의 생각은, 동양사상의 지평에서 예수사건을 해석할 수 있는 단서를 제공한다.

1. 사유(思惟)의 차이

우리는 일반적으로 동양적 사고는 일원론적이고 서양적 사고는 이원론적이라고 생각하기 쉽다. 그런데 동양과 서양의 사고 패턴을 무차별적으로 일원론과 이원론으로 구분하는 것은 온당하지 않다. 일원론과 이원론은 모두 통합과 분별, 동일성과 다양성의 원리로서 동서고금을 막론하고 인간의 필연적 사유 조건으로 쓰여왔기 때문이다. 동서양의 사고 패턴을 결정짓는 결정적인 변수는 이원론과 일원론이라기보다는 오히려 실체적 사고를 하느냐 아니면 관계적 사고를 하느냐의 차이에서 찾아야 할 것이다.

서양 철학의 주류에서는 현상적인 개체 사물의 존재 근거를 고정 불변한 실체에서 찾고자 했다. 반면에 동양 철학의 주류에서는 현상적 개체 사물을 고립된 실체로 보지 않고, 다른 사물과의 관계성 가운데서 상호 의존적으로 파악하고자 했다. 관계적이고 유기적인 통일성을 전제로 한 독립된 개체로 파악하고자 했던 것이다. 설령 유기적 통일성을 유지하고 있다 하더라도 개체 사물이 독립되어 존재한다는 점에서 인간의 사유는 이원론적 분별을 피할 수 없을 것이다.[1] 문제의 핵심은, 이원론적 틀을 유지하면서도 그것에 매이지 않고 어떻게 개체 사물을 관계적이고 통체적(統體的)으로 이해할 수 있느냐 하는 점이다.[2] 이원론적 사고는 실체론적인 사고와 밀접하게 연결되어 있다. 그러한 사고의 밑바닥에는 사물을 나누어 보는 철저한 분리 의식이 자리 잡고 있다. 이원론적이고 실체론적인 사고의 틀에 따르면 신과 인간, 자연과 역사, 마음과 몸, 개인과 사회 사이에는 서로 접점을 찾아볼 수 없고 본질적인 차이가 존재할 뿐이다. 양자 사이에는 소통의 다리가 없다. 실체적이고 분석적인 사고가 지금까지 과학기술 문명을 주도해온 면을 인정하지 않는 사람은 없을 것이다. 그렇다 하더라도 물질의 풍요 속에서 현재 인류가 겪고 있는 정신문명의 위기는, 이원론적이고 실체론적인 사고의 지배와 무관하지 않음을 알 수 있다.

어떻게 하면 신학이 이원론적이고 실체론적인 사고를 극복할 수 있는가? 하나의 대안으로서 안병무는 동양사상에 주목한다. 동양사상은 사물을 실체로 보기보다는 관계로 본다. 서양이 사물을 분석적으로 파악하는 데 주안점을 둔다면, 동양은 종합적으로 파악하는 데 주안점을 둔

1 존재론적 상황에서는 이분법이 필요할 때가 있다. 나에게 돈이 있느냐 없느냐의 경우가 그렇다. 그러나 가치론적 상황에서는 이와 다르다. 흑과 백, 선과 악, 빈와 부, 미와 추, 장과 단, 귀와 천, 이런 가치론적 분류 상황은 형식에서는 이분법이 사용되지만, 그 내용에서는 무한분법(無限分法)이다. 빈과 부라는 절대 가치 기준이 따로 있는 것이 아니라 상대적으로 '만큼' 가난하고 '만큼' 부자일 뿐이다.

2 김용옥, 『기철학 산조』(통나무, 1992), 130쪽.

다. 서양이 사물의 차이점을 찾는 데 주력한다면, 동양은 사물의 공통점을 찾는 데 주력한다. 서양이 개체 사물들 사이의 단절성을 강조한다면, 동양은 연속성을 강조한다. 서양의 학문(Wissenschaft) 전통이 주로 이성과 합리성을 따르고 있다면, 동양의 지혜(Weisheit) 전통은 주로 감성과 직관을 따른다. 실체의 가치를 중요시하는 서구 문명이 개인주의를 발달시켰다면, 관계를 중시하는 동양 문명은 대가족 제도를 비롯한 공동체주의를 발달시켰다.

동서양에서 이와 같은 사유 틀의 차이를 안병무는 하이데거의 실존철학의 도움을 받아 설명한다. 종합적이고 전체적인 사고를 중요시하는 동양의 관계적 사고 틀에서는, '이렇게 존재해야 한다'는 명령이 포함된 '실존적인 결단(existenzielle Entscheidung)'이 중요하게 다뤄진다. 그러나 분석적이고 부분적인 사고를 중시하는 서양의 실체적 사고 틀에서는, '이렇게 존재한다'는 것을 밝히는 '실존론적 규명(exitentiale Erklaerung)'에 초점이 맞춰진다는 것이다.[3]

안병무는 서구 문화가 헬레니즘과 헤브라이즘의 틈바구니에서 형성되었다고 생각한다. 지성과 감성을 통하여 사물을 파악하는 전통이 헬레니즘의 유산이라면, 의지(意志)와 신앙의 도움으로 사물을 파악하는 전통은 헤브라이즘의 유산이다. 그런데 이 두 조류가 조우하는 과정에서 하나가 다른 하나를 흡수하거나 동화되지 못하고 상호 간에 팽팽하게 긴장 관계를 유지했는데, 그러한 과정에서 서구 문명이 형성되었다는 것이다.

이와 다르게 동양에서는 혼합주의가 특징으로 나타난다. 특히 한국인

3 안병무, 「사상의 주체성」, 57~58쪽.

의 사상에서는 유교, 불교, 무교(巫敎, shamanism)의 요소가 혼재되어 있음을 볼 수 있다. 그런데도 다양한 종교들은 긴장과 갈등을 일으키지 않고 상생하면서 조화를 이룬다. 최치원의 사상에서 안병무는 이질적이면서 동시에 조화를 이루는 이러한 혼합주의적인 전형을 발견한다.

> 삼교(三敎)를 포함하여 군생(群生)을 접화(接化)했으되, 즉 들어서는 집에 효성을 다하고 나가서는 나라에 충성을 다하라 함은 공자의 뜻이요, 하염없는 일에 처하여 말이 없는 도를 행함은 노자의 종(宗)이요, 모든 악은 짓지를 말고 모든 선을 받들어 행함은 석가의 교화다.[4]

한국인의 이러한 혼합주의적 심성이 서양인들의 눈에는 어떻게 비쳤까? 한국인은 불교적으로 생각하고, 유교적으로 예를 행하며, 삶의 위기 앞에서는 무교적인 기복신앙(祈福信仰)에 매달린다고 보았을 것이다. 이처럼 안병무는 한국인의 사상이 지닌 특징을 혼합주의에서 찾는다.

2. 안병무의 불이(不二)신학

관계를 중시하는 동양사상의 대표적인 예로서, 우리는 불교 대승경전 중 하나인 『유마경』을 들 수 있을 것이다. 유마경의 중심 사상은 불이사상에서 찾을 수 있다. 불이사상은 개별적 존재란 '따로' 있는 것이 아니라 상의상관(相依相關)적으로 존재함을 역설한다. 보살을 떠나 중생이

4 같은 글, 58~59쪽.

따로 있을 수 없고, 중생을 떠나 보살이 따로 있을 수 없다. 보살과 중생은 둘이 아닌 관계적 존재인 것이다. 불이사상은 둘을 둘로 나누어 이해할 수 없는 관계, 곧 둘이 아닌 하나의 유기적인 운명 공동체로 본다.

안병무는 말한다. "민중을 모르면 예수를 모르고, 예수를 모르면 민중을 모른다."[5] 민중 없이 예수를 알 수 없고, 예수 없이 민중을 알 수 없다. 그는 예수와 민중을 고립된 실체나 별개로 보지 않는다. 둘이 둘이 아닌 관계, 곧 불이적(不二的) 관계로 본다. 예수와 민중을 말할 때 주객도식이나 이분법적인 사고에 매여서는 그 관계를 결코 바르게 파악할 수 없다는 것이다.

요한복음 1장 29절에 보면, 자기를 향해서 오고 있는 예수에게 세례자 요한이 "세상 죄를 지고 가는 하나님의 어린 양을 보라"라고 한다. 이 구절의 해석을 둘러싸고 안병무는 몰트만과 신학적 논쟁을 벌인 적이 있다. 안병무는 "저 예수가 바로 민중이다"라고 해석했다. 예수와 민중을 둘이 아닌 관계로 이해하고 있는 안병무에게는 당연한 귀결일 것이다. 이러한 안병무의 해석에 몰트만은 이의를 제기한다. 민중 역시 구원받아야 할 존재가 아닌가? 예수가 구원의 주체이고 민중은 구원의 대상인데, 어떻게 둘을 동일시할 수 있는가? 그것은 민중을 우상화하는

5 안병무, 『민중신학을 말한다』, 40쪽. 바울은 인간을 말할 때 하나님 앞에 서 있는 인간을 말한다. 하나님을 말할 때는 인간과 관계를 지닌 하나님을 말한다. 적어도 바울의 인간학에서는 하나님과 무관한 인간이나 인간과 무관한 하나님은 찾아볼 수 없다. 곧 하나님을 모르면 인간을 모르게 되고, 인간을 모르면 하나님을 모르게 된다. 하나님을 알아야 인간을 알게 되고, 인간을 알아야 하나님을 알게 된다. 이와 같이 바울은 하나님과 인간을, 이분법적이고 실체론적 사고에서가 아니라 관계론적이고 통체적 시각에서 파악했던 것이다.

것이 아닌가? 몰트만은 어디까지나 예수와 민중을 주객 이분법으로 보아야 한다고 주장했다. 몰트만이 예수와 민중을 서로 분리된 두 개의 실체로 보고 있다면, 안병무는 둘을 한 몸으로 이해하고 있음을 볼 수 있다. 그에게 민중은 구원의 주체이면서 동시에 객체이기도 하다. 이러한 민중 구원론의 배경에서는, '세상 죄(he hamartia kosmou)'를 종교적 지평이 아니라, 사회구조악의 지평에서 이해하고자 하는 안병무의 의도를 읽을 수 있다. 세상 죄는 구조악을 가리킨다. 사회의 구조악으로 고통을 당하는 민중이야말로 세상 죄를 짊어지고 가는 사람들이 아닌가? 오늘날 사회의 구조악에 희생당한 민중에게서 안병무는 요한이 보았던 '세상 죄를 지고 가는 하나님의 어린 양'을 보고 있다.[6] 세상 죄를 지고 간다는 의미에서 예수와 민중은 분리되지 않는다. 예수는 민중이고 민중은 예수다. 이와 같이 예수와 민중의 관계를 안병무는 불이적 관계로 파악한다. 민중이 구원의 주체라면, 구원은 외부에서 주어지는 것이 아니다. 민중은 스스로 구원을 이루어갈 뿐이다.

안병무는 예수의 십자가 사건에서 민중의 고난의 극치를 본다. 예수의 십자가 사건은 한 개인의 사건에 그치는 것이 아니라 집단적인 민중의 고난 사건이다. 예수 칭호에 대한 집단적 해석이나 민중 구원론에서, 우리는 예수와 민중을 별개의 실체로 파악하는 것이 아니라 관계적 통체로 파악하는 안병무의 불이신학(不二神學)을 찾아볼 수 있다. 그런데 안병무의 불이신학은, 존재론적 차원보다는 사회적 연대의 차원을 지닌다. 그는 예수와 민중을 하나의 공동 운명체로 본다.

6 같은 책, 41쪽.

3. 유신론을 넘어서

안병무는 동양과 서양의 신관의 차이를, 김은국이 쓴 소설『순교자』에서 찾는다. 이 소설의 무대는 6·25 전쟁 당시 평양이다. 줄거리를 요약해보자.

1950년 10월 평양에서 공산당이 열네 명의 목사를 체포했는데, 그중 열두 명은 총살당하고 두 명은 석방되었다. 남한군의 정보기관으로부터 진상을 정확히 파악하라는 임무를 받은 이 대위는 평양에 남아 이 총살당한 열두 명에 대한 진상을 캐고 있었다. 남한의 정보기관은 이 사실을 공산군의 잔인성을 세계에 폭로하는 선전 자료로 삼으려고 했다. 이 열두 명 목사의 죽음을 알려 서구인에게는 공산당에 대한 경각심을, 그리고 한국인에게는 반공의식을 고취하려고 했던 것이다.

이 대위는 열두 명의 목사가 처형될 때 현장에 있었던 두 명의 살아남은 목사를 먼저 찾기로 결심한다. 그중에 한 사람이 이 소설이 주인공인 신 목사이다. 어떻게 해서 이 두 사람만이 교수형에서 살아남을 수 있었을까? 그들은 살아남기 위해서 나머지 순교를 당한 열두 명의 동료들을 배신했는가? 아니면 그들은 공산당과 비밀리에 내통을 했던 것인가? 이러한 의구심을 떨쳐버리지 못한 채, 이 대위는 신 목사를 찾아간다. 이 대위의 질문에 신 목사는 자기가 그들과 함께 처형 현장에 있지 않았기 때문에 증인이 될 수 없다고 단호하게 대답을 거부한다.

그런데 얼마 후 평양의 어느 교회에서 신 목사를 초청해 부흥집회를 연다. 신 목사는 설교단에서 열두 명의 목사들이 신앙을 지키기 위해서 투쟁을 하다가 순교를 당하는 장면을 자기가 두 눈으로 똑똑히 보았다고 증언한다. 그런데 자기만은 비겁해서 신앙을 지키지 못하고 공산군과 타협하여 살아남게 되었다고 말한다.

설교가 끝나자, 동료 목사들과 그를 평소에 존경하던 신도들이 일제히 신 목사를 배신자로 매도하기 시작했다. 며칠 후 열두 명의 순교자를 위한 추도예배가 열렸다. 그 자리에서 신 목사는 그들의 죽음 앞에서 우리들의 회개가 얼마나 중요하며 순교자들의 거룩한 죽음이야말로 우리들의 시들어가는 신앙에 새로운 활기를 불어 넣어준다고 역설했다. 이런 식으로 신 목사는 회개한 가룟 유다가 되었다. 6·25 전쟁의 참화로 인하여 그 어느 곳에서도 희망을 갖지 못하고 절망 속에 빠져 있던 평양의 그리스도교인들에게, 신 목사는 희망을 잃지 않고 비참한 현실을 살아갈 수 있도록 신앙의 불을 지피고 다녔던 것이다.

그런데 평양에 남아 있다가 체포된 인민군 중에 뜻밖에도 신 목사를 취조했던 인민군 소령이 끼어 있었다. 또 하나의 증인이 나타난 셈이다. 이 대위는 그를 찾아간다. 그런데 신 목사 일행을 직접 취조했던 인민군 소령은 진술 과정에서 신 목사와 전혀 다른 말을 하는 게 아닌가!

열두 명의 처형당한 목사들은 죽음 앞에서 비겁하고 졸렬했을 뿐 아니라 기독교를 비난하고 심지어 살아남기 위해 그들이 믿고 있던 하나님에게 욕설을 퍼붓고 저주했다는 것이다. 그러나 이와 달리 신 목사는 고문하는 자기 얼굴에 침을 뱉으며 저항했다는 것이다. 죽음 앞에서 신앙의 정절을 끝까지 지킨 사람은 열두 명의 처형된 목사들이 아니라 오로지 신 목사 한 사람이었다는 것이다. 신념에 찬 신 목사의 행동에 인민군 소령은 감동을 받았고, 그를 감옥에 들여보냈다가 나중에 석방 조치를 했다는 것이다.

인민군 소령의 진술을 듣고 이 대위는 충격에 휩싸이게 된다. 한편으론 신 목사를 존경하는 마음이 생기게 되고, 다른 한편으로 사실과 전혀 다른 거짓말을 하면서까지 신도들에게 신앙적인 희망을 주려고 했던 신 목사에게 분노를 느끼기도 한다. 이 대위는 신 목사와 여러 차례 대화를 시도한다. 그러던 중 신 목사는 마침내 입을 연다. "사람에게 희망을 주고 사람을 살리는 것이 소위 진실을 말하는 것보다 중요할 때가 있습니다. 그래서 나는 광대놀음을 하기로 작정한 것입니다."

열두 목사가 처형당하는 현장을 목격하게 된 젊은 목사가 고민한다. 신 목사는 그 젊은 목사의 고민을 풀어주려고 자기는 죽은 다음에 가는 천국을 믿지 않는다고 말한다. 그 말을 듣고 이 젊은 목사는 정신적인 충격을 받아 정신 이상자가 되었고, 그래서 그 목사도 살아남을 수 있었다는 것이다.

이러한 사실을 숨기고 있던 신 목사는 평양 그리스도교인들 앞에서 침묵을 지키려고 했다. 그러나 절망 가운데 있는 그들에게 환상을 심어주고서라도 희망을 갖게 할 의무가 자기에게 있다는 사실을 깨닫게 되자 신 목사는 마음을 바꾸었다는 것이다. "그들은 하나님에 대한 믿음이 필요합니다. 그것만이 그들이 이 전쟁의 참화에서 살아남을 수 있는 유일한 희망줄입니다."

신 목사의 말을 듣자 이 대위는 어느 정도 이해할 수 있을 것 같았다. 중공군이 다시 평양에 들어온다. 남한군은 철수할 수밖에 없는 상황에 놓인다. 이 대위는 신 목사에게 서울로 동행할 것을 거듭 촉구한다. 그러나 신 목사는 이를 거부하고, 다른 그리스도교인과 함께 평양에 남는다. 그 후 삼팔선이 그어지고 휴전이 되었다. 그리고 남쪽으로 피난을 내려온 그리스도교인들 사이에서 신 목사에 대한 풍문이 단편적으로 들려온다. 그는 공산당원에게 죽었으나 계속 이곳저곳에 나타나곤 했다는

것이다.[7]

이 소설의 영문판을 읽은 서구인들은 신 목사에게 '신 없는 성자(聖者)'라는 별명을 붙여주었다. 신에게 그 어떠한 응답도 듣지 못했는데도 인간을 위해 자기를 희생 제물로 바쳤다는 이유에서였다.

신 목사는 절규한다. "모든 사람에게 이같이 덧없는 고통을 허용하는 하나님은 과연 존재한다고 볼 수 있는가?" 신 목사의 이러한 절규에 대해서 안병무는 신을 하나의 이론적 체계로 파악하려는 유신론(有神論)을 본다. 한국 전쟁의 참화 속에서 까닭 없이 고난을 당하는 민중을 볼 때, 과연 신이 존재한다면 어떻게 저런 일이 벌어질 수 있는가? 하나님이 세상을 정의로 다스리는 분이라면 과연 저런 일이 일어날 수 있을까? 안병무는 유신론의 지평에서 신을 이해하려는 자세를 버린다. 이러니까 신이 존재한다는 유신론의 주장은 '저러니까 하나님은 존재하지 않는다'는 무신론의 주장과 다를 바 없다. 유신론은 또 다른 형태의 무신론이며, 무신론은 또 다른 형태의 유신론이다. 유신론과 무신론은 한 동전의 안팎에 불과하다.[8] 이와 같이 유신론의 지평에서 하나님을 이해하려는 자세를 통해 안병무는 인간이 설정한 인과적 사고체계에 신을 가두는 행위를 본다.[9]

안병무는 동양적 사고의 지평에서는 이와 같이 유신론과 무신론이라

---

7 안병무, 「동양의 한 시각에서 본 서구신학 비판」, 『기독교의 개혁을 위한 신학』, 86~90쪽.

8 안병무, 「패배속의 신」, 『성서적 실존』, 270~271쪽.

9 유신론자에게 신은 역사 안에서 활동하는 분이 아니라, 역사 밖에서 역사를 무대로 드라마를 연출하는 이로 이해된다. 셰익스피어의 「멕베스」에서 고백하듯이 역사는 하나의 극이요, 인간은 저마다 맡은 배역을 담당하는 배우에 불과하다. 이런 유신론은 하나님께서 인간이 되었다는 성육신 사상과 충돌하게 된다.

는 양자택일적 신 이해가 생소하다고 본다.[10] 서양인들은 신을 하나의

---

10 동양사상은 사물을 양자택일로 이해하지 않는다. 대승불교 사상의 핵심에는 색즉시공(色卽是空), 공즉시색(空卽是色)이 있다. A가 A가 아님을 보는 것이 색즉시공이다. 그런데 A는 A가 아닌 것으로 그치지 않고, 다시 A가 된다는 것이다. 바로 공즉시색이다. 그런데 색즉시공, 공즉시색 사상은 자칫하면 색(色)과 공(空)의 이분법에 빠질 수 있다. 이를 차단하기 위해 『반야심경(般若心經)』에서는 그 앞에 전제를 단다. 색불이공(色不異空), 공불이색(空不異色)이 그것이다. 존재와 비존재, 곧 있는 것과 있지 않은 것이 별개가 아니며, 비존재와 존재, 곧 있지 않은 것과 있는 것이 별개가 아니라는 것이다. 있음 속에 없음이 있고, 없음 속에 있음이 있다. 이처럼 있음에서 없음을 동시에 보고, 없음에서 있음을 동시에 보는 것이, 『금강경(金剛經)』의 주제인 즉비론(卽非論)이다. 있음에서 없음을 봄으로써 있음에 대한 집착에서 자유로워지고, 없음에서 있음을 봄으로써 없음에 대한 허무주의를 넘어선다. 우리는 살면서 죽음을 생각한다면, 삶에 대한 집착에서 어느 정도 자유로울 수 있다. 존재하는 현상 세계의 본질은 철저히 공(空, sunyata)의 성질을 지닌다. 현상 세계는 덧없는 것이고, 고정 불변하는 것이 아니기 때문에 언젠가 사라지게 되어 있다. 공은 모든 존재의 실체를 부정한다. 존재를 변화와 과정으로 볼 때, 또 차이와 흔적으로 볼 때, 이러한 공 사상은, 눈에 보이는 현상 세계가 전부인 줄 알고 그것에 매여 사는 우리를 그 고정관념에서 해방한다. 공과 색의 세계의 변증법적 통일이 불교의 세계관임을 알 수 있다. 노자 사상의 핵심인 무(無) 역시 일체의 현실적 존재나 가치를 상대화한다. 안병무는 불교의 공이나 도가의 무를 '존재의 침묵'이라 부른다. 이 '존재의 침묵'은 나와 나 아닌 것 사이의 경계를 해체하고, 전체로서의 일자(一者)가 되게 한다. 따라서 공이나 무와의 만남은 하나님과 만나는 계기가 된다. 그리스도교는 '무로부터의 창조(creatio ex nihilo)'를 말한다. 모든 피조물은 존재 근거를 스스로 지니고 있지 않다는 것이다. 불교의 공관(空觀)은 하나님을 하나의 존재자로 파악하는 것을 방지한다. 만약 하나님이 다른 피조물처럼 하나의 존재자라면 그 역시 상대성을 면할 수 없을 것이다. 상대화된 하나님은 하나님이라 할 수 없다. '상이 상이 아님을 볼 때 진리를 보듯이(若見諸相非相卽見如來),' 상대화된 하나님이 하나님이 아님을 볼 때 우리는 참 하나님을 보게 된다. 특히 하나의 인간으로 상화(相化)해 보는 이른바 기독교의 인격신(人格神) 개념은, 공 사상 앞에서는 설 자리를 잃는다.

존재자(存在者)로 파악한다. 하나의 실체로 파악함으로써 그들은 신을 객관화하거나 대상화한다. 신을 한정짓는다.

죄 없는 사람들이 까닭 모를 고난을 당하는 전쟁의 비참한 현실을 목격하면서, 신 목사는 유신론적 신의 부재를 경험하게 된다. 그는 신의 있음(有神論)에도 머물지 않고, 신의 없음(無神論)에도 머물지 않는다. 신의 부재와 침묵을 경험하면서도, 신 목사는 신을 향한 기도를 멈추지 않는다. 민중의 고난 속에서 신이 침묵하는 동안, 그는 신의 현존을 체험했기 때문이다. 안병무는 시선을 전형적인 무신(無神)의 상황에서 십자가에 처형당한 예수에게로 돌린다. 왜 예수는 재판과 수난의 과정에서 침묵으로 일관했는가? "엘리, 엘리, 라마 사박다니!", 곧 "내 하나님, 내 하나님, 어찌하여 나를 버리십니까!" 이러한 예수의 절규에도 하나님은 침묵으로 일관한다는 것이다. 예수의 십자가 처형 장면에서 우리는 그 어떤 형태의 유신론적 이미지를 찾아볼 수 없다. 안병무는 마가복음이 전하는 예수 부활에 대한 증언에서, '언어의 길〔言路〕'이 끝난 언어도단(言語道斷)의 현실을 발견한다. 마가는 부활을 설명하지 않는다. 부활자의 '나타남〔顯現〕'을 말하지 않는다. 그는 단지 '빈 무덤〔空〕'만을 소개하는 데 그친다. 빈 무덤을 발견한 여인들은 빔 앞에서 오직 놀랄 뿐이다. 부활의 자리는 빈 무덤이라는 것, 부활의 진정한 힘은 다른 데서가 아니라 '빈 무덤'에서 나온다는 것을 마가는 말하고자 했다.

서구 신학은 말(로고스)을 중요시한다. 그들은 십자가 사건과 부활 사건을 케리그마화한다. 교리화하여 거대한 구원의 체계를 세운다. 그래서 대속론이 생기고 속죄론이 생겨났다. 안병무에게 십자가 사건과 부활 사건은 인간의 이성으로 파악할 수 없는 사건이다. 언어화할 수 없는 사건이다. 그것은 '빈 무덤' 사건이며, '존재의 침묵' 사건이다. 이러한

안병무의 생각은, 동양사상의 지평에서 예수사건을 해석할 수 있는 단서를 제공한다.[11]

예수의 설교는 하나님 나라로 요약된다. 그러나 그는 막상 하나님 나라의 내용이 무엇인지 말하지 않는다. 예수는 하나님 나라를 개념화하지 않는다. 상화(相化)를 거부한다. 하나님 나라를 언어나 이성으로는 설명 불가능한 현실로 보았기 때문이리라.

예수는 단지 하나님 나라가 가난한 사람들에 속해 있음을 선언한다. 세리나 죄인들과 함께 식사하는 '민중 밥상공동체' 자리에서 하나님 나라의 현존을 체험하고, 귀신이 쫓겨나고 병자가 회복되는 선교에서 하나님 나라의 현존을 선언한다.

안병무는, 지금까지 서구 신학의 예수 연구에서 한 가지 측면, 곧 언어와 로고스의 측면이 일방적으로 강조되었기 때문에 또 다른 측면을 상실하게 되었다고 생각한다. 언어를 넘어선 침묵의 현실이 그것이다. 성서의 진리는 양면성을 지닌다. 언어와 침묵이 그것이다. 말할 수 있는 것과 말할 수 없는 것, 표상할 수 있는 것과 표상할 수 없는 것이 성서에는 들어 있다. 성육신 사건이 예수의 존재를 드러낸다면(요한복음 1:14), 십자가 사건은 존재의 해체를 드러낸다(빌립보서 2:7). 존재의 측면과 아울러 존재의 해체 측면도 예수운동의 중요한 축을 형성한다.[12] 예수는 '나를 따르려거든 자기를 부정하고 제 십자가를 지라'고 했다. 예수를 따르는 데서는 자기부정이 선행되어야 한다. 십자가를 진다는 것은 언어의 차원을 넘어선 구체적인 실천의 차원이다. 십자가와 부활은 자기

11 안병무, 「동양의 한 시각에서 본 서구신학 비판」, 92쪽.

12 같은 글, 93쪽.

실현이 아니라 자기부정을 통해, 채움이 아니라 비움을 통해, 존재가 아니라 존재의 해체를 통해서 체험하게 되는 구원 사건이다.

개인주의 문명에 길들여진 기독교는 자아의식을 고양하고 자아욕구를 성취하는 도구로 신앙을 생각했다. 하나님도 결국 '나를 위해(pro me)' 존재하거나 나의 행복을 증진할 때만 참 신이 된다고 가르쳐왔다. 그런데 우리가 믿음의 근거를 십자가와 부활 사건에서 찾는다면 믿음(pistis)은 자기 비움〔空〕이나 자기부정과 분리될 수 없다.[13]

4. 인간의 본연성

요한복음에는 맹인이 된 사람을 둘러싸고 예수와 제자들이 논쟁하는 장면이 나온다(요한복음 9:1~12). 예수께서 길을 가다가 태어나면서부터 맹인이 된 사람을 만난다. 제자들이 예수에게 묻는다. "이 사람이 맹인으로 태어난 것이 누구의 죄입니까? 이 사람의 죄입니까? 부모의 죄입니까?" 그러자 예수가 대답한다. "그 사람 탓도 아니고 그의 부모 탓도 아니다. 단지 그에게서 하나님의 놀라운 일을 드러내기 위한 것이다." 제자들의 질문 배후에는 신명기적 인과응보(因果應報) 사상이 깔려 있다. 인간이 당하는 모든 어려움이나 질병은 그가 지은 죄에 대한 하나님의 징벌이라는 사상이 그것이다. 이러한 응보사상은 유대 사회에서 일반화된 고정관념이었다. 동시에 이 질문 배후에는 분리 의식이 도사리고 있다. 불행한 사람을 만났을 때, '나는 너와 다르다'는 차별 의식이

---

13 안병무, 「종교고발」, 『성서적 실존』, 98쪽.

그 질문에 깔려 있는 것이다. 차별함으로써 제자들은 그들 자신과 맹인 사이의 관계를 차단한다.

안병무는 맹자(孟子)가 말하는 인간의 본연성(本然性)의 지평에서 요한복음 본문의 이야기를 해석한다.[14] 어떤 사람이 공자에게 가서 물었다. "어린아이가 우물에 빠졌다는 소식을 들으면 군자는 어떻게 행동해야 합니까?" 공자가 대답했다. "군자는 우물 가까이 갈 수는 있지만, 그 안에 들어갈 수는 없다." 지금 구원의 손길이 필요한 사람을 보고 가기는 가는데, 군자라는 체면 때문에 우물에 들어가 아이를 구하는 행동으로 옮겨서는 안 된다는 것이다.

그러나 맹자의 경우는 이와 다르다. 그는 인간의 본성을 측은지심(惻隱之心)에서 찾는다. 한 어린아이가 우물에 빠졌다고 하자. 그 광경을 목격한 사람은, 누구를 막론하고 뛰어가 어린이를 건지려는 충동이 생긴다. 그러한 충동은 그 아이의 부모로부터 칭찬을 받겠다거나, 아니면 방치했을 경우 다른 사람들에게 손가락질을 받을 것이 두려워서가 아니다. 측은지심은 인간 본성에서 우러나온 마음이라는 것이다. 인(仁)에 앞서는 측은지심은 의식 세계의 산물이 아니다. 그것은 무의식에서 자기도 모르게 우러나오는 본연의 마음이다. 인간의 본연성이 관철될 때 천하는 바로 다스려지게 된다는 것이 맹자의 생각이다.

맹자가 말하는 인간의 본연성은 노자의 무위자연(無爲自然)과 통한다. 노자는 대도폐유인의(大道廢有仁義)에 대해서 말한다. 인(仁)과 의(義)가

---

14 안병무, 『성서적 실존』, 61쪽 이하. 안병무는 인의예지(仁義禮智)에 앞서 인간의 본연성으로 돌아갈 것을 촉구한다. 인(仁)보다 앞선 것은 '측은지심(惻隱之心)'이며, 의(義)보다 앞선 것은 '수오지심(羞惡之心)'이고, 예(禮)보다 앞선 것은 '사양지심(辭讓之心)'이며, 지(智)보다 앞선 것은 '시비지심(是非之心)'이다.

폐지되어야 큰 도〔大道〕가 설 수 있다는 것이다. 노자의 지평에서 볼 때, 유교의 최고 덕목인 인과 의는 인간의 본연성에서 떠난 것이다.[15] 의가 유위(有爲)에 근거를 둔다면, 도는 무위(無爲)에 근거를 둔다. 무위는 두 가지 의미를 함축한다. 한편으로 개체 인간의 독단적인 행위를 해체하는 부정적인 의미를 함축하고 있다면, 다른 한편으로 모든 사물을 하나로 융합할 수 있는 긍정적인 의미를 담고 있다. 곧 무위자연 사상은 자연 질서에 거스르는 인간의 고립된 행위를 부정함과 아울러 자연 질서에 순응하는 인간의 통일적인 행위를 창출한다. 인간이 자연에 거슬러 '따로' 행동하지 않고 항상 자연의 질서에 합치하는 방식으로 통일적으로 행동하는 것, 이것을 노자는 '함 없는 함〔無爲之爲〕'이라고 한다. 무위는 아무것도 하지 않는 것이 아니다. 인위(人爲)가 배제된 자연의 순리에 따른 행위, 곧 본연성에 기초를 둔 참다운 행위를 말한다.[16] 안병무도 인의(仁義)를 인간의 본연성이 관념화된 것으로 간주한다. 관념화된 인의는 사람을 본래적인 심성에서 멀어지게 한다. 인의가 인간을 본연성에서 멀어지게 한다면 그것은 마땅히 폐기 처분되어야 할 것이다. 인간의 본연성 회복을 인위성에 바탕을 둔 국가 질서보다 중시한다는 점에서, 안병무의 사상은 일종의 무정부주의(아나키즘)적인 성향을 띤다고 볼 수 있다.[17] 맹자가 측은지심을 내세운 것이나 노자가 인의를 거부

---

15 인간의 본연성 회복을 위하여 노자는 인을 근절하고 의를 버리도록 촉구한다〔絶仁棄義〕. 그래야 백성 속에서 효와 자비가 살아난다고 보았다〔民復孝慈〕. 인의(仁義)가 반성적 의식의 산물에 해당한다면, 효자(孝慈)는 반성적 사유 이전의 무의식적 본성에서 나온 것이다.

16 원정근, 『도가철학의 사유방식』(법인문화사, 1997), 제7장 참조.

17 안병무는 국가권력을 폭력으로 유지되는 반평화적 세력 가운데 하나로 본다. 그는 함석헌과 더불어 국가지상주의를 비판한다. 정부는 작으면 작을수록 좋고, 통

한 것 그리고 불교의 무아(無我) 사상은, 안병무에 따르면 결국 관념화된 세계로부터 인간 해방을 목적으로 한다.[18]

제자들의 질문에 대해서 예수는 어떻게 반응하는가? 이 사람이 소경이 된 것은 당사자나 그의 부모가 지은 죄 때문이 아니라고 한다(요한복음 9:3). 예수는 너와 나의 관계를 가로막는 인위적이고 관념화된 사회지배 이데올로기를 제거한다. 예수는 그 사람이 놓인 현재 상태를 고정관념을 개입시키지 않고 '있는 그대로' 보게 한다.

"이 사람이 맹인 된 것이, 누구의 죄 탓인가?" 이 질문은, 과거를 근거로 현재를 평가하는 방법이다. 관념화는 다른 것이 아니다. 과거의 업(業)으로써 현재를 인과론적으로 해석한다.

기독교가 유대교 내의 갱신운동으로 출발했듯이, 불교 역시 힌두교 내의 갱신운동으로 시작되었다. 브라만교에 따르면, 전생의 업(karma)이 '영혼의 윤회'를 통해 현세의 삶을 직접적으로 규정한다. 현세의 삶은 전생의 삶에 대한 결과일 뿐이다. 현세에 잘사는 사람은 전생에 선업(善業)을 쌓았기 때문이요, 가난하게 사는 사람은 악업(惡業)을 쌓았기 때문이다. 윤회설을 믿는 사람은 현세의 삶 일체를 운명으로 받아들일 뿐, 현세적 삶의 질을 향상시키기 위한 개혁이나 저항은 할 수 없다. 윤회설의 배경에는 그 시대의 사회적 불평등을 합리화해주는 지배 계급의 통치 이데올로기가 서 있다. 석가모니 붓다는 사회적 불평등과 지배 계급

치는 없어지면 없어지는 것만큼 평화가 온다는 것이다. 안병무, 『한국 민족운동과 통일』, 466~467쪽. 그 밖에도 안병무의 무정부주의 사상은 곳곳에서 발견된다. 안병무, 「혼선된 역사」, 『한국 민족운동과 통일』, 284~296쪽; 『분단의 장벽을 넘어서』, 347~355쪽 참조.

18 안병무, 『성서적 실존』, 66쪽.

의 억압을 정당화해주는 윤회설을 부정했다. 그는 무아(無我)의 교설을 펼쳤다. 고정된 실체로서 나(영혼)라고 할 만한 것이 없다는 것이다. 제법무아(諸法無我)이다. 특별히 나라고 할 만한 것이 따로 없으니 영혼도 없다. 영혼이 없으니 윤회도 없다. 따라서 전생이라고 할 만한 것도 없고 전생의 업도 없다. 있는 것이라고는 이 세계 안에서 일어나고 스러지는 인연(因緣)의 연쇄 고리뿐이다. 인연의 고리가 전생도 내세도 아닌 이 세상에서 일어나는 일이라면 인간의 고통을 푸는 열쇠도 어디까지나 이 세상 안에서 찾아야 한다. 석가모니 붓다는 바른 깨달음을 통해서 고통에서 벗어날 수 있다고 보았다. 바른 깨달음은 자비의 실천을 통해서 획득된다. 자비의 실천이야말로 깨달음에 이르는 왕도임을 말한다. 이러한 석가모니 붓다의 연기(緣起) 사상은 윤회의 고리를 차단한다. 인간의 운명론을 거부하고 현재의 삶에서 이웃과 역사에 대한 연대적 책임을 강조한다.19

그러면 예수는 소경이 된 사람을 어느 시각에서 보는가? 전생에 그의 부모나 그가 지은 죄에 대한 하나님의 징벌로 보는가? 그렇지 않다. 지금의 일, 현재의 일로 본다. "다만 하나님의 하시는 일이 그에게서 나타나기 위한 것이다"라고 한다. '하나님의 하시는 일(ta erga tou theou)'은 무엇인가? '지금-여기' 예수운동 가운데서 일어나고 있는 민중사건이다. 그것은 밥상공동체와 무상치유 운동으로 요약된다. 이 사람이 맹인이 된 것은 과거의 문제가 아니다. 업(業) 문제가 아니다. 바로 지금 여기의 문제이다. 지금 여기에서, 병든 사람들이 무상으로 치료받고, 귀신이

---

19 빔라오 람지 암베드카르, 『인도로 간 붓다: 그의 삶과 가르침』, 이상근 옮김(청미래, 2005).

축출되고, 가난한 사람들에게 복음이 선포되는 일이 하나님의 일이다. 이러한 열린 시각이 예수로 하여금 당시 율법 종교로부터 소외된 민중을 차별 없이 받아들이게 했던 것이다. 예수는 민중에게 어떤 조건(과거)을 제시하지 않았다. 아무 조건 없이 있는 그대로 그들을 받아들였다. 예수는 민중을 과거(죄)의 시각에서 본 것이 아니라 현재의 시각에서 보았던 것이다. 필연성이나 운명론의 시각에서 보지 않고 가능성과 본연성의 시각에서 보았던 것이다.[20]

5. 바울의 유기체 신학

안병무는 서구신학의 주객 이분법을 극복하기 위한 하나의 방편으로 바울의 몸(soma) 개념에 주목한다. 몸은 인간의 어느 부분이 아니라 전체를 일컫는 개념이다. 사람이 몸을 갖고 있는 게 아니라, 사람이 곧 몸이다. 몸은 살도 피도 아니다. 영도 육도 아니다. 그렇다고 그런 것들을 제외한 다른 무엇도 아니다. 몸은 영과 육의 종합체가 아니다. 따라서 몸은 분해될 수 없다. 몸은 통체(統體)로서만 존재한다. 몸은 삶 자체이다. 따라서 구체적이다. 몸은 구체적이기 때문에 시공의 제약을 받는다. 몸은 역사적 존재이다. 그러나 몸은 역사적 존재이면서 동시에 역사를 초월한다. 이러한 바울의 몸 개념은 서구인들보다 동양인들에게 더 친숙하다고 안병무는 생각한다.[21]

---

20 안병무, 『성서적 실존』, 70쪽.

21 같은 책, 48~58쪽.

서구인들은 주로 사유(Denken)를 통해 사물을 파악하는 전통이 강하다. 사유에 근거를 둔 과학과 합리성이 근대 서구 사회 형성에 중요한 역할을 했다. 서구인은 사유로 명상하고 사유로 기도한다. 합리적으로 이해 가능할 때 복종한다. 이와 달리 동양인들은 '몸으로' 사물을 파악하는 전통이 강하다. 직관적인 깨달음(Weisheit)을 중요시한다. 인도의 요가 명상이나 중국의 선(禪)불교는 사유로부터 해탈을 추구한다. 사유가 멈춘 자리에서 깨달음의 세계가 펼쳐진다고 가르친다. 동양에서는 깨달음에 이르는 길로서 몸 닦음, 곧 수행을 강조한다. 몸은 소우주이다. 천지가 만나는 장소요, 몸을 통해서 음과 양이 하나로 통합된다. 동양에서는 몸으로 명상하고, 몸으로 기도하며, 몸으로 복종한다. 몸의 수행에서는 호흡, 마음가짐, 자세가 중요하다. 몸과 마음과 호흡이 하나로 통일되어야 명상이 가능하고, 깨달음〔覺〕의 경지에 이를 수 있다.[22]

바울은 그리스도 사건을 '몸 사건'으로 파악했다. 그는 몸의 신앙을 말하며, 그의 편지는 바울의 몸 자신이다.[23] 바울은 몸으로 하나님께 영

22 인간은 90일 동안 밥을 안 먹어도 살고, 일주일 동안 물을 안 마셔도 살 수 있지만, 5분 동안 숨을 쉬지 않으면 죽는다. 생명은 곧 숨이요, 숨은 곧 생명 그 자체이다. 숨을 내쉼〔呼〕으로써 우주와 내가 하나가 되고, 숨을 들이쉼〔吸〕으로써 우주와 내가 분리된다. 숨을 내쉼〔呼〕으로써 내 몸 속에 있던 기(氣)를 우주로 내보내게 되고, 숨을 들이마심〔吸〕으로써 우주의 생명 에너지를 내 몸 속에 받아들이게 된다. 한 번의 호흡을 통해 나와 우주는 하나가 된다. 인간은 몸을 통해서 우주와 소통(communication)하게 된다. 크리스 실링(Chris Shilling)은 몸을 사회적인 산물인 동시에 생물학적인 실체로 본다. 그는 몸을 정신과 육체로 이루어진 총체적 실체로 정의한다. 일반적으로 'body'는 전체로서의 몸을 가리키고, 'flesh'는 몸의 한 측면인 살 또는 육을 가리킨다. 크리스 실링, 『몸의 사회학』, 임인숙 옮김 (나남, 2000) 참조.

23 안병무, 『성서적 실존』, 57~58쪽.

광을 돌리라고 한다(고린도 전서 6:20). 바울은 내 몸을 쳐서 복종시킨다고 한다(고린도 전서 9:27). 바울은 몸을 닦는 수행자의 삶을 살았음을 보여주는 대목이다. 바울은 몸의 부활을 말한다(고린도 전서 15:42). 그리스도인이 드려야 할 진정한 예배의 모범으로서 바울은 '몸 제사'를 말한다(로마서 12:1). 바울은 몸을 통하여 우리에게 무엇을 말하고자 하는가? 인간은 부분이 아니라 언제나 통체(統體)로 존재한다는 것이다. 인간의 삶도 통체요 구원도 통체이다. 바울은 몸을 통하여 복음의 유기적 전체성을 강조한다. 안병무는 몸의 전통을 잃어버린 데서 오늘날 기독교의 문제가 있음을 말한다. 기독교는 몸을 잃어버렸기에 머리, 팔, 다리가 제각기 따로 논다는 것이다. 현대 기독교에 시급한 문제는 몸 전통의 회복이다. 몸 전통의 회복을 통해 유기적 통체의 시각에서 복음을 이해하고 전파해야 한다. 안병무의 몸 신학은 사물을 전체적이고 관계적 시각에서 보도록 촉구한다.

6. 상(페르소나)의 해체

서구인들은 모든 사물을 '페르소나(persona)'로 인식한다. 인간의 감각기관을 통해서 인식 가능한 것, 곧 상(相)을 갖추고 있는 것을 존재로 규정한다. 서구 신학의 오랜 전통에서는 신을 삼위일체적으로 고백한다. 하나님을 세 개의 인격을 갖춘 분으로 고백하게 함으로써, 하나님을 개념화하여 하나의 상으로 이해했다.[24]

24 기독교의 신의 자리에 견주어 불교에서는 붓다〔佛〕를 말하고, 유교에서는 상제

인격(人格), 곧 일정한 상을 갖추게 되면 존재가 대상화된다. 대상화된 존재는 그 상에 갇히고 상으로 제약될 수밖에 없다. 서구 신학은 하나님을 인격으로 상화(相化)하여 유신론을 주장했다. 신을 인격신으로 개념화함으로써 신에게 한계가 생기게 된 것이다. 인격으로 개념화된 하나님은 본래의 하나님일 수 없다. 우리는 하나님을 언어로 표현할 수 있는가? 하나님을 인격화할 수 있는가? 말로 표현된 하나님, 인격화된 하나님은 본래의 하나님일 수 없는 것이 아닌가? 말로써 설명하는 순간, 말로써 설명된 하나님은 본연의 모습을 잃는다. 규정된 하나님은 규정될 수 없는 본연의 하나님과는 거리가 있을 수밖에 없을 것이다.

언어란 무엇인가? 사회적 약속이 아닌가? 따라서 언어는 사회의 제약을 받지 않을 수 없다. 사유체계는 언어의 산물이다. 언어에 의해 규정될 수밖에 없다. 모든 사물은 언어로 표현되는 순간, 언어의 틀에 갇히게 되어 본연의 모습을 잃게 된다. 모든 실재는 언어로 표현되면 변질되기 마련이다. 개념〔名〕이 해체되어야 실재가 나타난다.

우주만물의 궁극적인 존재 근거를 가리키는 도는, 끊임없는 운동과 변화〔易〕의 과정을 통해 사물과 관계를 맺는다. 노자는 도의 특성을 '모양 없는 모양〔無狀之狀〕'으로 규정한다. 본래 모양 없는 모양을 지닌 도가 언어나 문자로 규정된다면, 그 순간 도는 모양을 지닌 개별 사물의 차원으로 떨어지게 된다. 따라서 노자는 그 무엇인가를 대상화하여 고정시켜 표현하는 사람은 참으로 아는 것이 아니고, 참으로 아는 사람은

(上帝)를 말한다. 도가에서는 도(道)를 말한다. 그러나 동양에서는 기독교의 신처럼 페르소나론으로 발전시키지 않았다. 그들은 유신론도 무신론도 전개하지 않았다. 안병무, 『민중신학을 말한다』(한길사, 1999), 162~163쪽.

말로 그 무엇인가를 대상화하여 표현하지 않는다고 했다.[25] 이처럼 도나 실재의 세계도 인간의 언어로 개념화하는 순간 변질되고 만다면, 하물며 하나님은 더욱 그런 것이 아닌가?

안병무는 하나님과 민중에 대한 상 일체를 해체한다. 하나님이 상화되면, 우상이 되듯이 민중이 상화되면 민중이 우상으로 된다. 모든 존재가 상화되고 실체화될 때 우리는 그 상에 매이고 갇히게 된다.

하나님의 상화를 거부하는 안병무의 사상은 『금강경』의 중심 사상과 놀랍게도 일치한다.[26] 금강경에 따르면, 존재하는 모든 것은 고정된 실체라고 할 만한 것이 없다. 제법이 무아이다(諸法無我). '나'라는 실체〔我相〕만 없는 것이 아니라, '너'라는 실체〔人相〕도 없다. 중생이라는 실체〔衆生相〕도 없고, 존재 일체에 실체라고 할 만한 것〔壽者相〕이 없다.[27] 모든 존재는 고립된 실체로 존재하는 것이 아니라 서로 기대어 존재한다. 이것은 저것의 존재 이유가 되고, 저것은 이것의 존재 터전이 된다. 모든 사물은 단지 연기적(緣起的)으로 존재할 뿐이며, 변화(change)와 과정(process)으로서 존재할 뿐이다. 만약 온갖 상이, 상이 아님을 깨닫게 된다면, 그때 진리 자체를 보게 된다〔若見諸相非相卽見如來〕. 이와 같이 우리가 실체라고 알고 있는 것들이 실상 실체가 아님을 보게 함으로써, 그 실체에 대한 집착에서 벗어나게 하는 것이 『금강경』의 핵심 사상이다. 일체의 모양 지은 것을 해체함으로써 진리 자체가 드러나도록 하는

---

25 "知者不言, 言者不知"(『도덕경』 56장).

26 남회근, 『금강경 강의』, 신원봉 옮김(문예출판사, 1999) 참조.

27 김용옥 해설, 『금강경 강해』(통나무, 1999), 제14품, "離相寂滅分" 참조. 본문에서는 일체의 모든 상을 떠난 자를 가리켜 모두 부처라 부른다〔離一切諸相, 則名諸佛〕.

것이라고나 할까?

안병무는 왜 민중에 대한 상화를 거부했는가? 민중을 모양 지음으로 말미암아 나타나는 해독성을 보았기 때문이다. 민중은 생명이다. 생명은 모양 지을 수 없다. 왜 그런가? 그것은 끊임없는 변화 과정 속에서 자기 존재를 드러내기 때문이다. 규정되는 순간 생명은 본질을 잃게 된다. 안병무는 개념화의 불가피성과 동시에 그 해독성을 보았던 것이다. 모양을 대하되 모양 이전의 모양 없음을 볼 수 있어야 한다〔色卽是空〕. 그 반대도 마찬가지이다. 모양 없음이 모양으로 나타남을 보아야 한다〔空卽是色〕. 그래야 개념화로 인한 해독에서 벗어날 수 있다. 모든 사물은 양면성을 지니고 있다. '……인 것과 ……이 아닌 것'이 그것이다. 사물은 긍정과 부정이라는 동시성을 지닌다. 모든 사물은 즉비(卽非) 상태로 존재한다. 민중을 보되 민중 아님을 볼 수 있을 때〔卽非〕 우리는 민중이라는 개념(상)에 매이지 않게 된다. 하나님도 마찬가지이다. 내가 머릿속에 떠올리고 예배의 대상으로 삼고 있는 하나님이 하나님(그 자체)이 아님을 봄으로써〔卽非〕, 우리는 하나님이라는 상에 매이지 않고 '있는 그대로'의 하나님을 만나게 된다.

안병무는 민중을 고정된 틀로 규정하기를 거부한다. 민중을 일정한 개념 속에서가 아니라 역사 현장 속에서 역동적으로 체험되어야 할 존재로 본 것이다.[28] 하나님도 마찬가지이다. 신학 작업 속에서가 아니라 우리의 삶 속에서 체험되어야 할 분이다.[29] 불교에서는 진리〔法〕라는 상

---

28 안병무는 민중을 종교적·윤리적·지식적으로 규정하는 것은 예수와 얼마나 거리가 먼 일인가를 상기시킨다. 안병무, 『민중신학을 말한다』, 138쪽. 그는 민중을 개념화하여 규정하기를 한사코 거부한다. 같은 책, 150쪽.

29 제1 사구게: "凡所有相 皆是虛妄 若見諸相非相 卽見如來(범소유상 개시허망, 약

도 버려야 있는 그대로의 진리를 만날 수 있다고 가르친다.[30] 그렇다면 하물며 하나님이야 더 말할 것도 없지 않은가?

7. 기와 성령[31]

구약의 '루아흐'나 신약의 '프뉴마'는 본래 바람을 뜻한다. 숨, 생기,

견제상비상 즉견여래): 무릇 있는바 상은 다 허망할 뿐만 아니라 보이는 현상, 보이지 않는 현상, 그 모두가 다 허상에 지나지 않는다는 것을 안다면, 그 때에 진리를 보게 된다"(제5품, 如理實見分). 제2 사구게: "不應住色生心 不應住聲香 味觸法生心 應無所住 以生其心(불응주색생심, 불응주성향 미촉법생심, 응무소주 이생기심): 어떠한 형상에 이끌리어 그 마음을 내지 말며, 소리·냄새·맛·닿는 것·법에 머물러서 그 마음을 내지도 말 것이며, 마땅히 아무 곳도 머무는 데 없이 본심〔清淨心〕을 낼지니라"(제10품, 莊嚴淨土分). 제3 사구게: "若以色見我 以音聲求我 是人行邪道 不能見如來(약이색견아 이음성구아, 시인행사도 불능견여래): 만약 형상으로 나를 보려고 하거나, 소리로서 나를 찾는다면, 이 사람은 잘못된 길을 가는 것이기에 결코 진리를 보지 못할 것이니라"(제26품, 法身 非相分). 제4 사구게: "一切有爲法 如夢幻泡影 如露亦如電 應作如是觀(일체유위법 여몽환포영 여로역여전 응작시여관): 일체의 모든 형상이 있는 것들은 꿈과 같고, 허깨비와 같고, 거품과 같고, 그림자와 같으며 이슬과 같고, 또한 번개와 같으니, 이것이 바로 우주의 진리이니라"(제32품, 應化非眞分). 이러한 사구게들은 진리의 본 모습이 상을 초월하는 데 있음을 가르친다. 남회근, 『금강경 강의』.

30 불교에서 법(法)으로 번역되는 산스크리트어 다르마(dharma)는, 절대 불변의 진리나 궁극적 실재를 총칭하는 개념이다. 존재를 '떠받쳐 유지하게 하는 것'이 다르마이다. 예를 들면 무아(無我), 무상(無常), 연기(緣起)가 법에 속한다.

31 일반적으로 기(氣)에 대한 인식은 두 가지로 나뉜다. 기를 맹신하여 현실도피적인 기환상주의(氣幻想主義)에 빠지는 경우가 있고, 기 자체를 부정하거나 아예 믿지 않는 경우가 있다. 기에 대한 이러한 극단적인 견해는 경계해야 할 것이다.

에너지를 뜻하기도 한다. 이것은 동양의 기(氣)와 서로 통한다. 기는 일정한 형체가 없다. 형상화할 수 없는 것이 기의 특징이다. 성서에서 말하는 '루아흐'나 '프뉴마'도 이와 같다. 고정된 형체가 없다. 따라서 어디서 와서 어디로 가는지 알 수 없다.

기는 동양 세계의 문화나 사상에서 빼놓을 수 없는 요소이다. 종교, 철학, 의학, 예술, 무술의 각 분야에서 근간을 이루고 있다. 기는 체(體)는 없지만, 용(用)이 있다. 상으로 파악 할 수 없지만, 작용은 파악할 수 있다. 기는 우주와 자연 현상에서 나타나는 성주괴공(成住壞空)을 주도한다. 동양에서는 만물을 기의 흐름으로 파악한다. 장자(莊子)는 기가 모이면 살고, 기가 흩어지면 죽는다고 보았다.[32] 인간도 음양의 이치에 따라 하늘의 기〔先天氣〕를 받아 태어난다. 땅의 기〔後天氣〕[33]에 힘입어 성장하고 활동한다. 기의 흐름이 원활하지 못하면 병에 걸리고, 기가 약

---

32 『장자(莊子)』의 지북유(知北遊) 편에서는 인간을 포함한 만물의 생멸(生滅)변화를 기의 이합집산(離合集散)으로 설명한다. "삶은 죽음의 동류요, 죽음은 삶의 시초로서 끊임없이 되풀이되건만, 누가 그의 주재자를 알 수 있는가? 사람이 낳는 것은 기운이 모이는 것〔聚〕으로서, 기운이 모이면 삶이 되고, 기운이 흩어지면(散) 죽음이 되는 것이니, 만일 죽음과 삶이 동류라면, 내 또한 무엇을 근심하겠는가? 그러므로 만물은 하나이다." 장자는 인간의 생명이 천지음양의 기를 받아서 형성된 것으로 본다. 그는 인간의 기와 천지만물인 대자연의 기가 본래 동질(同質)임을 주장한다. 小野澤精一·福永光司·山井湧 엮음, 『氣의 思想, 중국에 있어서의 자연관과 인간관의 전개』, 전경진 옮김(원광대학교출판국, 1993), 161~163쪽 참조.

33 후천기는 주로 호흡 작용을 통해서 흡수하는 천기(天氣)와 식생활을 통해서 받아들이는 지기(地氣)로서 생장과 활동의 근원이 되는 에너지를 말한다. 모든 생명체의 생명 활동은 기의 생성과 기의 소모로 이루어진다. 생성되는 기가 소모되는 기보다 많으면 건강해지고, 양자가 균형을 이루면 현상 유지, 생성되는 기보다 소모되는 기가 많으면 허약해지고 수명이 단축된다.

화되면 늙는다. 죽음은 다른 것이 아니다. 기가 소멸된 것이다. 모든 존재로 하여금 존재하게 만드는 근원적인 힘을 일컬어 기라고 한다. 인간은 자연 만물과 뿌리가 같으며〔同質同根〕, 만물은 기의 소통으로 한 몸을 이루게 된다〔萬物一體〕.[34]

동양사상에서 형상 없는 기의 강조는, 형상 문화에 대한 저항적 성격을 띤다. 유교 문화는 인위적이고 체제 지향적이다. 이에 대한 하나의 대안으로서 노장철학은 기와 무위자연을 강조한다.

이와 유사한 맥락에서 안병무는 기신학(氣神學)을 펼친다. "태초에 기가 있었다."[35] 그는 기를 우주론의 차원에 국한하지 않고 사회역사적인 차원에서 해석한다. 기가 우주의 근원이라면 민중은 사회역사의 근원이다. 모든 생명 세계의 바탕에 기가 자리하고 있듯이 민중은 사회 역사의 기층(基層)을 이룬다. 민중은 기의 전달자이다.[36] 기는 흐르면서 모든 생명을 살린다. 기가 막히면 생명은 죽게 되어 있다. 민중의 기를 살리면 모두가 살고 민중의 기를 막으면 모두가 죽는다. 안병무는 기의 특성을 '저절로', '스스로 그러함'에서 찾는다. 정치권력은 될수록 민중의 기를 막으려고 한다. 민중 해방은 민중 스스로 하는 것이다. 해방의 전략도 민중 스스로 찾지 않으면 안 된다. 민중 아닌 사람이 민중 해방을 위한 전략을 말해서는 안 된다.[37]

민중은 스스로 자기 초월 능력을 지니고 있다.[38] 민중은 그냥 '내버려

34 같은 책, 160쪽.

35 안병무, 「기가 막힌 세상」, 『기독교의 개혁을 위한 신학』, 521~522쪽.

36 안병무, 「민중신학의 회고와 전망」.

37 안병무, 『민중신학을 말한다』, 149쪽.

38 같은 책, 123쪽. 안병무는 전태일을 비롯하여 자신의 권익보다 동료들의 권익을

두기(let it be)'만 하면 된다. 그의 민중 메시아론 배경에도 이와 같은 민중의 '자기 초월'에 대한 철저한 신뢰가 깔려 있다. 전태일은 스스로 자기 몸을 불태우면서 노동자들의 비참한 현실을 고발했다. 그는 자기 개인의 고난을 노동자 전체의 고난으로 승화시킨다. 그러할 때 그 고난은 전태일 사건이 그러했듯이 구원의 성격을 띠게 된다.[39] 예수는 민중으로서 살았다. 민중으로서 고난을 당하고 죽었다. 따라서 예수의 고난과 죽음은 구원의 성격을 띠게 된다.[40] 민중은 민중사건 속에서 스스로를 구원한다.[41] 한 걸음 더 나아가, 민중의 고난은 비민중을 구원하는 위치에 있다.

8. 안병무의 자연주의

말년의 안병무는 민중보다는 자연에 더 관심을 기울였다. 하늘에 떠가는 구름, 하늘을 나는 솔개, 뒷산에 서 있는 나무들, 낙엽들, 풀벌레들, 땅속의 미물들과 교감하면서, 자연과 하나 됨을 느꼈다. 그는 숲을 산책하며 생명에 대해 명상을 많이 했다. 숲의 세계는 적자생존의 원리보다 상생과 협동의 원리가 주도적이라 했다. 숲속의 모든 생명체들은, 서로 의존하고 서로 관련을 맺으며〔相依相關〕, 하나의 거대한 생명 그물을 형

위해서 목숨을 바치는 민중사건에서 민중의 자기 초월을 본다. 자기 초월 사건은 교회에서가 아니라 민중사건에서 일어난다.

39 같은 책, 138쪽.

40 같은 책, 151쪽.

41 같은 책, 148쪽.

성한다. 숲의 생명 공동체는 남성적이 아니라 여성적이요, 게젤샤프트가 아니라 게마인샤프트이다.

그는 자연으로부터 '말 없는 말〔無言之言〕'을 듣는다고 했다. 언어로 말미암아 빚어지는 인관관계의 갈등과 오해의 소지를 해소하기 위해 안병무는 '말 없는 말', 곧 자연의 침묵에 관심을 기울였다. 존재의 참 모습은 언어 너머에 있다는 믿음을 가졌던 것 같다. 비트겐슈타인은, '말할 수 없는 것(Unsagbare)'에 대해서는 침묵해야 한다고 했다.[42]

강을 건너기 위해서는 뗏목이 필요하다. 그러나 강을 건넌 후에는 뗏목을 버려야 한다. 그래야 목적지에 도달할 수 있다. 필자가 생각하기에 안병무에게 언어는 강을 건너기 위한 뗏목에 불과했다. 그는 수많은 저서를 냈다. 그러나 그는 언어에 매이지 않았다. 언어를 버려야 참 실재의 세계에 도달할 수 있음을 알았기 때문이리라.[43] 안병무는 언어를 쓰되, 언어에 매이지 않았다. 언어의 길이 끝난〔言語道斷〕 세계, '말 없는 말'의 세계에서 참 실재〔諸法實相〕를 만날 수 있다고 믿었기 때문이리라. 안병무는 말 중심의 기독교 시대는 지나갔다고 보았다. 그런 의미에서 그는 단호하게 그리스도교인이 아님을 선언했다.

---

42 존 스태프니 외, 『서양철학과 선』, 김종욱 편역(민족사, 1993), 제8장 참조.

43 『장자』, 외물(外物) 편 참조. "통발은 고기를 잡는 데 있으니 고기를 얻었다면 통발을 잊어버려야 하고, 올가미는 토끼를 잡는 데 있으니 토끼를 얻었다면 올가미를 잊어야 하며, 말이란 뜻을 얻는 데 있으니 뜻을 얻었다면 말을 잊어야 한다. 내가 어찌하면 저 말을 잊은 사람과 더불어 말할 수 있으리오!" 장자는 언어를 물고기를 잡는 통발과 토끼를 잡는 올가미에 비유한다. 물고기나 토끼를 잡으면 통발이나 올가미가 필요 없는 것처럼 언어를 통해서 의미를 얻으면 언어에 매여서는 안 된다. 본문에서 장자는 언어를 통해서 언어로부터 해방된 사람과 더불어 말하고 싶다는 간절한 소망을 피력한다.

노자는 "공을 이루고 나면 그 자리에 머물지 않아야 그 자리에 영원히 머물 수 있다(功成而不居是而不去)"라고 했다. 금강경에서 석가모니 붓다는 "마땅히 한 곳에 머묾이 없이 마음을 내어 베풀라(應無所住以生其心)"고 했다. 동양사상의 지평에서 보면 안병무 신학은 공성이불거의 신학이요, 응무소주의 신학이라 할 수 있다.

제8장

민중신학의 회고와 전망

안병무는 1970년대 초반까지만 해도 전형적인 강단 신학자였다. 그러나 1970년대 중반에 이르러 민중사건을 경험하면서 그의 신학은 조금씩 바뀌어갔다. 1975년 교육부에 의한 교수직 박탈, 그리고 1976년의 감옥 경험 등을 통하여 안병무는 그가 가르쳐온 서구 신학이 민중의 사회적 현실을 변혁시키는 데 그 어떤 도움도 되지 못한다는 사실을 직시하게 된다. 그는 '민중의 눈으로' 성서를 읽기 시작했고, '아래로부터' 신학을 하기 시작했다.

1. 전제

민중신학이 기독교 민중운동을 신학의 대상으로 삼아 증언하는 것이라면, 둘 사이는 형식과 내용의 관계로 규정지을 수 있을 것이다. 내용을 충실히 담지 않은 형식은 공허하고, 형식을 갖추지 않은 내용은 무질서하게 된다. 내용은 가변적이다. 그러나 형식은 일단 틀을 갖추게 되면 쉽게 변하지 않는다. 상대적 자율성을 지니고 있기 때문이다. 새 술이 새 부대를 필요로 하듯이, 새로운 내용은 새로운 형식을 필요로 한다. 형식이 내용의 변화를 충실히 담아내지 못할 때 양자 사이에는 긴장과 갈등이 생기게 된다. 민중신학도 마찬가지이다. 한국 교회의 민중운동의 내용이 바뀌면 민중신학의 형식 또한 변화된 상황에 맞게 새롭게 구성되어야 한다.

기독교 민중운동가와 민중신학자는 하나님 나라 확장이라는 공동 목표를 지향한다. 이 목표를 이루기 위해서 양자는 서로 다른 역할을 담당한다. 민중신학자는 민중운동가의 풍부한 현장 경험과 실천 자료들을 토대로 신학적인 이론 작업을 해야 할 것이다. 그래야 신학의 관념성을 탈피하고 현장성을 얻을 수 있을 것이다. 민중운동가는 신학자들의 신학이론의 성과들을 토대로 민중 현장에서 민중운동의 방향을 잡고 실천에 힘을 쏟아야 할 것이다. 그래야 민중운동은 정체성을 잃지 않고 올바른 방향으로 진행될 수 있을 것이다.

민중신학이 신학의 보편적이고 관념적인 이론을 수립하는 것이 아니라, 한국 교회 민중운동을 신학화하는 작업이라면 방법론에서 연역적이 아니라 귀납적이어야 할 것이다. 이를 위해서는 민중이 처한 삶의 정황에 대한 개관적인 인식이 필요하다. 민중의 고난을 재생산하는 사회구조적 모순에 대한 바른 인식이 필요하다. 이를 위해서는 사회비판적 방법론이 동원되어야 한다. 민중사건에 대한 총체적 인식을 위하여 신학은 사회학의 도움을 받아야 한다. 그것은 신학적 세계관이 사회학적 세계관으로 대체되어야 한다는 것을 의미하지 않는다. 신학의 언어는 어디까지나 고유한 영역이 있다. 민중신학은 성서의 민중 전통을 오늘의 민중 전통과 접목하는 작업을 해야 한다. 성서의 민중을 오늘의 민중에서 만나고, 오늘의 민중에서 성서의 민중을 만나야 한다. 성서의 민중 전통과 오늘의 민중 전통의 변증법적 통일이 이루어져야 할 것이다.

2. 한국 교회의 민중운동

자주, 민주, 통일을 염원했던 4·19 민중혁명은 5·16 군사 쿠데타에 의하여 무참히 짓밟혔다. 해외 자본과 저임금을 바탕으로 한, 군부독재 정권의 고도성장 정책은 국가경제의 해외 의존도를 높였고, 다른 한편으로 사회 양극화를 부채질했다.

근대화의 실질적 주역이었던 근로자, 농민, 도시 빈민 등은 구조화된 빈곤의 속에서 헤어날 수 없었다. 근대화의 타자(他者)인 이들 민중 계층은 사회의 변두리로 밀려나게 되었다. 군사정권은 민중의 생존권 투쟁 그리고 여기에 연대하는 재야 민주 세력들을 온갖 악법을 날조하여 탄압했다. 국가보안법, 반공법, 유신헌법, 긴급조치 등이 대표적인 예이다. 이러한 과정에서 수많은 민주인사들이 고문당하고 '사회적 타살자'들이 양산되었다.

1970년 11월 전태일 사건을 기점으로 그동안 사회 전반에 걸쳐 누적되었던 모순이 폭발했다. 민중의 생존권을 위한 투쟁들이 마치 활화산처럼 전국적으로 퍼졌다. 일련의 민중사건을 접하면서 한국 기독교는 복음에 대해 새로운 인식을 갖는 계기를 얻었고, 한국기독교교회협의회의 도시산업선교운동을 활성화해나갔다. '하나님의 선교'신학에 바탕을 도시산업선교운동은, 공장 근로자들과 도시 빈민들의 생존을 위한 경제 투쟁에 적극적으로 연대하면서 그들이 조직적으로 투쟁해나갈 수 있도록 지원했다. 미국 슬럼가에서 흑인 조직을 성공으로 이끈 사울 알렌스키의 '지역조직 이론', 파울로 프레이리의 '피억압자의 페다고지', 라우센부쉬의 '사회 복음'이 도시산업선교운동의 실천 이론을 제공했다. '하나님의 선교' 신학은, 하나님은 교회의 경계를 넘어 세상을 향해 선교 활동을 하고 계신다는 견해를 고수했다. 사회의 모순과 가난한 사람들이 있는 곳은 어디든지 하나님의 선교 현장으로 생각했다. 도시산업선교의 활동가들은, 민중의 생존권 투쟁에 연대하는 과정에서 감옥에 갇히기도 했고 고난을 당했다.

다른 한편으로 한국 교회는 민주화와 인권 회복을 위한 정치 투쟁에 적극적으로 참여했다. 유신헌법과 긴급조치 철폐 운동, 언론 탄압 중지 운동, 구속 민주인사 석방운동, 민중생존권 보장운동 등은 그 당시 한국기독교교회협의회 소속 교회들이 정치 투쟁을 전개하는 과정에서 내걸었던 구호들이다. 1976년 3월 1일 명동성당에서 개최된 기념미사에서 김대중, 문익환을 비롯한 재야인사들이 「민주구국선언문」을 낭독했다. 이 선언문은 민주 회복, 부익부 빈익빈의 경제 정책의 근본적 수정, 민족통일을 위한 정책 등을 제시했다. 군사정권은 이에 관련된 사람들을 모두 투옥했다. 민중신학자인 서남동과 안병무도 투옥되었다.

모든 신학은 시대의 제약을 받지 않을 수 없다. 그런 면에서 보편타당성을 지닌 신학은 존재하지 않는다. 민중신학 또한 한국 교회 민중운동의 맥락에서 평가되어야 할 것이다. 민중신학자들 대부분은 독재정권에 의하여 강단에서 쫓겨난 사람들이었다. 그들은 직접적으로 또는 간접적으로 경험한 한국 교회의 민중운동을 증언하는 것을 신학의 일차적 과제로 삼았다. 1970년대 민중신학을 선도했던 신학자들 가운데는 서남동(두 이야기의 합류), 안병무(마가의 오클로스 신학), 현영학(민중 가면극), 문동환(민중 의식화 교육), 서광선(민중 종교 사회학), 김용복(민중의 사회전기) 등을 들 수 있다. 이들은 1970년대 후반부터 1980년대 전반까지, 한 달에 한 차례씩 한국신학연구소에 모여 연구 발표회를 갖고 공동으로 신학 작업을 했다. 안병무 신학을 중심으로 살펴보자.

안병무는 1970년대 초반까지만 해도 전형적인 강단 신학자였다. 그러나 1970년대 중반에 이르러 민중사건을 경험하면서 그의 신학은 조금씩 바뀌어갔다. 1975년 교육부에 의한 교수직 박탈, 그리고 1976년의 감옥 경험 등을 통하여 안병무는 그가 가르쳐온 서구 신학이 민중의 사회적 현실을 변혁시키는 데 그 어떤 도움도 되지 못한다는 사실을 직시하게 된다. 그는 '민중의 눈으로' 성서를 읽기 시작했고, '아래로부터' 신학을 하기 시작했다.

오늘의 '민중 체험'을 계기로, 안병무는 성서의 민중(오클로스)을 발견하게 되었다. 예수의 민중사건과 오늘의 민중사건을 신학적인 언어로 증언하는 것을 그는 사명으로 알았다. 그런 면에서 그의 신학은 '사건의 신학'인 동시에 '증언의 신학'이라고 부를 수 있을 것이다. 민중사건을 증언함으로써 안병무는 오늘의 기독교인들에게 예수민중사건을 매개하고 그 사건에 참여할 수 있도록 동기를 부여하고자 했다. 기독교인들에게 오늘의 민중사건 속에서 활동하시는 현존의 그리스도를 만나게 하고, 그들을 하나님 나라 운동에 참여시키는 것이 지향점이라고 할 수 있다. 안병무의 증언신학은 사회 변혁을 지향한다. 안병무의 신학은 두 가지 지평에서 설명할 수 있다. 대 사회적 지평과 대 교회적 지평이 그것이다. 사회적 지평에서 그는 반독재 민주화 인권 투쟁에 참여했다. 다른 한편으로 교회적 지평에서 그는 문자주의와 축자영감설을 주장하는 '정통 근본주의 신학'과 개인의 내면적인 위안을 주는 데 그친 '자유주의 신학'을 비판했다.

정통주의라는 개념은 원래 콘스탄티누스의 동방교회에서 유래한 것이다. 그것은 이단이 주장하는 잘못된 교리에 대응하는 개념으로서 '올바른 신앙'을 뜻한다. 개신교에서 정통주의 신학은 종교개혁 시대에 형성되었다. 19세기에 접어들면서 정통주의는 '신앙 각성운동'과 '근본주의'의 모습을 띠었고, 20세기에는 바르트의 '변증법적 신학' 형태로 나타났다. 이를 미국에서는 신정통주의라고 부른다. 바르트류(流)의 신정통주의에 따르면, 모든 인간이 하나님의 말씀 아래 서 있다. 인간은 오직 그 말씀을 듣고 복종해야 할 의무만 있다. 하나님의 말씀 계시 사건은 오로지 예수 그리스도뿐이다. 그리스도는 세상 위에 군림하는 분이며 그리스도인이 된다는 것은 세상과 거리를 두는 것을 뜻한다. 그들의 '그리스도 중심주의'는 신학을 정치와 무관하게 만든다.

이와 달리 자유주의 신학은 비판정신을 성서 해석의 주요 틀로 사용했다. 그들은 이성과 합리성, 과학정신을 도입하여 성서를 비판적으로 읽었다. 자유주의 신학은 '근대 과학정신'과 '기독교 신앙' 사이의 갈등을 넘어서 화해의 길을 모색했다. 그들은 계몽주의로부터 세 가지 기본사상을 물려받았다. 과학의 유용성, 종교의 역사성, 문화와 종교의 통일성이 그것이다. 계몽주의는 시공 속에 존재하는 모든 것을 과학적 인식의 대상으로 삼았다. 신학은 세계를 해명하는 기능을 정치나 과학에 넘겨주게 되었고, 신학의 영역은 인간의 내면세계로 축소되었다. 종교의 역사성 인식은 그 시대에 가장 절실했던 도덕적 그리고 정치적 요구였다. 자유주의 신학은 '문화와 대립되는 그리스도(Christ counter culture)'를 포기하고, '문화의 그리스도(Christ of culture)'를 주장했다. 따라서 기독교는 서구 문화의 규범으로 존재하게 되었다. 자유주의 신학 이래 서구 문화는 기독교 문화를 뜻했다. "문화는 종교의 형식이요, 종교는 문화의 실체이다"라는 틸리히의 유명한 명제는 기독교와 서구 문화의 관계를 잘 설명해준다.

자유주의 신학의 주장에 따르면, 국가는 정치경제의 일상적인 영역을 책임지고, 교회는 인간의 사적인 일을 책임져야 한다. 루터의 두 왕국론이 자유주의 신학에서 부활한 것이라고 볼 수 있다. 자유주의 신학은 교회의 존재 영역을 정치경제의 제도권 밖에 설정했으며, 교회의 과제는 단지 인간 내면의 문제만을 다루는 일로 한정시켜 이해했다. 자유주의 신학에 의거한 개신교 신앙과 신학은 사회역사적 차원을 상실하게 되었던 것이다. 그들의 주장은 제3 세계 민중의 고단한 현실을 변혁하는 데 그 어떠한 기능이나 역할도 할 수 없다. 교회와 국가의 역할 분담론은 민중의 현실을 타개하는 데 더 이상 적절하지 않음을 알 수 있다. 다른 한편 자유주의 신학은 상황을 떠나 오직 신앙 안에서 위로와 영적 만족을 얻는 하나의 '사적인 존재(privates Sein)'로서 인간을 이해한다. 자유주의 신학은 하나님 나라를 오로지 인간 내면적인 개인 구원의 영역에 속한 것이라고 한다.

3. 기독교 사회운동과 민중신학

1980년대 기독교 운동은 기독교 민중사회운동과 기독교 민중교회운동으로 구분된다. 5월 광주민중항쟁을 계기로, 한국 교회의 사회운동은 새로운 전기를 맞이하게 된다. 미국에 대한 새로운 인식, 사회주의 사상으로 무장된 노동운동권의 조직화, 그에 따른 기독교 운동권의 상대적 약화, 외피론, 조건부 활용론 등이 기독교 사회운동 계열에 큰 자극을 주었다. 또한 1980년대는 민족·민중운동의 대중적 형성기라고 볼 수 있는데, 기독교 민중사회운동은 다른 운동권의 도전을 겪으며 사회과학적 인식으로 무장하고 새로운 차원에서 운동을 전개해나갔다. 기독교 운동권 내에서는, 사회 변혁운동 전체의 부문 운동으로서 자기 위상을 정립하느냐, 아니면 사회 변혁운동과는 독자적으로 자기 위상을 정립하느냐 하는 문제가 대두되었다.

이러한 상황 속에서 1980년대 초 한국대학생기독교연맹(KSCF)은 그리스도교인 아이덴티티 논쟁을 촉발했다. 이 논쟁을 기점으로 기독교 운동권은, 전체 운동의 부문 운동으로 스스로를 규정하고 그들과의 연대 운동을 강조하는 진영[1]과 독립된 독자성 및 정체성을 강조하는 진영[2]으로 나뉘게 되었다. 전자는 전체 민족·민주운동의 지역 부문 운동으로서 기독교 사회운동의 위치를 설정하고, 그들과의 연대 전선 구축을 기독교 운동의 일차적 과제로 삼았다. 이들은 기독교 운동들 가운데서 발견되는 우파 기독교 사상, 신보수주의, 우경 기회주의 성향을 비판했다. 이와 달리 후자는, 기독교 운동들이 사회운동으로 흡수되면서 자기 정체성이 해체될 위험성을 간파한다. 이들은 기독교 운동과 타운동의 연대 전선 구축을 일차적 과제로 삼는 계열에서 발견되는 조건 활용주의, 좌익 기회주의, 대중 편승주의적인 성향 등을 비판한다. 1980년대 기독교 사회운동의 과정에서 주로 이념운동을 지향했던 전자는, 운동에서 '과학성'을 확보하는 데는 어느 정도 성공했는지 모르지만 대중성을 획득하는 데 실패하고 말았다. 이에 견주어 주로 시민 사회운동의 성격을 띠고 있는 후자는 대중성을 확보하는 데 어느 정도 성공하고 있다고 볼 수 있다.

1970년대 민중신학은 1980년대의 변화된 세계 속에서 전개된 기독교 민중사회운동을 신학적으로 해명하는 데 한계가 있다. 이제 민중신학은 변화된 세계가 제기하는 문제들을 신학적으로 정리하지 않으면 안 되었다. 민중신학은 민중 현실을 신학적으로 증언하는 데서 한 걸음 더 나아가 민중 현실의 변혁을 추구해야 했다. 이를 위해서 민중신학은 민

1 기독교 사회연합 운동

2 경제정의실천연합 운동과 YMCA 운동

중 현실에 대한 과학적 분석, 민중에 대한 객관적 정의, 변혁을 위한 실천 전략과 전술 등을 신학의 과제로 삼지 않을 수 없었다. 곧 민중신학은 이른바 '증언의 신학'에서 '운동의 신학'으로 패러다임을 바꾸지 않으면 안 되었다. 이를 위해서 신학의 과학성 확보가 중요한 이슈로 등장했다.

이러한 시대적 요청에 부응하여 사회과학적 이론을 어떻게 신학과 접목할 수 있는가를 진지하게 고뇌하기 시작했다. 신학과 정치경제학의 접합, 마르크스주의의 이데올로기 비판, 그리고 유물론적 세계 이해를 원용하여 기독교의 관념적 세계관에 대립하는 기독교 신학의 이른바 '물질적 세계관' 확립을 위한 신학 작업이 진행되었다. 강원돈은 요한복음 1장 14절 "말씀이 육신이 되었다"를 근거로 기독교의 물질적 세계관을 재구성해 이른바 '물의 신학'을 제창했다. 그는 성서신학적 관점이 결여된 채 사르크스(sarks)를 유물론적 관점에서 해석한다. 그는 동시에 변혁 주체인 기독교와 변혁 대상인 기독교를 구분한다. 이에 근거를 두고 한국 교회에 대한 이데올로기 비판을 시도한다. 콘스탄티누스적 기독교의 '전통적 아이덴티티'를 유산으로 이어받은 오늘의 한국 교회는 반공 이데올로기적, 반민족적, 반민주적 그리고 반민중적 성향을 지니며 강자 편에 서 있다는 것이다. 그 대안으로 강원돈은 기독교의 새로운 아이덴티티 창출을 제안한다. 그것은 민족성, 민중성, 민주성을 근간으로 하는 새로운 기독교라는 것이다. 이러한 기독교 아이덴티티의 새로운 모색은, 모든 신학이 각 시대마다 새롭게 자신의 정체성을 추구해야 한다는 점에서 타당성을 지닌다고 볼 수 있다. 1980년대 일반 사회운동권의 도전에 응전하면서 과학적 세계관의 확보를 겨냥한 이른바 '운동의 신학'은, 이데올로기 비판과 전략 전술의 차원 그리고 기독교 세계관과 과학적 세계관의 접합 차원을 넘어서, '시대'에 충실하고 동시에 '내용'에도 충실한 신학으로 발돋움해야 할 과제를 안고 있다.

4. 신사회운동과 민중신학의 미래

1980년대 하반기부터 1990년대에 접어들면서 한국 사회는 안팎으로 변환기에 접어들고 있다. 대외적인 동인으로는, 한편으로 세계 자본주의 사회의 지형 변동과 다른 한편으로 소련을 비롯한 동구 현실 사회주의의 해체에 따른 국제정세 변화를 들 수 있다. 제2차 세계대전 이후 자본주의 세계 질서를 지배해왔던 대량 생산, 대량 소비 중심의 포디즘적 축적체계는 이제 본격적인 변화를 겪게 되었다. 그 대표적인 예가 오늘날 사회과학계에서 논란의 대상이 되고 있는 이른바 포스트포디즘(Postfordism)의 징후라고 볼 수 있다. 이와 아울러 경제적 지평에서 볼 때, 지금까지의 미국 중심 일극(一極) 지배체제는 중국, 일본, 유럽연합 등 다극(多極) 지배체제로 변모해가고 있다. 이 국가들은 이미 경제대국에서 군사대국으로의 발돋움하고 있다. 이러한 세계 자본주의 체제의 지형 변화에 따라서 한국 경제의 현실은 어떤 형태로든지 영향을 받고 있다.

이와 더불어 소련을 비롯한 동구 사회주의의 해체는 민중 운동권에 직접 간접으로 큰 영향력을 끼치고 있다. 냉전시대의 완화와 함께 사회주의 정통 이론과 여기에 거점을 둔 사회적 실천이 한국적 상황에서 더 이상 대안이 될 수 없다는 판단이 확산되고 있다. 포스트모더니즘, 포스트 맑시즘, 포스트 이데올로기, 포스트 산업사회 등 이른바 포스트 증후

군(post syndrome)으로 표현될 수 있는 현상들은, 이데올로기 해체와 더불어 인간의 의식과 생활양식을 점점 다원화 그리고 다양화하는 방향으로 나아가고 있다. 이제는 혁명, 해방, 민족 등 '큰 이야기(big story)'들 대신에 공해, 교육, 환경, 의료, 교통 등 민중의 일상생활과 직결되는 우리 주변의 '작은 이야기(small story)'들이 민중에게 더욱 설득력과 호소력을 얻으며 대두하고 있다.

대내적 상황을 보면, 1960년대부터 추진되었던 조국 근대화를 위한 경제개발 정책에 따라 한국 경제는 숱한 문제들을 노출하면서도 규모면에서 외형적으로 크게 성장했다. 경제 규모의 외형적 확대와 더불어 한국 사회는 계급 분화도 가속화되었는데, 그 결과 농민이 급격히 감소하고 생산직 노동자 계급이 급격히 늘어났으며 신중산층이 새로운 사회적 세력으로 떠올랐다. 1987년 민주화 대투쟁 이후 본질에서는 변화가 없지만, 상대적으로 이전과 견주어 시민 세력의 정치 사회 공간이 확대되고 있음도 부정할 수 없다. 따라서 신중간층 중심의 신시민운동[3]이 이전보다 활성화되고 있다.

한국 교회의 민중 운동권은 이러한 일련의 한국 사회 지형의 주관적·객관적 변화를 어떻게 이해해야 하는가? 변화된 세계에서 다중론자(多衆論者)들이 주장하는 것처럼, 민중은 더 이상 역사 변혁의 주체가 아니란 말인가? 변혁 세력의 주체는 신중산층이고, 신사회운동이 사회 변혁의 중심 고리라고 볼 수 있는가? 현재 한국적 상황에서는 계급적 혁명운동이 대중성을 얻을 수 없다고 판단되기 때문에 계급운동은 폐기되어야 하는가? 사회민주주의적이고 개량주의적인 시민사회 운동이 현실적

3 반핵운동, 인권운동, 소비자운동, 환경운동, 여성운동 등.

대안이 될 수 있는가? 시민사회 안의 지배 이데올로기를 극복하고 헤게모니를 점진적으로 장악하려면, 안토니오 그람시(Antonio Gramsci)가 말하는 '진지전적' 전략은 우리의 역사적 조건에서 어느 정도 타당성을 지니는가? 진지전적 시민운동이 민중의 현실적인 고통(인플레, 공명선거 실현, 물가고, 주택 문제, 교통 지옥, 성범죄, 입시 지옥, 환경오염 등)을 줄여가는 데 어느 정도 실효를 거두고 있는가?

한국 사회가 변했다 하더라도, 민중 문제는 여전이 한국 사회의 근본 모순임이 틀림없다. 따라서 신사회운동의 '작은 이야기들'은 그 자체가 목표가 되어서는 안 되고, 민중운동의 '큰 이야기들'을 목표로 삼아 그 방향으로 진행되어야 할 것이다. 즉, 유럽과 역사적 조건이 다른 우리 상황에서 변혁운동의 주체는 어디까지나 민중운동이지 신사회운동이 될 수 없다. 또 그렇게 되어서도 안 된다. 신사회운동은 상대적 자율성을 가질 수 있지만, 변혁운동의 주체인 민중운동과의 제휴와 연대 차원에서 활성화되어야 할 것이다. 노동운동과 신사회운동의 유기적 활성화를 통하여, 생산 영역에서 발생하여 소비 영역에서 나타나는 전반 문제들을 총체적으로 풀어나가야 할 것이다.

일반 변혁운동이 아직 성숙하지 못했던 1970년대에는, 한국 기독교의 민주화 인권운동이 사회운동에서 주도적인 위치를 차지하던 때가 있었다. 1980년대에 접어들면서 일반 변혁운동이 급성장한 반면, 기독교 민중운동은 상대적으로 위축되었다. 이에 대하여 기독교 운동권 내에서 자기반성이 일어나기 시작했다. 다른 한편으로 한국 교회는 자본주의 이데올로기에 편승하여 교회의 양적 성장과 물질적 부를 하나님의 축복을 간주하는 등 맘몬 신앙에 빠져 민중의 현실 문제를 외면했다. 이러한 가운데서 군사정권 아래서 압제를 당했던 젊은 목회자들이 민중의 현장

속으로 뛰어들어 민중목회의 기틀을 닦았다. 이를 계기로 이른바 민중교회운동이 일어났다. 민중교회운동은, 민중의 현실에 기반을 둔 교회를 건설하고 교회 갱신의 현실적 모델을 제시한다. 교회의 자주화, 교회중심의 기독교 운동 창출, 진정한 의미의 교회일치운동 전개를 민중교회운동은 선교 목표로 설정한다. 민중교회운동은 한편으로 민중운동의 시대적 요청을 담고, 다른 한편으로 새 시대에 적합한 신앙고백과 신앙의 실천을 내용으로 하는 새 교회 모델로 발전해가고 있다.

그렇다면 민중교회운동이 민중에 의한 민중을 위한 민중의 교회로 거듭나기 위해서는 어떠한 요건들이 갖추어져야 하는가? 민중교회도 예수를 그리스도로 고백하는 사람들의 모임이다. 교회가 갖추어야 할 기본 요소를 갖추어야 한다. '예배 공동체(Kerygma Gemeinschaft)'로서 자기 정체성을 확립해야 한다. 요즈음 민중교회에서 새롭게 시도되고 있는 예배 순서, 공동기도문, 경건 훈련, 성경 읽기 등은 주목할 만하다. 철저한 신앙 훈련을 통하여 교인들의 영성을 계발하고 민중 해방의 역사에 참여할 수 있어야 한다.[4] 성서가 증언하고 있는 복음의 내용들이 민중 언어로 쉽게 소개되어야 한다. 민중의 '거대 이야기(big story)'뿐 아니라 민중의 '소소한 이야기(small story)'도 민중교회운동의 현장이어야 한다. 민중사건의 신학화도 중요하지만, 민중이 일상적으로 겪는 일들에 대한 신학화 작업도 진행되어야 한다.

둘째로 민중교회운동은 지역 주민의 고통을 덜어주고 그들에게 무엇인가 구체적인 도움을 줄 수 있는 '지역 공동체 운동(Diakonia Gemeinschaft)'으로 발전해야 한다. 일반적으로 민중교회의 설립과 더불어 가장 먼저

---

4 사회과학을 바탕으로 하는 것이 아니다.

노동 상담실이 운영되었다. 이와 더불어 독서실, 탁아방, 야학, 의료방, 생활협동조합 운영 등 지역 주민들의 고통을 덜어주는 연대 사업은 이미 민중교회의 고유 사업들로 정착해가고 있다. 이와 더불어 비판적 시민들이 주도하는 신사회운동과도 연대를 활성화해야 한다. 민중운동과 시민운동은 오늘 한국의 실정에서는 상호 보완적인 관계로 이해되어야 할 것이다. 사고는 세계적 지평에서 하되, 실천은 지역 현장에서부터 해야 한다(Global Denken, aber Lokal Handeln).

셋째로 민중교회운동은 역사 한복판에서 하나님 나라의 확장에 힘쓰는 '변혁과 사귐의 공동체 운동(Koinonia Gemeinschaft)'이 되어야 할 것이다. 곧 민중의 억압된 삶을 끊임없이 재생산하는 구조악이 근절된, 새로운 정치·사회·경제구조의 패러다임을 창출하고자 노력해야 한다. 세계교회협의회의 정의평화창조질서(JPIC) 운동 그리고 요즈음 한국기독교교회협의회의 한반도 평화통일을 위한 노력들이 여기에 속한다. 그것들은 민중의 더 나은 삶을 내용으로 삼는 하나님 나라 운동의 확장에 봉사해야 한다. 민중교회운동은 민중 해방을 위한 예언자적 운동이고, 지역 주민의 구체적인 필요에 응답하는 지역 공동체 운동이어야 하며, 하나님 나라의 확장을 목표로 하는 사회 변혁운동으로 되어야 한다.

민중교회운동이 '민중을 위한' 교회운동에서 '민중의' 교회운동으로 바뀌고 있다면, 민중신학도 민중을 위한 신학에서 민중의 신학으로 방향을 바꾸어야 할 것이다. 앞으로 민중신학은 민중교회운동의 신학으로서 자기 정립이 필요하다. 따라서 민중신학의 과제는, 개인에게 사적 위로를 주는 차원을 넘어서 하나님 나라, 즉 세계 관계의 변화를 지향해야 한다.

5. 민중신학의 주제들

'로마의 평화(Pax Romana)' 시대에 쓰인 복음서는 당시 로마 식민지 팔레스타인의 갈릴리에서 일어난 예수운동에 관한 기록이다. 예수운동은 주로 갈릴리의 사회적 소수자들이 전개했다. '로마의 평화'를 누리던 시대에 기록된 복음서에는 가난하고 병든 사람들, 정신병으로 신음하고 사회로부터 백안시당한 힘없는 사람들, 일거리가 없어 장터에서 하루 종일 서성거려야 하는 사람들, 머리 둘 곳이 없어 거리를 배회하는 사람들, 창녀와 세리들, 먹을 것을 얻기 위하여 이리저리 떠돌아다니는 군상(群像)에 대한 이야기로 가득 차 있다. 이것은, '로마의 평화'가 사실은 가난한 민중의 억압과 희생을 대가로 하고 있음을 보여준다. 복음서는 가난한 민중이 겪는 현실의 고통과 좌절을 이야기하며, 그들이 예수를 만남으로써 갖게 되는 해방과 희망을 이야기한다.

구약성서가 증언하는 초기 이스라엘 역사는 출애굽 해방 전통에서 시작된다. 이집트의 압제 상황에 놓인 히브리인들에게 하나님은 해방자로 등장한다. "나는 너를 애굽 땅, 종이 되었던 집에서 인도하여 낸 너희 하나님 야훼다"(출애굽기 20:2). 출애굽 사건(Exodus), 곧 이집트에서의 해방 사건이 이스라엘 전 역사를 관통하여 이스라엘 민중의 삶과 의식을 결정짓는다. 이와 더불어 바빌론 포로 생활(Exile)로부터 이스라엘 민중의 귀환은, '제2의 출애굽 해방 사건'으로 이해된다(이사야 45:1~5). 이러한 이스라엘 민중 해방 사건의 지평에서 예수의 하나님 나라 운동은 전개된다.

예수는, 하나님 스스로 가난한 사람들을 위하여 거동하셔서 그들의 권리를 회복시킬 것이라는 구약의 민중 편향적 계약 사상(시편 6:11)이 갈릴리 민중에게서 성취되고 있음을 선언한다. 구약에서는 가난한 사람들이 부를 때 하나님은 응답하신다(신명기 24:14; 레위기 25:35). 가난한 사람들을 위한 공의(公義)의 수립은 약속된 메시아가 수행해야 할 최우선 임무이다(이사야 11:4). 이러한 메시아의 임무가 예수의 하나님 나라 운동에서 실현된다(누가복음 7:22; 마태복음 11:5). 예수의 민중 편향적 성향은 세리나 죄인과 함께 밥상공동체를 이루는 데서도 나타난다(마가복음 2:17). 복음의 이러한 민중 편향적 이해는, 바로 기득권자들에게 생존권을 강탈당한 갈릴리 민중의 사회역사적 삶의 자리를 반영하고 있다.

부활 사건 이전, 예수를 따르던 예수민중은 스승의 삶을 따라 소유 포기를 그들의 삶의 원칙으로 삼았다. 예수에게 부름을 받았던 부자 청년에 대한 이야기는, 예수를 따른다는 것이 소유의 포기를 의미함을 알려준다(마가복음 10:17~22). 많은 재산의 소유는 이웃과 소통하는 삶을 가로막는다. 예수민중의 무소유적 삶의 스타일은, 산상설교에 나타나는 엄격한 생활 규칙(마태복음 6:25~34)과 주기도문의 네 번째 간구(누가복음 11:3)에서 드러난다. 예수민중이 기도 중에 간구해야 할 것은 하루 끼니, 곧 생존하기 위해 없어서는 안 될 것이다. 동시에 예수민중에게는 권력 행사의 포기와 무조건적 섬김이 강조된다(마가복음 10:42~44).

강자가 되는 길은 다른 데 있지 않다. 사회의 소수자들을 섬기고 봉사하는 데 있다. 예수민중 공동체가 지향하는 하나님 나라 질서는 사회가 추구하는 것과 정면으로 충돌한다. 세상과 대립된 질서 속에서 살아가는 것이 교회의 본질이라면, 교회는 어떤 형식으로든지 민중과의 연대적 실천 속에서 자기 정체성을 찾아야 할 것이다. 신학도 마찬가지이다. 신학의 정체성은 예수민중과 연대적 실천 속에서 자기 정체성을 회복할 수 있을 것이다.

누가는 사도행전을 기록하면서, 예루살렘 교회 공동체의 신도들이 재산을 공유했다고 언급한다(사도행전 4:32~35). 재산 공유제를 통해 예루살렘 교회 공동체는, 주의 만찬에 기원을 두는 밥상공동체 운동을 공동체 구성원 전체에까지 확대하고 있다. 누가는 교회의 이상적인 모습을 이러한 재산 공유에서 찾았던 것이다. 그리고 그것을 차세대 교회가 지향해야 할 모델로 제시하고 있음을 알 수 있다. 재산 공유를 통해 예루살렘 교회 공동체는 공동체 구성원 사이의 경제적 평등을 촉구한다.

한편 누가는 다른 어느 복음서 기자보다 예수의 부(富)에 대한 비판과 민중 편향적인 태도를 자주 보도한다. 누가복음 1장에 나오는 '마리아 찬가(1:46~55)'가 대표적이다. 본문에서 예수는 곧 모든 사회적 관계를 원천적으로 뒤집어놓는 해방의 메시아로 소개되고 있다. 마리아 찬가의 '삶의 자리(Sitz im Leben)'는 원시 그리스도교의 예배였음이 틀림없다(M. Dibelius). 이 찬가는 예배드릴 때에 정기적으로 암송되었을 것이다. 마리아는 본문에서 누가 교회 공동체에 의해 민중 해방의 대변자로 설정된다.

야고보서는 그리스도교 공동체가 대 사회적 관계에서 어떠한 태도를 지녀야 할 것인지를 분명하게 증언한다. 그는 하나님은 세상에서 부자가 아니라 가난한 민중을 선택하셨다는 것, 그들을 믿음을 통해 부유하게 하시고 그들로 하여금 하나님의 나라를 기업으로 차지하게 하셨다고 말한다(야고보서 2:5). 야고보는, 교회가 예배드릴 때 부자들은 높은 자리에 앉히고 가난한 사람들은 낮은 자리에 앉히는 식으로 사람을 차별하는 행태를 맹렬히 공박한다(야고보서 2:2~3). 그것은 곧 교회가 누구의 권익을 위하여 존재해야 하는가를 제시한다. 만일 교회가 부자 편에 선다면, 그것은 복음의 본질을 망각하는 처사라고 비난한다(야고보서

2:6~7). 공동체를 핍박하고 법정에 넘겨주며 예수의 이름을 모독하는 자들은 바로 공동체 내의 부자들이다. 야고보는 그리스도교 공동체의 자기 정체성을 민중 편향성에서 찾는다.

바울은 그리스도인의 실존을 '자유(eleutheria)'로 규정한다. "그리스도께서 우리를 해방시켜주셔서 우리는 자유의 몸이 되었습니다. 그러니 마음을 굳게 먹고 다시는 종의 멍에를 메지 마십시오"(갈라디아서 5:1). 자유는 그에 따르면 인간을 노예화하는 죄와 율법으로부터 해방됨을 뜻한다. 그것은 그리스도 안에서 나타난 '하나님의 의로운 행위'를 통하여 선물로 주어진다. 이 자유는 하나님과의 올바른 관계를 회복하도록 한다. 세례를 통하여 인간은 이 자유를 획득할 수 있고 그리스도의 몸의 지체가 된다(고린도 전서 12:13). 바울은 세례를 종으로 오신 그리스도에 힘입어 설정된 자기희생의 규범으로서 이해한다(빌립보서 2:6~11). 세례 받은 자들은 그리스도의 지체가 되었다는 사실에 힘입어 자기 정체성을 확립한다(고린도 후서 5:17, 갈라디아서 3:28). 세례를 받은 자들의 자유는 공동체 안에서 행해지는 온갖 차별을 해체한다. 교회 공동체 안에서 종말적 '평등 공동체'를 형성하는 것이 바울의 지향점이었다.

주의 만찬은, 그리스도께서 자기 살과 피를 주신 구원 은사에 참여하는 코이노니아(Koinonia)를 핵으로 삼고 있다(고린도 전서 10:16~17). 주의 만찬에 참여함으로써 공동체 안의 강자들과 약자들은 한 몸이 된다. 만약 주의 식탁에서까지 부자가 자기 부유함을 자랑하고 가난한 자를 멸시한다면, 그것은 주의 만찬을 더럽히는 행위이며, 그리스도의 살과 피를 모독하는 결과를 초래한다(고린도 전서 11:29). 바울에 따르면 주와의 코이노니아는 동시에 형제자매, 즉 공동체 내 민중과의 코이노니아와 분리해서 생각할 수 없다. 주의 만찬과 공동체 구성원 간의 코이노니아에는 직접적인 연관성이 있다. 결론적으로 바울에게 세례와 주의 만찬이 지향하는 바는, 그리스도에 힘입어 주어진 민중과의 연대적 코이노니아임을 알 수 있다.

요한묵시록은 예수의 민중 편향성을 사회 비판의 맥락에서 소개한다. 원시 그리스도교 예수운동의 말기(기원후 90~95년)에 쓰인 이 예언서는, 로마제국의 사회구조와 질서 속에서 이방인들과 공존하지 않으면 안 되는 공동체의 실존을 반영하고 있다. 이방 세계와 타협하며 돈을 신으로 섬기는 라오디게이아의 부자 교회는 준엄한 책망을 받는다. 이 교회는 부유하고 자기만족에 빠져 있다. "너는 스스로 부자라고 하며 충족하여 부족한 것이 전혀 없다고 말하지만 사실은 네 자신이 비참하고 불쌍하고 가난하고 눈멀고 벌거벗었다는 것을 깨닫지 못하고 있다"(요한묵시록 3:17). 라오디게이아 교회는 그리스도인의 삶과 세상적인 삶 사이에 갈등을 일으키지 않는다. 세상과의 타협과 미지근한 삶의 태도가 곧 질책의 대상이 된다(요한묵시록 3:15).

요한묵시록 저자에 따르면 그리스도인은 그 시대의 어떤 권력과도 타협해서도 안 된다. 로마제국의 권력 아래서 저자는 하나님과 예수 그리스도의 통치에 반역하는 모든 악의 세력들이 총집결해 있음을 본다. 황제를 신으로 떠받드는 제의(Kaiser Kult)에 사람들을 강제적으로 동원하는 것이 비판의 직접 동기가 된다(요한묵시록 13장). 황제 숭배는 하나님에 뜻에 거역하는 세상 권력들의 작전 개시를 알리는 징후이다. 하나님에 대한 반역은 사회에 팽배해진 부(맘몬)의 숭배 그리고 향락의 숭배에서도 나타난다(요한묵시록 18장). 요한묵시록 저자는 하나님께 불복종하는 거대 도시가 하나님의 심판으로 불에 휩싸여 몰락하는 장면을 목격한다. 그 도시에는 한편으로 향락과 사치 생활을 위한 상품들이 즐비하게 쌓여 있고, 다른 한편으로 부자와 상인들이 그들의 상품과 도시가 불타 없어지는 것을 보고 통곡한다. 요한묵시록의 수신자들인 소아시아의 일곱 교회들은, 로마제국의 극심한 핍박 속에서 오로지 하나님의 구원의 손길만을 대망하며 고난을 이겨나갔다.

남미의 해방신학은 처음부터 바닥교회 공동체의 예수운동을 신학의 파트너로 설정했고, 공동체의 경험과 신앙의 실천에 바탕을 둔 '바닥교회 공동체의 신학'으로 발전했다. 따라서 해방신학에서는, 바닥교회 공동체 구성원들의 신앙과 경건 훈련을 위한 신학 교육 작업이 활발하게 전개되었다. 그러나 민중신학의 경우 상황이 달랐다. 민중신학의 파트너는 교회 공동체라기보다 기독교 운동 단체(도시산업선교운동과 기독교학생운동)였다. 그런데 1990년대에 접어들면서 민중신학의 파트너는 기독교사회운동에서 민중교회운동으로 바뀌었다. 민중신학의 과제 또한 민중교회운동의 고유한 신학적 기반을 다지고, 선교 방향을 제시하는 것이었다.

교회의 기원을 어디로 설정하느냐에 대해서는 학자 사이에 많은 논란이 있다. 역사적 예수인가, 부활의 그리스도인가? 예수의 삶 공동체(Lebensgemeinschaft)인가, 부활신앙 공동체(Osterglaubensgemeinschaft)인가?

안병무는 초기에 부활 케리그마를 소극적으로 평가했고, 예수사건과 케리그마 사건을 극단적으로 분리했던 불트만의 케리그마 신학에 대한 비판에 초점을 두었다. 그러한 노력은 예수사건의 역사성을 회복하기 위한 신학적 노력이었다. 그러나 민중신학이 민중교회운동을 파트너로 삼아야 하는 시점에서, 민중교회 신앙고백의 한 형태인 '민중 케리그마'에 대한 새로운 이해가 필요하다. 부활 케리그마 이전의 민중예수에 대한 신앙고백을 필자는 '민중 케리그마'라고 명명한다.

6. 민중 케리그마

민중 케리그마란 무엇인가? 예수는 민중의 아들로 태어났다. 민중의 언어를 사용하며 그들과 동고동락하면서 삶의 파트너로 살았다. 민중예수의 하나님 나라 운동은 두 가지로 요약된다. 무상치유 운동과 밥상공동체 운동이 그것이다. 그러나 그의 하나님 나라 운동은 기득권자들에게 의심받게 되고, 결국 민중예수는 정치범으로 몰려 십자가 처형에 이른다. 그런데 하나님은 민중예수를 다시 살리셨고, 그를 만유의 메시아로 삼았다. "너희가 생명의 주를 죽였으나, 하나님은 그를 죽은 사람들 가운데서 살리셨으니 우리가 그 증언자들이다"(사도행전 3:15). 기득권 계층에게 죽임을 당한 민중예수가 바로 하나님의 아들이며 메시아라는 고백이 민중 케리그마의 중심 내용을 이룬다. 당시 민중 케리그마는, 예수민중에게 자기 비판적 신분 상승 의식(죄와 구원의 변증법), 해방과 위로와 희망의 영성, 그리고 종말적 희망(파루시아)을 중재했다. 민중예수에 대한 신앙고백인 민중 케리그마는, 예수민중사건과 연결된 민중교회운동의 총체성 회복과 자기 정체성 확립을 위해서도 필요하다. 앞으로 민중신학은, 민중예수에 대한 '따름(secutio)'과 '신앙고백(confessio)'을 두 기둥으로 하여 명실공히 민중교회운동의 신학으로 재정립되어야 할 것이다. 초기 민중신학은 급진성과 변혁성을 지닌다. 이런 특성은, 민중신학이 한국 교회의 몰사회(沒社會)적이고 근본주의적인 복음 이해를 타파하는 한편, 아울러 사적 제의종교로서 기복주의화된 기독교에 대한 비판 작업을 우선 과제로 삼았음을 입증한다. 이제 민중신학은 새로운 단계에 접어들었다. 민중교회운동과의 연관성 속에서 새로운 신학의 패러다임이 창출되어야 할 것이다.

제9장

안병무와 씨알사상

함석헌의 씨알사상은 안병무의 신학사상에 두 가지 측면에서 큰 영향을 주었던 것으로 보인다. 첫째로, 씨알사상은 안병무로 하여금 씨알민중의 고난사건에 눈을 뜨게 해주었고, 사회참여적인 민중신학 형성에 결정적인 영향을 끼쳤다고 할 수 있다. 둘째로, 씨알사상은 동양 종교, 특히 불교나 도가사상에 눈을 돌려 동양사상의 지평에서 기독교 신학의 외연을 확장하고 재조명할 수 있는 안목을 제공했다. 한국 기독교 선교 역사에서 함석헌의 씨알사상이 안병무의 민중신학으로 육화되었다고 볼 수 있다.

1. 머리말

제임스 와트(James Watt)에 의해서 증기기관이 발명된 이후(1765), 서구는 산업사회에 들어서게 되었고, 과학기술적 세계관 위에 정초한 서구 산업사회는 근대 물질문명의 꽃을 피웠다. 과학기술적 세계관은 존재하는 모든 것을 주체와 객체로 나누고 대상화하는 이분법적 사유 방식에 토대를 둔다. 과학기술적 세계관은 나 아닌 사물을 대상화하여 인위적으로 조작함으로써 자연을 인간의 편리를 위한 도구로 삼았다. 과학기술의 발달은 한편으로 인류에게 물질적 풍요를 가져다주기는 했지만, 다른 한편으로 인간을 비롯한 자연생태계에 묵시적 재앙을 초래하기도 했다. 그것은 인류 역사에 축복과 재앙을 동시에 안겨다주었다. 생태 묵시적 위기, 인간의 자아 상실의 위기, 사회 공동체성의 위기, 곧 오늘날 지구촌이 겪고 있는 총체적 위기 상황은, 근원적으로는 인간이 자기와 자연을 둘로 갈라놓고 보는 이분법적이고 대상적인 사유 방식과 결코 무관하지 않다. 이제 인류는, 지난 300여 년 동안 물질문명을 주도해왔던 과학기술의 세계관과 그것의 형식적인 틀이 되어온 주객 이분법의 사유 방식에 대해서 근원적인 성찰을 하지 않으면 안 되는 시점에 서 있다. 이러한 서구 물질문명이 당면한 위기에 직면하여, 인류가 찾고 있는 하나의 돌파구로서 아시아 문명권, 특히 동북아시아의 정신문명에 주목하기 시작한 것은 어찌 보면 역사의 필연인지도 모른다.

그리스도교는 지중해 연안의 근동아시아 지역에 자리 잡은 팔레스타인에 기원을 두고 있는 만큼, 원래 아시아 문화권에서 태어났다. 그런데 복음이 바울의 선교 전략에 힘입어 그레코로만(Greco-Roman) 사회에 전래되면서 그리스도교는 서구 문화를 형성하는 데 결정적인 역할을 했다. 일찍이 임마누엘 칸트가 지적했던 것처럼, 그리스도교가 그레코로만 문화, 곧 헬레니즘 문화와 만나면서 이른바 2,000년에 걸친 찬란한 서구 문화가 꽃피게 되었다. 그리스도교는 서구 문화의 꽃이요, 서구 문화는 그리스도교의 줄기를 이룬다 해도 지나친 말이 아닐 것이다.

역사에 가정은 없지만, 만약 그리스도교가 서양으로 흘러 들어가지 않고 동양으로 전래되었다면 그 모습은 어떠했을까? 아마도 현재 그리스도교와는 여러 가지 면에서 다른 모습을 띠고 전개되었을 것이 틀림없다. 그리스도교 복음은 어떤 식으로든지 아시아의 정신문명과 만나서로 삼투되어 이른바 '아시아의 얼굴을 한 그리스도교'가 형성되었을 것이 분명하다. 무엇이 아시아의 얼굴을 한 그리스도교인가? 일찍이 스리랑카의 신학자 알로이시우스 피어리스(Aloysius Pieris)는 그리스도교가 서구 문화의 옷을 벗어버리고, 명실공히 아시아의 종교로 거듭나기 위해서 거쳐야 할 두 가지 과정을 지적한 적이 있다.[1] 그는 아시아에 있는 교회들(church in Asia)이 아시아의 얼굴을 한 교회(church of Asia)로 다시 태어나려면 이중 세례(double baptism)를 받아야 한다고 했다. 아시아인의 정신적 특징인 '가난의 영성'과 '종교적 영성'이 그것이다. 그에 따르면, 예수가 요르단 강과 골고다 십자가 위에서 두 차례에 걸쳐 세례를 받았듯이, 그리스도교가 아시아인에 의한 아시아인의 종교로 거듭나려면 아시아 민중이 맞닥뜨린 '가난의 영성'과 '종교적 영성'으로 두 차례에 걸쳐 세례를 받지 않으면 안 된다. 그래야 명실공히 아시아의 얼굴을 한 그리스도교로 태어날 수 있다는 것이다.[2]

아시아 민중의 가난의 영성과 종교적 영성을 두 축으로 삼아, 아시아의 얼굴을 한 신학을 모색했던 대표적인 한국의 신학자 가운데 한 사람이 필자의 생각으로는 안병무이다.[3] 그의 신학을 접근하는 길에는 여러 갈래가 있을 수 있겠으나, 여기에서는 그의 신학을 동북아시아의 민중

1 알로이시우스 피어리스, 『아시아의 해방신학(The Asian Theology of Liberation)』, 성염 옮김(분도출판사, 1988). 아시아는 가난한 나라들이 절대 다수를 차지하기 때문에 가난의 영성이 발달한 대륙이며, 동시에 세계의 경전 종교들, 곧 불교, 힌두교, 유교, 도교, 기독교가 모두 아시아에서 태어난 만큼 종교성이 강한 대륙이다. 아시아 기독교는 이러한 아시아의 영성을 매개로 하여 기독교 복음을 증언해야 함을 피어리스는 주장한다.

2 같은 책, 91~92쪽.

3 안병무에 앞서 한국의 문화 전통이나 동양사상을 근거로 신학의 패러다임 전환을 시도했던 학자들이 없었던 것은 아니다. 윤성범은 율곡의 성(誠) 개념을 준거틀로 삼아 '성(誠)의 신학'을 제창한 바 있고, 유동식은 최치원의 풍류도를 한국 종교 문화의 핵으로 삼아 풍류신학을 전개한 바 있다. 이들의 토착화 신학이 한국의 문화라는 토양에 기독교 복음을 접목하려 했다면, 변선환은 불교사상을 토대로 서구 신학과의 비판적인 대화에 중점을 두며 토착화 신학을 전개했다. 최근 들어 한국의 전통사상이나 동양사상의 지평에서 신학의 간학문적(間學問的) 대화를 시도함으로써, 동양 신학의 새로운 모델을 창출하고자 하는 학자로는 박재순, 이정배, 김흡영, 이은선을 들 수 있다.

과 문화, 종교적 영성의 지평에 한정하여 조명해보고자 한다.[4] 그중에서도 안병무의 신학 형성에 결정적인 영향을 끼쳤던 유영모와 함석헌의 사상을 살펴보는 것이 중요할 것이다. 안병무는 평생에 걸쳐 두 사상가와 삶의 동반자로서 그리고 신앙과 학문의 동지로서 지냈기 때문이다. 먼저 안병무 신학 형성의 몇 가지 요인을 살펴보고, 유영모와 함석헌의 사상을 제한된 범위 안에서 살펴본 다음, 안병무 신학과의 연관성을 밝혀보고자 한다.

2. 안병무 신학 형성의 요인들

안병무의 신학사상을 형성하는 데 영향을 끼친 것으로 보이는 세 가지 요인이 있다. 한국의 근대화 과정에서 표출된 민중사건, 서구 근대의 신학 사조, 한국의 정신문화가 그것이다.

안병무의 신학 형성에 영향을 끼친 세 가지 요인 가운데 우리는 먼저 민중사건을 들 수 있다. 근대화의 물결 속에서 경제개발의 주역이었으면서도 그 혜택에서 배제당한 사회의 소외 계층을 한데 아울러 민중이라 부른다. 민중의 고난과 생존권 투쟁의 자리가 안병무의 신학 형성에서 일차적인 요인이다. 1960~1970년대 한국 사회에서 경험했던 민중사건의 신학화가 그의 민중신학으로 결실을 맺게 된 것이다. 그의 신학을 민중신학으로 성격화하는 것도 이와 무관하지 않다.[5]

---

4 안병무는 민중신학을 전망하면서 동양사상과의 대화를 강조했다. 안병무, 『기독교의 개혁을 위한 신학』, 517쪽.

두 번째 요인으로 그가 10여 년 동안 독일 유학 생활을 통해서 체득한 서구의 철학과 신학사상을 들 수 있다. 그는 하이델베르크 대학에서 유학 생활을 하면서 키르케고르, 하이데거, 야스퍼스, 불트만으로 이어지는 이른바 실존주의 철학과 신학에 몰두했다. 동시에 안병무는 계몽주의 이후 서구 신학이 이룩해놓은 비평학적인 성서 해석 방법론을 철저하게 익혔다. 서구 신학의 학문적 결실인 역사비평학과 사회학적 방법론을, 안병무는 민중신학의 눈으로 성서 본문을 해석하는 데 중요한 도구로 채택하여 사용했다.

세 번째 요인으로 한국의 정신문화를 들 수 있다. 안병무는 귀국 후 서구 신학을 한국에 소개하고 전파하는 전도사로 활동하는 데 그치지 않았다.[6] 그는 한국의 정신문화와 소통하고 동양사상과 적극적인 대화를 나누면서, 나름대로 독창적이고 주체적인 신학을 형성해갔다. 그 핵심에 유영모와 그의 제자 함석헌의 사상이 서 있다. 안병무는 특히 그들의 씨알사상과 그 정신을 적극적으로 수용하여 민중신학을 형성하는 데 활용했다. 위에서 간단하게 살펴본 바와 같이 민중사건, 서구 학문, 동양사상, 이 세 가지 요소들이 안병무에 의해서 하나로 통섭(通涉)되면서 그의 신학을 형성하고 있다.

---

5 이에 대해서는 다음 책을 참조할 것. 김명수, 『안병무: 시대와 민중의 증언자』(살림, 2006); 김남일, 『민중신학자 안병무』(사계절, 2007).

6 안병무는 지난날을 회고하면서, 그의 신학이 주로 서구 신학을 벗어나는 작업에 주력했음을 술회했다. 위로부터의 구원론에 대한 비판, 주객 도식의 사유 방식 거부, 인디비디움(individiuum) 극복, 보편주의에 대한 저항 등이 그것이다. 안병무, 『기독교의 개혁을 위한 신학』 참조.

3. 유영모의 씨알사상

일찍이 안병무는 유영모(1890~1981)를 한국 근대사의 끝에 서 있는 분으로 그리고 함석헌(1901~1989)을 한국 근대사와 현대사의 틈새를 비집고 나온 분으로 기술한 적이 있다.[7] 유영모의 사상이 한문과 유교 문화권에 속해 있다면, 함석헌의 사상은 신학문과 서구 문화권에 속해 있다고 말할 수 있다.[8]

유영모는 일본에게 나라의 주권을 빼앗긴 상황에서 민족정신과 사상을 고취하고자, 한편으로 단군신화, 삼일신고(三一神誥), 천부경(天符經) 등의 연구에 몰두했고,[9] 다른 한편으로 한글의 성립 과정을 연구해 독창적인 철학 사상을 수립하기도 했다.[10] 겨레의 얼을 살려내기 위하여 그는 내 속에 있는 얼을 닦는 일을 게을리 하지 않았다. 유영모의 모든 사상과 삶은 '오늘 나의 얼을 닦는 삶'으로 수렴된다. 독일 유학 시절 안병무는 유영모와 편지 교환을 자주했던 것 같다. 한 편지 답장에서 유영모는 이렇게 쓰고 있다. "종교개혁은 독일 민족의 길에서 이루어졌는데,

---

7 안병무, 「씨알과 평화사상」, 오산학교동창회 엮음, 『함석헌선생추모문집』(남강문화재단출판부, 1994), 149쪽 이하.

8 같은 책, 150쪽. 그러나 박재순은 이러한 안병무의 유영모 이해에 대해서 문제가 있음을 지적하고 있다. 유영모 역시 함석헌 못지않게 유교의 가부장제에 대하여 비판적이었으며, 신학문을 공부했고, 최남선, 이광수, 이승훈과 함께 서구 근대의 학문을 받아들였던 선구자 중 한 사람이었다. 박재순, 「안병무 신학사상의 계보: 유영모, 함석헌, 안병무」, 심원안병무기념사업회 엮음, 『안병무신학사상의 맥 1』(한국신학연구소, 2003), 43쪽.

9 한민족의 문화와 사상의 뿌리에 해당하는 단군신화, 삼일신고, 천부경의 내용과 사상에 대해서는 송호수, 『韓民族의 뿌리 思想』(민족문화연구소, 1983) 참조.

10 박영호, 『진리의 사람 다석 류영모』 하권(두레, 2001), 171쪽.

독일은 예로부터 영웅을 따르고 섬긴다. 나는 효의 신학을 내보이며 날마다 가온찍기를 한다. …… 그때부터 천명에 순복하고 곧게 선다."[11] 비록 종교개혁이 일어난 나라이지만, 독일은 여전히 민족주의나 영웅주의에서 벗어나지 못했음을 날카롭게 비판한다. 그러면서 유영모는 인류의 보편애에 근거를 둔 효(孝) 신학을 제창했다. 가족 이기주의나 민족 이기주의를 벗어나, 천지만물의 주인이신 조물주 하나님을 아버지로 섬기고 그의 말씀에 순복해야 한다는 효 신학을 주창했던 것이다. 육신의 아버지보다도 하늘 아버지를 가장 으뜸으로 섬겨야 한다는 것이다.

하나님과 인간의 관계를 어버이와 자식의 관계로 이해하고, 육신의 어버이보다 하늘의 어버이를 으뜸으로 섬기며, 그분의 뜻을 이루는 것을 우선으로 삼아 자식 노릇을 해야 한다는 유영모의 효 신학은, 그야말로 한국 역사에서 동학 정신을 이은 근대 휴머니즘의 꽃이라고 할 수 있다.[12] 그는 한글의 구조를 분석하면서 하늘과 땅의 중심에 해당하는 가온에 주목했다. 그의 가온찍기는 우주의 중심, 곧 하나님의 말씀을 뜻한다. 가온찍기의 삶은 하늘의 명〔天命〕, 곧 하나님의 말씀에 따르는 삶을 뜻한다. 하나님 말씀에 순복하는 삶을 살 때, 우리의 몸과 맘이 바르게 되고, 곧은(고디) 삶을 살 수 있게 된다고 보았다. 유영모의 이러한 '가온찍기'와 '고디 사상'은 안병무가 주체적인 신학을 형성하는 데 적지 않은 영향을 끼친 것으로 보인다. 안병무는 하나님의 말씀 앞에 정직하려고 했고, 그의 생각, 삶의 자세, 걸음걸이 또한 언제나 곧았다. 유영모의

---

11 김흥호 풀이, 『다석일지공부 2』(솔, 2001), 222~224쪽.

12 한국 역사에서 근대 휴머니즘의 출발점은 동학의 시천주(최제우), 양천주(최시형), 인내천(손병희) 사상에서 찾아야 할 것이다.

사상이 안병무의 신학과 삶에서 구체화되었음을 볼 수 있다.

유영모는 조선 왕조를 망하게 한 원인으로 가부장적 위계질서와 봉건주의 사상을 꼽았다. 그는 평민의식, 곧 씨알의식을 가지고 몸소 땀 흘려 농사를 지으며 사랑으로 이웃을 돕는 씨알의 삶을 살았다. 그는 인류의 희망을 씨알민중에게서 찾았으며 평생을 씨알민중의 하나로 살았던 것이다.[13] 유영모에게 하나님은 초월인 동시에 내재이며, 천성(天性)과 본성(本性)은 본래 하나이다. 따라서 절대자 하나님을 추구하는 것과 자기 본성에 파고드는 것은 그에게 동일한 일이었다.[14] 사람의 내면에 잠재된 하나님의 씨앗인 신성을 드러내기 위해서, 유영모는 늘 깨어 곧게 서려 했고, 자신을 비워 이웃을 섬기는 삶을 살려 했다.

예수 그리스도는 그에게 하나님에게 이르는 참 생명줄이었다. 예수를 믿고 따른다는 것은 예수를 객체화하거나 기복의 대상으로 삼는 것이 아니라, 그의 참 생명줄에 참여하는 것이다. 예수의 생명에 참여하고 그의 생명과 얼로 오늘의 내가 사는 것이다. 그것이 예수를 믿고 따른다는 의미이다.

세상을 구원하기 위해서는 세상의 짐을 져야 하는데 오늘의 지식인들

---

13 유영모는 대학에 나오는 "大學之道 在明明德 在親民 在止於止善"을 "한 배움 길은 밝은 속알 밝힘에 있으며 씨알 어뵘에 있으며 된 데 머묾에 있느니라"라고 풀이했다. 함석헌, 「씨알」, 『함석헌 전집 14』(한길사, 1985), 323쪽. 그는 친민(親民)을 씨알 어뵘으로 풀었다. 민(民)을 유영모는 씨알로 풀이했고, 안병무에게 민(民)은 민중(民衆)을 뜻했다. 씨알 어뵘 속에는 유영모의 씨알민중신학이 응결되어 나타난다. 마치 임금이나 어버이를 대하듯이, 씨알민중을 섬기고 돌보고 사랑하라는 뜻이다. 민은 어리석음의 표상이 아니라 어버이처럼 받들어 섬겨야 할 존재라는 것이다.

14 박영호 엮음, 『다석 유영모 어록』(두레, 2002), 43쪽.

은 어떤가? 스스로 짐 질 생각은 하지 않고 그 짐을 남에게 지우려고만 한다. 세상의 짐을 지고 가는 사람들은 바로 씨알민중이다. 노동자, 농민, 빨래하고 청소하는 사람들이 귀인(貴人), 곧 구세주이며 세상 짐을 지고 가는 어린 양이라고 했다.[15] 세상의 작은 짐꾼이 씨알민중이라면, 이들 가운데 큰 짐꾼은 바로 예수이다. 유영모는 과거의 예수에 집착하는 것을 소갈머리 없는 짓이라고 비판하면서 오늘의 씨알 가운데 현존하는 그리스도에 관심을 기울였다. 유영모는 씨알민중과 그리스도를 동일시했고, 세상 짐을 지고 가는 씨알 가운데서 세상을 구원할 그리스도가 나온다고 생각했다. 이상에서 살펴본 일련의 유영모 사상의 편린들은, 함석헌의 씨알사상과 안병무의 민중신학 형성에 밑거름이 되었다.

함석헌은 안병무에게 삶과 신앙 그리고 민주화 운동의 동지요 스승이었고, 평생 동안 깊은 유대 관계를 맺으며 살았다. 함석헌은 일찍이 그리스도교 신앙에 입문했으며, 서구 근대 교육을 받았고, 서구 근대 학문과 그리스도교 신앙에 몰두했다. 그러나 유영모의 영향을 받아 동양 고전을 탐독하면서 생각이 바뀌기 시작했고, 민족과 역사, 사회에 대한 책임 의식이 결여된 한국 그리스도교를 비판했다. 그는 그리스도교 정통주의 신앙교리에 매이지 않고 자유로운 신앙인으로 살아갔다.[16]

함석헌은 한국 현대사에서 중요한 역할을 했던 행동하는 지성이었으며 올곧은 신앙인이었다. 그는 동서 정신문화의 통섭을 꾀했으며, 일제강점기에는 나라의 독립을 위해서 그리고 군사정권 시절에는 민중의 생존권과 사회의 민주화를 위해 투쟁했다. 무엇보다도 함석헌은 톨스토이

---

15 김흥호 엮음, 『다석 류영모 강의록 제소리』(솔, 2002), 323쪽.

16 함석헌, 「이단자가 되기까지」, 『함석헌 전집 4』(한길사, 1985), 196~197쪽.

와 간디의 영향으로 비폭력 평화주의를 내세우고 이를 몸소 실천하는 삶으로 일관했다. 그는 근대의 시작을 민중의 자기 각성에서 찾았다. 스스로 역사의 주체라는 민중의 자각 운동이 근대 세계의 문을 열게 했다는 것이다. 씨알이 역사의 주체가 되기 위해서는 생각하는 씨알이라야 한다고 했다. 씨알은 주체적으로 깊이 생각하여 역사의 뜻을 밝히 드러냄으로써, 역사의 주체로 우뚝 설 수 있게 된다는 것이다.[17]

1934년부터 1935년에 걸쳐 함석헌은 ≪성서조선≫에 「성서적 입장에서 본 조선 역사」를 연재했다.[18] 그는 조선 민족을 하나의 인격으로 간주하면서, 끊임없이 주변 열강의 말발굽에 짓밟힌 조선 민족, 숱한 고난과 역경 속에서 갈보처럼 찢긴 조선 민족의 역사를 예수 그리스도의 십자가 고난의 지평에서 새롭게 해석했다. 그리스도의 고난이 인류를 구원으로 인도했듯이, 세계 역사의 하수구 역할을 해온 조선의 역사는 세계 평화를 위한 메시아적 고난의 의미를 갖는다는 것을 함석헌은 이 책에서 힘차게 증언하고 있다. 역사의 주체는 강자가 아니라 약자이며, 지배자가 아니라 그들에게 수난당하는 씨알민중이야말로 역사의 주체이고 생명과 평화의 주체라는 것이다. 그리스도의 십자가 고난을 조선 민족의 고난사의 지평에서 재해석함으로써, 함석헌은 복음과 민족 그리고 씨알민중과 예수의 고난을 하나로 연결했다. 필자가 보기에는 이러한 함석헌의 고난 사관은 안병무의 민중신학 형성에 결정적인 영향을

---

17 함석헌, 「생각하는 백성이라야 산다」, 『함석헌 전집 14』, 114~116쪽.

18 그는 이를 『뜻으로 본 한국 역사』라는 제목의 책으로 펴냈다. 함석헌, 「뜻으로 본 한국역사」, 『함석헌 전집 1』(한길사, 1983). 제목을 바꾼 것은 한민족이 겪은 고난의 의미를 기독교의 울타리를 벗어나 세계사의 지평에서 해석하기 위해서였던 것으로 보인다.

끼쳤다.

함석헌은 군사독재 정권과 불의한 세력에 맞서 예언자적인 삶을 살았으며, 민주화 투쟁의 전면에서 여섯 차례에 걸쳐 옥고를 치르기도 했다. 그러면서도 함석헌은 믿음과 사랑, 내적인 자유와 해탈을 추구하는 구도자적인 삶을 자세를 잃지 않았다. 고난과 혁명, 씨알민중과 예수의 정신이 그에게서 하나로 통섭되어 역동적인 삶을 살았던 것이다. 그는 씨알민중을 역사와 민족의 주체일 뿐 아니라 우주의 중심이며 하늘의 씨앗을 품은 존재로 보았다. 예수는 옹근 씨알이며, 세상 죄를 지고 가는 그리스도가 되어야 함을 그는 역설했다. 이러한 함석헌의 씨알사상은 안병무 민중신학의 기본 사상을 형성하고 있다.

4. 유영모의 하나님 이해

유영모와 함석헌의 성서 해석 방법은 분석적이기보다는 직관적이고, 체계적이기보다는 고정된 틀에 매이지 않고 자유분방하다는 점에서 그 특징을 찾아볼 수 있을 것이다.[19] 앞서 밝혔듯이, 일찍이 유영모는 부자유친(父子有親)의 신학을 제창했다. 유교에서 '부모에 대한 효와 형제 간의 우애〔孝悌〕'를 사회윤리의 근간으로 삼고 있다면[20], 이와 달리 유영

---

19 유영모와 함석헌의 성서 해석에는 안병무에게서 찾아볼 수 있는 이른바 역사비평학적 방법이 결여되어 있다.

20 『논어(論語)』의 학이(學而) 편에는 "務本, 本立而道生"이 나온다. 사람은 무슨 일을 하든지 근본을 파악하도록 힘써야 한다는 것이다. 그러면 방법은 저절로 생기기 마련이다. 그런 면에서 유교는 '무본(務本)의 학(學)'이라 일컬을 수 있을 것이

모는 '하나님에 대한 효'를 더욱 기본적인 것으로 삼는다. 하나님 어버이에 대한 효성을 믿음으로 정의했던 것이다.[21] 하나님 어버이에 대한 효의 삶을 가장 모범적으로 보여준 사람이 누구인가? 바로 예수이다. 예수의 효행을 본받아 우리도 어버이 하나님께 효도하는 삶을 살고, '효자 노릇'을 신앙생활의 궁극적인 목표로 삼아야 한다는 것이다. 이와 같이 유영모는 유교에 나타나는 '효(孝)' 사상을 채택해 기독교를 부자유친의 종교('아버지 종교')로 정의했다.[22] 예수가 사용한 하나님 호칭 가운데 가장 두드러진 것이 바로 '아버지(abba)'이다.[23] 예수는 일차적으로 하나님을 아버지로, 그리고 자기 자신을 그분의 자녀로 이해했다. 아버지의 뜻을 이루는 것을 자녀다운 근본 도리라고 여겼다. 유영모가 제창한 부자유친의 신학은 역사적 예수의 삶에 근접하고 있음을 알 수 있다.

또한 유영모는 도가사상의 사유 틀을 빌려 하나님을 '없이 계신 분'으로 규정한다. 없음〔無〕과 빔〔空〕의 차원을 지니면서 있음〔有〕의 차원을 포괄하는 전체로서의 일자(一者), 곧 유무의 차원을 초월한 '맨 처음 일체'를 유영모는 하나님으로 생각했다.[24] 하나님은 절대적 존재이며, 큰 님이기 때문에 인간의 감각기관으로는 포착되지 않는다. 눈으로 볼 수 없으니 무(無)이며, 따라서 나는 '없이 계신 한님'을 믿는다고 했다.[25]

다. 청목문화사편집부 엮음,『正本新譯 四書五經』(청목문화사, 1985), 12쪽 참조.

21 김흥호 엮음,『다석 류영모 강의록 제소리』, 29쪽.

22 같은 책, 29, 140쪽.

23 예수가 사용한 '아빠(abba)' 칭호에 대한 연구는 김명수,『Q복음서의 민중신학』(통나무, 2009), 228~252 참조.

24 박영호,『진리의 사람 다석 류영모』 하권(두레, 2001), 86쪽 이하. 유영모는 존재 일체의 근거와 토대로서 '하나'를 강조한다. 유와 무의 세계를 포월(包越)하고 있는 하나는 궁극적이고 초월적이며 절대적인 차원을 지닌다.

있음〔物〕과 없음〔心〕이 둘이 아니며 큰 하나(하나님)만이 존재한다〔物心不二太一存〕.[26] 상대적인 유무(有無)의 차원에서 파악될 수 없고 이를 초월한 분이기에 하나님은 없이 계신 분이다.

유영모가 말한 '없이 계신 하나님'이라는 이해는 도가철학적인 존재 이해의 한 방식에서도 발견된다. 도가철학에서는 우주 생성의 근원인 도를 설명하는 데 '무○지○' 또는 '불○지○'의 사유 방식을 즐겨 사용한다.[27] 이런 사유 방식에 따르면 '○'은 '○'이 아니면서 '○'이고, '○'이면서 '○'이 아니다. '○'에 대한 부정과 긍정이 동시적 구조를 지니고 있어 형식논리상으로 모순과 역설 구조를 나타낸다. 따라서 모순율에 어긋난다.

이러한 논리적 모순과 역설이 어떤 의의를 지니는가? 도가철학에 따르면, 우주 만물의 실상은 어떤 경우에도 대상화할 수 없을 뿐 아니라 대상화될 수도 없다. 우주 만물을 살아 움직이는 역동적 존재로 이해하기 때문이다. 이러한 살아 움직이는 역동적 존재를 도가철학에서는 '있음 없는 있음〔無有之有〕' 또는 '존재 아닌 존재〔不存之存〕'로 표현하기도 하고, '모양 없는 모양〔無狀之狀〕' 또는 '형체 아닌 형체〔不形之形〕'로 표현하기도 한다.[28] 형식논리에서는 있는 것은 있고 없는 것은 없다. 그러나 '있음 없는 있음'은, 있으면서도 없고 없으면서도 있는 구조이다. 따

25 김흥호 엮음, 『다석 류영모 강의록 제소리』, 68, 290쪽; 박영호 풀이, 『다석 유영모 명상록』(두레, 2000), 328~330쪽; 유영모, 『다석일지』(영인본)(1982), 737쪽; 원정근, 『도가철학의 사유방식』(법인문화사, 1997), 32쪽 참조.

26 박영호 풀이, 『다석 유영모 명상록』, 328~330쪽; 유영모, 『다석일지』(영인본) 상, 737쪽 참조.

27 원정근, 『도가철학의 사유방식』, 32쪽.

28 원정근, 『도가철학의 사유방식』, 32쪽.

라서 있다고도 할 수 없고, 동시에 없다고도 할 수 없다. 이와 같이 고정된 모양을 별도로 지니지 않은 존재를 일컬어 '존재 없는 존재'라고 한다. 그렇다면 대상화할 수 없는 '존재 없는 존재'를 어떻게 대상적 방식으로 파악할 수 있는가? 우주 만물의 궁극적인 존재 근거인 도는 어떻게 파악이 가능한가? 우리의 일상적인 인식은 일반적으로 그 무엇에 대한 특정한 모양을 지닌 대상적 인식에 한정되어 있다. 따라서 따로 모양을 지니지 않은 존재인 도는 감각적 경험이나 이성의 대상이 될 수 없다.[29] 노자는 학문하는 방법으로서 대상적 인식의 축적〔爲學日益〕을 말하는데, 이와 달리 도를 닦는 방법으로서 대상적 인식의 덜어냄〔爲道日損〕을 이야기한다.[30] 노자는 앎 아닌 것을 아는 것, 곧 지부지(知不知)가 가장 좋은 앎의 방법이라고 말한다.[31] 앎 아닌 것을 아는 지부지의 인식은 앎의 대상이 따로 없는 것을 아는 것이기 때문에, 아는 것도 자기 자신이요 알려지는 것도 자기 자신이다. 따라서 지부지의 인식에서는 인식 주체와 인식 대상이 둘이 아니고 하나가 된다.[32] 도는 결과적으로 주

---

29 도는 존재의 측면에서는 '모양 없는 모양'을 지니며, 작용의 측면에서는 '함 없는 함'의 측면을 지닌다. 따라서 보려 해도 볼 수 없고, 생각하여 대상적으로 알 수도 없다. 따라서 형체 없는 도를 파악하기 위해서는 신체 오관에 의한 감각적 인식이나 마음의 분별적 인식을 내려놓지 않으면 안 된다.

30 "학문을 하는 것은 날마다 더하는 것이고, 도를 닦는 것은 날마다 덜어내는 것이다. 덜어내고 덜어내니 함이 없는 경지에 이른다. 함이 없으면 하지 않음이 없다(爲學日益 爲道日損 損之又損 以之於無爲 無爲而無不爲)"(『도덕경』 48장). 유영모는 '학(學)'을 '제나'로, '도(道)'를 '얼나'로 번역했다. 박영호 옮김, 『老子』, 두레, 2001, 347쪽 이하.

31 "知不知, 上: 不知知, 病"(『도덕경』 79장); 오오야마 아끼라, 김교빈 외 옮김, 『중국고대의 논리』(동녘, 1993), 45쪽 참조.

32 오오야마 아끼라, 『노자의 사랑』, 임헌규 옮김(인간사랑, 1992), 64쪽.

객일체, 곧 물아일체(物我一體)의 상태에서 자기 체험 방식으로 인식될 수밖에 없다.

유영모는 이러한 도가철학의 도 이해와 유사한 방식으로 하나님을 이해한다. 하나님은 유도 아니고 무도 아닌 존재, 곧 존재도 아니고 존재가 아닌 것도 아닌 존재이다. 곧 '없이 계신 존재'이다. 그는 하나님을 하나의 인격으로 신앙하는 기독교를 향해서는 하나님의 '공성(空性)'을 강조한다. 반면에 신을 공(空)으로 이해하는 불교에 대해서는 신의 '인격성'을 강조한다. 유영모가 이해한 '없이 계신 하나님'은 '형상 없는 형상'인 하나님 또는 '무규정적 규정(無規定的規定)'인 하나님을 뜻한다. 그가 말하는 '없이 계신 하나님' 사상은 실천적 차원을 지닌다. 오늘날 우리는 지나치게 소유 중심의 사회에서 살고 있다. 나눔과 비움 중심으로 삶의 패러다임을 바꾸어야 한다. 유영모는 나눔을 통해 비움에 이르고 비움을 통해 나눔을 완성하는 공(空)의 실천, 곧 비움을 통해 나눔을 실천하는 삶을 가르친다.

5. 유영모의 실존적 성서 이해

특히 유영모의 성서 해석은 독특하다. 그는 성서 말씀을 언제나 '오늘의 나'의 관점에서 읽는다. 그는 성서에 나오는 '나'를 '오늘의 나'로 읽는다. 예를 들면 요한복음 14장 6절에는 "나는 길이요, 진리요, 생명이니"라는 구절이 나온다.[33] 본문에 나오는 '나는 ㅇㅇ이다(Ego eimi)"에

33 "길, 진리, 생명"(14:6)과 "참 포도나무"(15:1), 일반적으로 이 구절들은 예수가

서 '나(Ego)'를 유영모는 '개별자'로서의 예수에게 한정시키지 않는다. 그것은 '보편적 나'이며, 동시에 유영모 자신도 이 범주에 포함된다고 했다. 34 유영모는 본문에서 '나(Ego)'를 주어로 읽은 것이 아니라 서술어로 읽었던 것이다. 유영모가 이러한 그리스어 문법 구조에 대해서 상세하게 알고 있었다고 생각되지는 않는다. 놀라운 혜안이 아닐 수 없다! 그리스어 문법에 충실하게 본문을 번역하면 어떻게 되는가? "길과 진리와 생명은 나다." 길과 진리와 생명이 있는 곳에는 언제 어디서든지 시간과 공간을 초월해 내가 존재한다는 뜻이다. 유영모는 '오늘의 나 유영모'에서 '2,000년 전 예수의 나'를 보고, '2,000년 전 예수의 나'에서 '오늘의 나 유영모'를 보고 있는 것이다. "그것이 예수의 나이지 어찌 선생님의 나입니까?" 하고 안병무가 질문하자, 유영모는 이렇게 대답했다고 한다. "나는 성경을 읽을 때 남의 이야기로 읽지 않습니다. 내가 지금 죽고 사는 이야기로 읽지요."[35]

이와 같이 유영모는 '성서 이야기(bible story)'를 언제나 '오늘의 나'와

자신을 생명과 진리로 소개하는 장면으로 이해되고 있다. 그리스어 문법 구조에 따르면 "에고 에이미(Ego eimi)"에서 '에고(Ego)'는 주어가 아니라 서술어로 쓰이고 있다. 따라서 본문은 "나는 길이요 진리요 생명이다"로 번역하기보다는 "길과 진리와 생명이 나다"로 번역해야 원문에 더 충실하다. 루돌프 불트만, 『신약성서신학』, 429쪽 참조.

34 박재순, 「안병무 신학사상의 계보: 유영모, 함석헌, 안병무」, 『안병무 신학사상의 맥 1』, 47쪽. 요한복음에는 예수의 자기소개 형식의 하나로 "나는 …… 이다(Ego eimi)"라는 구절이 일곱 군데 나온다. "나는 생명의 떡이다"(6:35), "나는 세상의 빛이다"(8:12), "나는 선한 목자다"(10:11), "나는 부활이요 생명이다"(11:25), "나는 길이요 진리요 생명이다"(14:6), "나는 참 포도나무이다"(15:1), "나는 문이다"(10:9).

35 박재순, 「안병무 신학사상의 계보: 유영모, 함석헌, 안병무」, 47쪽.

의 관계성 속에서 '나의 이야기(my story)'로 읽어야 함을 주장했다. 안병무는 이러한 유영모의 성서해석학적 모델을 민중신학에 적용한다. 곧 오늘의 민중의 시각에서 성서의 민중을 보고, 성서가 증언하고 있는 예수민중의 시각에서 오늘의 민중을 본다. 안병무는 오늘의 민중사건에서 예수사건을 보며 동시에 오늘의 민중에서 '현존의 예수'를 찾는다.[36] 한 걸음 더 나아가 안병무는 민중사건 속에서 예수사건의 환생(還生)을 말하기에 이른다.[37]

안병무의 민중을 이해하는 데서 중요한 준거가 되는 씨알사상은 이미 함석헌이 밝히고 있듯이 유영모에게서 유래한다. 유영모는 유교의 4대 경전 중 하나인 『대학(大學)』에 나오는 한 구절을 풀이하면서, '민(民)'을 '씨알'로 그리고 '친민(親民)'을 '씨알 어뵘'으로 옮겼다.[38] 그에게 배움의 목적은 '제나'를 위하여 지식을 쌓는 것이 아니라 '얼나'를 위하여 '제나'를 덜어내는 것이다. '씨알 어뵘', 곧 민중을 섬기고 돌보는 일을 유영모는 얼나를 위한 것이요, 배움의 목적으로 삼았던 것이다.

그는 예수를 '참 씨알'로 보았으며, 하나님에게 이르는 '생명줄'로 보았다. 예수를 믿는다는 것은 예수의 생명줄에 내 생명줄을 잇는 것이고, 예수의 얼을 오늘 나의 얼로 사는 것 말고는 다른 것이 아니다. 그것은 곧 예수를 따라 민중을 섬기는 일과 분리되지 않는다. 세상을 구원하려면 참 씨알인 예수처럼 세상 짐을 져야 한다. 세상 짐을 지는 사람들은 권력자들이 아니라 씨알민중이다. 유영모는 노동자와 농민이 세상 짐을

---

36 안병무, 『민중신학을 말한다』, 140쪽.

37 안병무, 「민중은 환생한 예수」, 『역사와 민중』(한길사, 1993), 303~317쪽.

38 함석헌, 『함석헌 전집 14』, 323쪽.

지고 가는 어린 양이며, 빨래하고 청소하는 사람이 바로 '세상을 구원할 자〔貴人〕'라고 했다.[39] 세상 짐을 지고 가는 '큰 짐꾼'이 예수라면, '작은 짐꾼'은 씨알민중이다.[40] 유영모는 씨알민중의 삶 속에 그리스도가 현존한다고 보았으며, 그리스도는 씨알민중에게서 나온다고 했다.

안병무의 민중 구원론은 유영모의 이러한 씨알사상과 연결되어 있음을 알 수 있다.[41] 유영모가 세상 짐을 지고 가는 메시아적 기능을 담당하는 씨알에 대해 말하고 있다면, 안병무는 메시아적 민중을 말한다. 구원의 길은 민중을 통해서만 온다. 민중을 통하지 않고 인류 구원은 있을 수 없다는 것을 보여주기 위하여 예수는 십자가에 죽었다. 예수의 십자가 죽음은 한 개인의 죽음 차원을 넘어 민중의 죽음을 나타낸다.[42] 민중은 구원의 객체가 아니라 주체이다. 민중이 자신의 고난을 전체의 고난으로 깨닫게 될 때 메시아적 성격을 지니게 되며, 민중의 고난이 개인의 차원에 머물지 않고 우리(전체)의 고난으로 승화될 때 그것은 민중 자신을 넘어 사회 전체를 구원으로 이끌게 된다.

---

39 김흥호 엮음, 『다석 유영모 강의록 제소리』, 323쪽.

40 유영모, 『다석일지』(영인본), 443쪽.

41 안병무의 민중구원론에 대해서는 송기득, 「안병무의 민중구원론」, 『인간』(한국신학연구소, 1984), 433쪽 이하 참조.

42 안병무, 『민중신학 이야기』, 99쪽.

6. 함석헌의 씨알사상[43]

유영모의 제자인 함석헌은 한국 현대사의 모순을 질타하고 민주 사회의 실현을 위해 불의한 권력에 항거했던 시대적 양심이었을 뿐 아니라, 종교적 보편주의를 바탕으로 한국 개신교의 개혁을 부르짖었던 예언자였다.

함석헌의 씨알사상이 안병무에게 끼친 영향은 세 가지로 요약될 수 있다. 씨알의 저항과 평화 사상, 한국 개신교에 대한 비판적 성찰, 보편적이고 다원적인 종교 사상이 그것이다. 한국 근대사에서 씨알이 생존권을 박탈당하고 고난을 당할 때에, 함석헌은 언제나 사회적 약자 편에서서 씨알의 생각과 '씨알의 소리'를 대변했다. 오랜 세월 동안 주변 열강의 침탈을 통해서 한국의 씨알들은 그들이 당하는 고난이나 운명을 숙명으로 받아들이는 데 익숙해졌다. 함석헌은 숱한 강연과 글을 통해서 이러한 숙명론과 패배 의식을 깨뜨리고 씨알들이 역사의 주체로 바로 설 수 있도록 저항 의식을 불러일으키려고 노력했다. 함석헌이 강조한 이러한 씨알의 고난과 저항 의식은, 민중의 고난과 해방의 실천을 신학의 주요 주제로 설정하는 안병무 민중신학의 근본 뼈대를 이룬다. 우리는 이러한 점을 안병무의 글을 읽으면서 쉽게 파악할 수 있다.

또한 함석헌은 보수주의와 수구 반동으로 흐르는 한국 개신교를 향하

---

43 씨알은 '씨'와 '알'의 복합어이다. 생명의 근원을 일컫는 말이다. 자연생태계의 가장 밑바닥을 형성하고 있는 생명의 근원이 씨알인데, 그런 의미에서 씨알은 사회의 가장 밑바닥을 형성하고 있는 기층 민중과 통한다. 씨알의 특징으로는 자발성, 자유, 조화를 들 수 있을 것이다. 씨알에 대한 상세한 정의에 대해서는, 박재순, 『씨알사상』(나녹, 2010), 17쪽 이하 참조.

여 비판의 칼날을 늦추지 않았다. 한국 개신교는 기독교가 그 시대의 사회, 정치, 경제, 문화, 다른 종교들과 상호 관계를 맺으며 존재한다는 사실을 망각하고 있었다. 사회로부터 격리된 종교라는 거대한 성벽을 쌓고 그 안에서 안주하며 도피적인 신앙생활을 하는 데 익숙한 한국 개신교를 향하여, 함석헌은 기독교의 사회에 대한 책임 의식과 현실 참여를 촉구했다.

함석헌은 동시에, 서구 기독교와 동아시아 사상을 융합하여 인류애에 근거를 둔 보편주의적이고 다원주의적인 종교 유산을 남겼다. 초창기 서양 선교사들은 일본 식민 정권과 마찰을 피하고자 정교분리 정책을 실시했고, 이러한 전통을 이어받은 한국 기독교는 사회 정화(淨化)나 개혁보다는 개인의 영혼 구원에 선교의 초점을 맞추게 되었다. 신앙에서 보수적인 입장을 고수하는 교단일수록 사회의 부정부패나 모순에 대해 무감각하고 침묵으로 일관했다. 그 대가로 보수 교단이 얻은 것은 교회의 양적인 성장이었다. 보수 교단은, 1970년대에 경제성장을 기치로 내걸고 민중의 삶을 벼랑 끝으로 몰아갔던 군사정권의 유신과 긴급조치 등 비인간적인 정책에 대해 무관심으로 일관했다. 또한 1973년에는 미국 침례교의 빌리 그레이엄(Billy Graham) 목사를 초대하여 여의도 광장에서 대대적인 부흥집회를 열기도 했다. 그 결과 1970년대 한국 개신교의 교인 수는 전보다 거의 두 배로 증가했다.[44] 교회의 양적인 성장은, 분명 한국 교회가 이룩한 성과 중 하나이지만, 동시에 그것은 한국 기독

44 한국 개신교는 1970년에 신도수가 180만이었다. 그러나 1970년대 말, 10년 만에 360만으로 증가했다. 한국기독교문화연구소 엮음, 『한국사회와 기독교』(숭실대학교, 1980), 112쪽.

교의 질적 저하를 가져오는 데 한몫했음을 부정할 수 없을 것이다. 기복주의 신앙과 개인 구원 신앙이 주류를 이루던 한국 기독교 현실에서 함석헌은 기독교 복음의 사회적 차원을 복원하는 데 크게 기여했다.

함석헌은 씨알사상을 조선 민족과 민중이 겪은 고난의 역사와 관련지어 해석했다. 한국의 근대 역사는 씨알의 자각 운동에서 시작되었다. 그것은 씨알이 역사의 주체로 바로 서기 위해서 '생각하는 씨알'로 거듭나는 것을 의미했다. 씨알이 생각하여 역사의 뜻을 바로 깨닫게 될 때, 역사의 주인으로 당당하게 설 수 있게 된다는 것이다.[45]

하나님은 누구에게 당신의 뜻을 보여주는가? 생각하는 씨알이다. 생각을 해야 하나님의 뜻이 드러나고, 생각을 통해 하나님은 씨알 속에서 일한다. 생각은 하나님과 씨알의 소통 채널이다.[46] 씨알은 누구인가? 하늘로부터 부여받은 본성을 그대로 지닌 맨 사람을 가리킨다.[47] 씨알이 역사의 지평에 사회세력으로 등장하면 민중이 되고, 뜻의 지평에서 보면 우주 만물의 바탈(바탕)이 된다. 다시 말하면 씨알이 동(動)하면 '민중'이 되고, 정(靜)하면 '뜻'이 된다. 씨알민중이 자기 자신의 뜻(주체성)을 깨쳐야 역사의 주인으로 등장하게 된다.

함석헌은 씨알과 우주의 관계를 화엄경의 '일즉다 다즉일(一卽多多卽一)' 사상의 지평에서 해석한다. 씨알 속에 전 우주가 들어 있고 우주는 씨알로 구성되어 있다. 하나 안에 전체가 그리고 전체 안에 하나가 들어 있다. 씨알 하나에 우주 전체의 생명이 이어져 있다. 그런 의미에서 씨

45 함석헌, 「생각하는 백성이라야 산다」, 『함석헌 전집 14』, 114~116쪽.

46 함석헌, 『함석헌 전집 8』, 57쪽.

47 함석헌, 『함석헌 전집 12』, 129쪽.

알은 소우주에 해당한다.

함석헌은 씨알 자체가 평화임을 말한다. 씨알이 있어야 할 자리에 있어서 제대로 능력을 발휘하게 될 때 진정한 평화가 가능하다고 보았다. 씨알이야말로 사람의 본 모습, 속마음, 때 묻지 않은 정신이기 때문에, 평화운동은 사회적·정치적 차원을 넘어서 종교 정신운동으로 나아가야 한다고 보았다. 그는 한 실오라기의 두 끝이 하나님이요 씨알이라고 보았다. 위에서는 하나님이요 아래에서는 씨알이다. 씨알 중의 참 씨알이 예수였다는 것이다.[48]

함석헌은 ≪성서조선≫에 연재한 「성서적 입장에서 본 조선 역사」에서, 조선 민족이 겪은 고난의 역사를 예수가 겪은 십자가 고난의 지평에서 재해석했다. 세상 죄를 지고 가는 하나님의 어린 양 예수의 고난이 인류를 구원으로 인도했듯이, 조선 민족이 겪는 고난의 짐이 세상을 구원으로 인도한다고 보았다. 그에게 조선 민족의 고난은 곧 메시아적 고난의 성격을 지니고 있었다. 함석헌은 그리스도의 고난, 씨알민중의 고난, 조선 민족의 고난을 하나도 아니고 둘도 아닌 불일이불이적(不一而不二的) 관계론의 지평에서 해석한다.[49]

---

48 함석헌, 『함석헌 전집 14』, 91쪽.

49 조선 민족의 고난과 그리스도의 고난 사이의 관계론적 이해는, 일본 근대사에서 볼 수 있는 우치무라 간조(內村鑑三)의 민족주의 노선을 띤 일본 기독교를 연상하게 한다. 1923년 함석헌은 남강 이승훈의 주선으로 동경 유학 길에 오른다. 그는 김교신과 함께 우치무라가 주관하는 성서연구회에 참석하면서 깊은 감명을 받았다. 우치무라의 가르침을 통해 함석헌은 민족주의와 기독교 신앙이 하나로 통전될 수 있다는 확신을 품게 되었고, '신앙'과 '민족'을 두 바퀴로 하는 독창적인 민족사관을 형성했다. 김명수, 「함석헌의 씨알과 종교사상」, 함석헌 기념사업회, ≪씨알의 소리≫, 통권 제178호(2004), 49쪽.

씨알 사상, 한민족 사상, 세계 평화 사상은 함석헌에 이르러 '고난'을 고리로 하여 지평 융합을 이룬다. 그는 역사와 민족의 주체인 씨알을 하나님과 직결시키며, 씨알을 하나님의 씨앗을 품은 존재라고 보았다. 그는 예수를 참 씨알 또는 옹근 씨알이라 불렀고, 오늘의 씨알이 세계 평화를 가져오는 메시아적 기능을 한다고 생각했다.

함석헌은 종교적인 일과 사회적인 일을 구별하여 생각하지 않았다. 인간의 내적 생활이 종교로 표현된다면 외적 생활은 정치로 표현된다. 그에게 종교와 정치는 한 동전의 양면에 해당했다.[50] 따라서 종교가 결여된 정치는 공허하고 정치적 실천이 결여된 종교 또한 맹목이었다. 함석헌은 기독교 근본주의의 탈정치적 성향을 비판했으며, 기독교를 정치적 해방운동으로 환원하는 것도 경계했다. 예수는 "내 나라는 이 땅에 있지 않다"라고 분명히 말했다. 그렇다고 해서 사회적 문제에 무관심하지도 않았다.[51]

함석헌의 민주화 운동과 씨알사상은 당시 안병무를 비롯한 진보적 기독교 지식인들의 사회개혁운동에 많은 영향을 끼쳤다.[52] 함석헌을 만나기 전까지 자기가 얼마나 사상적으로 좁은 틀에 갇혀 지냈는지에 대해 안병무는 술회한 적이 있다:

> 함 선생을 통해서 나는 기독교를 탈기독교적인 입장에서 볼 수 있었어요. 그리고 내가 사상적으로 얼마나 좁은 틀 속에 갇혀 있었는가를 깨우쳐주

---

50 함석헌, 『함석헌 전집 18』, 323쪽.

51 함석헌, 『함석헌 전집 14』, 194쪽.

52 장준하, 문익환, 문동환, 김동길, 한완상, 김용준, 이태영, 김찬국 등 진보적 기독교 지식인들이 여기에 속한다.

셨지요. 함 선생의 씨알사상은 내가 민중과 민중신학을 발견하는 과정에서 어떤 눈을 뜨게 해주었어요. …… 지금도 함 선생의 영향이 내게 끊임없이 작용해요.[53]

함석헌의 씨알사상은 안병무의 신학사상에 두 가지 측면에서 큰 영향을 주었던 것으로 보인다. 첫째로, 씨알사상은 안병무로 하여금 씨알민중의 고난사건에 눈을 뜨게 해주었고, 사회참여적인 민중신학 형성에 결정적인 영향을 끼쳤다고 할 수 있다. 둘째로, 씨알사상은 동양 종교, 특히 불교나 도가사상에 눈을 돌려 동양사상의 지평에서 기독교 신학의 외연을 확장하고 재조명할 수 있는 안목을 제공했다. 한국 기독교 선교역사에서 함석헌의 씨알사상이 안병무의 민중신학으로 육화(肉化, incarnation)되었다고 볼 수 있다.

7. 맺음말

1975년 2월 하순으로 기억된다. 당시 긴급조치 4호로 구속되었던 김동길과 김찬국의 석방을 환영하기 위한 강연회가 새문안교회에서 열렸는데, 필자도 청중의 한 사람으로 참석했다. 이때 안병무는 '민족·민중·교회'라는 제목으로 강연을 했고,[54] 이 자리에서 그는 최초로 예수를 민

---

53 김성수, 『함석헌평전』(삼인, 2001), 162쪽 이하.

54 '민중'이라는 개념은 일찍이 안병직이 3·1운동 연구에서 쓰기 시작하면서 주목을 받게 되었고, 안병무의 강연 제목인 '민족·민중·교회'는 한완상이 제안한 것이었다.

중의 한 사람으로 소개했다. 그야말로 민중신학이 태동하는 순간이었다. 이보다 앞서 함석헌은 예수를 씨알로 표현한 적이 있다.[55] 『대학』, 유영모, 함석헌으로 이어지는 동아시아의 씨알사상은, 안병무에 이르러 자연과 문화의 경계를 넘어 사회역사적인 지평에서 더욱 심화되고 체계화되고 있음을 볼 수 있다. 『대학』의 '재친민(在親民)' 사상에 기원을 두고 있는 씨알민중 사상은, 유영모가 씨앗을 뿌려 새싹이 돋아나고, 함석헌이 꽃을 피웠으며, 안병무에 이르러 민중생명신학이라는 풍성한 열매를 맺게 되었다.

55 함석헌, 「앞을 내다보자」, ≪씨알의 소리≫, 1972년 1월호, 20쪽.

내가 만난 안병무

안병무 선생은 기존 질서에 안주하거나 한 가지 사상에 매이기를 거부했다. 언젠가 그는 인생을 수영에 비유한 적이 있다. 수영하는 사람은 손을 뻗어 끊임없이 앞으로 나아가지 않으면 가라앉고 만다. 안병무 선생은 바로 이와 같이 한 곳에 머물지 않고 끊임없이 앞을 향해 나아가는 삶을 사셨다. 그는 끊임없이 현실에서 탈출하는 삶, 곧 '탈향적 삶'을 살다 가신 분이다.

공성이불거

1996년 10월 19일, '마음의 뜰〔心園〕' 안병무 선생의 소천(召天) 소식을 듣고, 나는 한국 신학계의 큰 별이 사라지는 것 같은 허탈감에 휩싸여 마음을 추스를 수 없었다. 선생님이 아니었으면, 결코 학자로서 나는 존재하지 않았을 것이기 때문이다. 선생님은 때로는 스승으로, 때로는 아버지로 항상 내 곁에 계셨던 분이다. 때로는 멘토로, 때로는 형님으로 항상 내 곁에 계셔서 삶의 등불이 되어주신 분이었다. 내 연구실에는 환하게 웃고 계신 선생님의 사진을 두고 있는데, 그 사진을 보면서 동료 교수가 내게 던진 말이 생각난다. "김 박사보다 안병무 선생을 존경하는 제자는 아마 없을 것이다."

선생으로부터 자주 들었던 좌우명이 생각난다. '공성이불거(功成而弗居)'가 그것이다. 노자의 『도덕경』에 나오는 한 구절이다. 공을 이루면 그 자리에 머물지 않고 떠나야 그 공이 오래 간다는 노자의 말씀인데,

안병무 선생은 평생 이 말씀을 등불삼아 살았던 분이다. 공을 이루고도 그 자리에 머물지 않음으로써, 선생님은 그분을 사랑하는 많은 사람들 마음속에 떠나지 않고 영원히 머물러 계시는 분이다〔是以不去〕.

내가 안병무 선생을 마지막 찾아뵌 것은 돌아가시기 두어 달 전이었다. 서울에 있을 때에는 자주 전화로나마 안부도 여쭙고 찾아뵙기도 했는데, 1991년 봄 학기부터 부산에 내려와 있다 보니 그러지를 못했다. 그러나 방학 때는 꼭 거르지 않고 한 번씩 찾아뵙겠다고 다짐했다.

인도의 남부 하이드라바드에서 선교 사역을 하고 있는 제자의 초청으로 나는 1996년 8월 초에 제자들 몇 명과 인도 여행을 계획하고 있었다. 인도로 떠나기 2, 3일 전에 선생님을 찾아뵈어야 할 것 같은 마음이 들었다. 전화로 약속 시간을 잡아놓았다.

비가 억수같이 쏟아지는 어느 날 오후에 우면동 산자락에 자리 잡은 선생님 자택을 찾았다. 지난 2월에 찾아뵈었을 때보다 안색이 좋지 않았다. 건강이 좋아 보이지를 않아 마음이 아팠다.

찾아뵐 때면 선생은 먼저 나의 근황에 대해서 자세하게 물어보시고, 내 걱정을 많이 하셨다. 가까이 있어서 나를 도와주는 기회가 있으면 좋겠다고 누차 말씀하시곤 했는데, 여건이 그렇지를 못하고 멀리 떨어져 있으니 나도 안타까울 뿐이었다. 때로는 한신대학교 교수들이 나에 대해 좋지 않은 인상을 갖기도 했는데, 이제 조금씩 오해가 풀리는 것 같기도 하다는 귀띔을 해주시기도 했다. 나는 논문을 쓸 때마다 늘 선생님께 보내드려 자문을 구했는데, 찾아뵈면 먼저 나의 글에 조언을 해주시고 불분명한 것은 지적도 해주셨다. 특히 선생님은 당시 서구 사상계에 일고 있는 포스트모더니즘과 해당 철학자들의 경향성에 대해 내게 많은 것을 묻기도 하셨다. 당시 나는 서구 포스트모더니즘을 한국 신학계에 최초로 소개하는 일에 몰두하고 있었다. 내 말을 듣고 선생님은, 민중신학과 포스트모더니즘은 여러 가지 면에서 서로 연관성이 있다는 견해를 밝히기도 하셨다. 그러고 나서 선생께서 최근 생각하는 민중신학적 단상(斷想)들을 말씀하시고 나의 견해를 묻는 일도 잊지 않으셨다. 처음에는 선생께서 말씀을 많이 하시고 나는 듣는 편이었는데, 나중에는 내가 말을 많이 하는 편이었다.

마지막 찾아뵙던 날도 2층에 있는 조그만 방의 의자에 마주 앉아 차를 마시며 많은 이야기를 나누었다. 큰 창문 너머로 산과 연결되어 나무가 우거진 숲에 빗방울이 떨어지는 모습이 보였다. 대화 과정에서 나는 최근에 그분이 자연에 대해서 많은 생각을 하고 있다는 것을 느낄 수 있었다. 지금까지 사회 영역에 한정해 이해하던 민중의 외연을 더욱 넓혀 자연의 지평에서 이해하려는 경향을 찾을 수 있었다. 인간의 탐욕으로 만신창이가 되어가고 있는 자연의 모습에서 그는 민중의 한 전형을 보았던 것이다. 그는 자연의 스스로 그러함 속에서 스스로 자신을 구원하는 민중의 모습을 보기도 한다고 했다. 민중을 단순히 언어의 세계와 사회적 범주로 이해하는 편협성을 벗어나, 말 없는 자연의 침묵 속에서 민중의 소리를 듣고, 무위자연의 모습에서 민중의 모습을 발견해야 한다고 역설했다. 타종교에 배타적인 자세를 취하는 보수주의 기독교에 대해 비판하면서, 인류의 공동선을 이루기 위하여 모든 종교가 연합해야 한다는 말씀도 잊지 않으셨다. 선생께서 태어난 고향인 신안주를 방문할 수는 없지만, 청소년 시절을 지낸 연변의 북간도를 한번 방문하고 싶다는 말씀도 하셨다. 이야기를 마치고 현관까지 나와 배웅하시던 모습이 지금도 눈에 선하다. 그것이 선생을 마지막으로 뵙는 순간일 줄은 누가 알았으랴.

한국신학대학 시절

내가 안병무 선생을 처음 만나게 된 것은 1972년 2월 한국신학대학 학사 편입학 시험장에서였다. 당시 일반 대학에서 공학을 전공하고 있던 나는 생명을 느낄 수 없는 학문에 많은 회의를 갖게 되었고, 인간 자체를 다루는 학문을 모색하던 중 신학의 문을 두드리게 되었다. 면접 장소에는 김정준 학장을 비롯하여 여러 교수님들이 둘러앉아 계셨고, 질문은 주로 당시 교무과장이던 안병무 교수께서 하셨다. 신학을 택하게 된 동기와 개인 신상에 관한 여러 가지 질문을 했는데, 특히 인상적인 것은 장차 진로에 대한 질문이었다. 장차 목회와 학문의 길 중 어느 길을 택하겠느냐는 질문에 목회자가 되는 것이 꿈이라고 하자, 교회에서 목회를 하더라도 학문적 바탕이 튼튼해야 하니 학문에 게으르지 말고 열심히 하라고 권면하셨다. 이 권면이 필자에게는 큰 자극이 되었고, 학문의 길을 걷게 된 동인(動因)이었다.

안병무 선생의 공관복음서 신학과 불트만 신학 강의는 특히 학생들에게 인기가 있었고, 필자에게도 인상적이었다. 그의 강의 방법은 독특한 데가 있었다. 강의는 주로 의자에 앉아서 하는 편이었고, 말은 느릿느릿하게 했다. 강의하다가 갑자기 말을 끊고 창문을 물끄러미 쳐다보며 사색에 잠겨 있는 경우도 종종 있었다. 학문의 엄격성, 비판적 사고의 철저성, 절제된 실존주의적 언어 표현 양식의 독특성은 학생들을 매료시키기에 충분했다. 그는 학생들이 꼭 기억해두어야 할 개념은 반드시 독일어를 칠판에 써놓고 설명해주셨는데, 지금도 필자에게 잊히지 않는 개념으로는 '실존(Existenz)', '실존적(exitenzielle)', '실존론적(existenzialle)', '현존(Dasein)', '죽음으로의 존재(Sein zum Tode)', '세계 안의 존재

(Welt-in-der-Sein)', '주객 도식(Subjekt-Objekt-Schema)' 등이다. 불트만 학회의 정회원으로서 권터 보른캄 교수의 제자였던 그는, 귀국 후 주로 키르케고르와 하이데거의 실존철학 개념을 원용해 불트만 신학을 소개하는 일에 열성을 다했다. 그의 독일 신학 강의는 미국 신학 일색이던 당시 한국 신학계의 풍토에 신선한 충격을 던져주었다. 1970년대 초반 그의 실존주의 신학 강의는, 독재정권 아래서 어떠한 탈출구도 발견하지 못하고 좌절에 빠져 있던 한국의 그리스도교 지식인들에게 청량제 역할을 했던 것으로 생각된다.

당시 수유리 한국신학대학 교정에는 작고 아담한 잔디밭이 있었다. 이 잔디밭은 교수와 학생에게 훌륭한 쉼터 역할을 했다. 잔디를 사랑하는 마음은 안병무 선생에게 각별했다. 수업이 빈 시간이 있으면 잔디밭에서 잡풀을 뽑는 선생의 모습을 자주 발견할 수 있었다. 선생께서 잔디밭에서 풀을 뽑고 있으면, 학생들이 선생 곁에 자연스럽게 모여들어 함께 뽑곤 했다. 그러면 잔디밭은 자연스럽게 강의실로 변했다. 풀을 뽑으면서 선생은 학생들에게 그가 10년간 독일 유학 시절에 겪었던 이러저러한 일들을 들려주었다. 강의 시간에 들을 수 없었던 그러한 이야기들은 막연하게나마 내게 독일 유학에 대한 꿈을 심어주었던 것으로 기억된다.

1970년대 중반에 접어들면서 군사독재는 유신헌법을 제정하는 등 영구집권을 획책했고, 이에 저항하는 대학생들의 민주화 학생운동도 더욱 치열해졌다. 민주화와 인권 회복을 위한 한신대학교의 학생운동도 서울의 여느 대학 못지않게 치열하게 전개되었는데, 당시 안병무 선생은 한신대학교 학생운동에서 정신적인 지주 역할을 했다. 당시 필자는 한신대학교 대학원에 다니면서 선생의 조교로 일하고 있었다. 이것이 선생님과 평생 인연을 맺게 되는 계기가 될 줄은 몰랐다. 선생께서는 나에게 한신대학교 학생운동에 대해 시간이 있을 때마다 물으셨고, 전반적으로 정세가 어떻게 돌아가는지를 유비(유언비어) 통신에 의거하여 자주 말씀해주셨다.

대학원 세미나 시간을 통해 선생의 신학적 경향성이 점차 변하고 있음을 알아차릴 수 있었다. 그는 불트만의 신학을 비롯해 서구 신학의 한계성을 자주 언급하기 시작했다. 서구의 '학문(Wissenschaft)'과 동양의 '학(學)'의 차이점을 지적하면서, 신학은 지식 습득에 주안점을 두는 서구식 학문의 범주 안에 머물러서는 안 된다는 점을 강조하셨다. 서구 신학의 아카데미즘은 학문의 자유라는 명목을 중요시하여 상아탑을 쌓고 그 세계 안에 안주한다는 것이었다. 신학이 상아탑의 세계 안에 머물러 있을 때, 현실로부터 멀어지게 된다. 서구의 '학문' 세계에서 선생과 학생은 단지 지식을 사고파는 관계로 전락한다. 이와 달리 동양에서 학이란, 선생과 제자 사이의 지식 매매 관계가 아니라 인격과 인격이 만나는 운명 공동체적 관계에 힘입어 형성된다는 것이었다.

안병무 선생의 대학원 세미나는 엄격하기로 유명하여 수강을 신청하는 학생들이 극히 제한되어 있었다. 자동 폐강 위기에 놓인 적도 여러 번 있었는데, 그때마다 나는 학생을 끌어모으느라 진땀을 흘리기도 했다. 그러나 세미나 한 학기를 마치고 나면, 다른 어느 교수의 세미나보다도 얻는 것이 많았다. 선생은 학기가 끝나면 매학기 말에 세미나 수강생들을 수유리 자택에 초대하여 저녁식사를 같이 하곤 하셨는데, 박영숙 사모님의 음식 솜씨는 훌륭했다. 선생은 주로 10여 년의 독일 유학 시절 동안 경험했던 많은 이야기를 들려주셨는데, 그것은 나중에 내 유학 생활에도 도움이 되었다.

1974년 봄이었던가? 기억이 확실하지는 않지만, 긴급조치령에 항거하는 학생운동이 전국적인 규모로 확산되자, 박정희 군사정권은 고려대학교와 한신대학교에 무기한 휴교령을 내렸다. 기숙사에도 들어갈 수 없던 학생들은, 한밤중에 경찰관의 눈을 피하여 담을 넘어 들어가 불도 못 켜고 울분을 삭혔던 적도 있다. 명동성당 위장 결혼식 사건(같은 해 4월로 기억된다)으로 윤보선 전 대통령과 함석헌 선생을 비롯하여 많은 민주인사들과 학생들이 끌려갔는데, 안 선생은 심근경색증이 악화되어 간신히 화를 면하셨다.

당시 문교부는 학생운동에 정신적 지도력을 행사한다고 판단된 교수들을 해직했는데, 연세대학교의 김찬국 교수, 고려대학교의 이문영 교수를 비롯해 한신대학교에서는 안병무와 문동환 교수가 해당되었다. 나중에 해직 교수 가족들을 주축으로 목요기도회와 갈릴리 교회가 결성되어, 1970년대 기독교 반독재 항쟁과 민주화 인권운동에 중요한 역할을 했다. 두 분 교수님의 해직에 따른 한신대학교 학생들의 착잡한 심정은 이루 말할 수 없었다.

두 분 해직 교수님들을 위로해드리고자 당시 대학원생 몇 명이 계획을 세웠다. 정보영, 한국염, 이창식, 고정희, 그리고 몇 명이 더 있었던 것으로 생각된다. 아침 일찍 청량리역에서 만나기로 했다. 차표를 준비하고 완행열차를 기다리는 동안 안 선생께서 헐렁한 옷차림에다 밀짚모자를 푹 눌러 쓰시고 나타났는데, 그 모습이 꼭 시골 장돌뱅이 비슷하여 우리가 배꼽을 잡고 웃었던 기억이 새롭다. 완행열차는 시골 사람들로 꽉 차 있었다. 나는 날렵한 행동을 개시하여 간신히 두 분 선생님 자리를 마련해드렸고, 우리는 신문지를 깔고 바닥에 앉아서 갔다. 지금은 기억나지 않는 이름 모를 시골 역에 내렸다. 키가 큰 미루나무들이 서 있는 한가한 오솔길을 걸어 이름 모를 선착장에 도착했다. 우리는 이 얘기 저 얘기 나누며 걸어 내려가 나룻배를 타고 강을 건너갔다. 남이섬에 도착해 시골 논길을 걸어 야트막한 산으로 올라갔다. 올라가면서 "타박네야" 노래도 부르고, 웃기도 하고, 욕도 했다. 선생님들도 체면을 다 내팽개치시고 그동안 쌓였던 울분을 터뜨리며 우리와 똑같이 행동하셨다. 학교 강의실이나 강연 때에는 볼 수 없는 선생님들의 인간적인 모습이었다. 우리는 산 중턱까지 올라가 자리를 잡았다. 계곡에 발을 담그고 밥도 하고 찌개도 끓이고 곡차도 좀 마셨던 것 같다. 하여튼 시국 돌아가는 이야기를 비롯하여 많은 이야기를 나누고, 두 분 선생님의 기분이 어느 정도 좋아지자 강변을 향하여 마음껏 큰 소리로 고함을 질러대기도 했다. 만일 서울 시내에서 그런 욕을 했으면 긴급조치법, 막걸리 반공법에 걸려 재판을 받지 않으면 안 되었을 것이다. 그동안 쌓인 긴장과 스트레스, 피로가 한꺼번에 몰려와서 그런지 저녁이 되자 선생님은 몸을 가누지 못하셨다. 간신히 청량리역에 내려 택시로 수유리 집까지 모셔다 드리고 나는 학교 기숙사로 돌아왔다.

한국신학연구소 시절

1975년 10월 어느 날 새벽, 나는 정보부원에게 체포되어 중앙정보부 남산 분소에 한 달 동안 불법으로 감금당한 적이 있다. 그 무렵 한국신학대학에서 전개되었던 민주화를 위한 학생운동의 배후 조종자로 내가 지목되었고, 나는 당시 대학원에 재학 중인 재일동포 학생의 포섭을 받은 것으로 사건이 조작되었다. 나는 전병생, 나도현 목사와 함께 이른바 재일동포 학원간첩단 사건에 연루되어 1심에서 무기형을 선고받고 서울 구치소에 감금되어 있었다. 이듬해 3월 1일 명동성당에서 가톨릭과 개신교에 속한 재야인사들이 연합하여 민주화 구국 선언서를 발표하게 되었다. 가톨릭 측에서는 고 김대중 선생을 비롯하여 문정현, 함세웅, 신현봉 신부 등이, 개신교 측에서는 문익환, 문동환 형제 목사를 비롯해 서남동, 이해동 목사 등이 연루되어 투옥되었다. 안병무 선생도 이 사건으로 서울 구치소에 투옥되었고, 3년 형을 구형받았다.

그 당시 내 바로 옆방에는 문정현 신부가 계셨는데, 그분을 통해서 안 선생, 문 목사님의 근황과 재판 진행 과정에 관해서 상세히 들을 수가 있었다. 출정(出廷)을 가던 길에 우연히 안 선생께서 계시던 사방(舍房)을 지나치게 되었는데, 교도관의 눈을 피해 선생님 방까지 갔다가 혼이 나기도 했다. 그 후 얼마 안 있어 2심 재판이 끝나자, 안 선생은 건강이 악화되어 집행유예로 풀려나셨고, 나는 10년 형이 확정되어 대전교도소로 이송되었다.

대전교도소 시베리아 사방의 생활은 혹독했다. 0.78평 독방에서 잠자리에 누울 때를 제외하고, 나는 매일 거의 가부좌 자세로 앉아 책을 읽거나 명상 요가로 지내야만 했다. 하루 운동 시간이 30분인데, 이 시간도 교도관의 감시 아래서 어느 누구와도 말할 수가 없었다. 어느 여름 더운 날 나는 부패한 음식을 먹어서인지 참을 수 없는 복통으로 고생한 적이 있다. 급성 충수염에 걸려서 밖에 나가 수술을 했는데, 이 소식을 들으시고 선생께서 영치금과 영치물을 보내주셨다. 영치물 가운데는 일본 신학자 야기 세이치(八木誠一)의 책을 비롯해 몇 권의 독일어로 된 신학 책이 들어 있었다. 사인이 있는 것으로 보아 선생께서 보시던 책들임을 알 수 있었다. 윤보선, 김대중 선생의 이름으로 영치금도 들어와 있었다. 그 뒤로 선생은 내가 출소할 때까지 지속적으로 신학 서적을 보내주셨다.

1979년 10월 박정희 암살 사건으로 나는 4년 6개월의 감옥 생활을 청산하고 출소했고, 한국신학대학원에 복학했다. 학위 논문 문제로 선생님을 찾아가자, 마가복음에 나타난 예수의 수난 이야기를 오늘 한국 민중의 고난의 시각에서 정리해보라고 권면하셨고, 나는 '마가 수난사'에 관한 논문을 제출했다. 막상 졸업하자 갈 데가 없었다. 목회 자리를 몇 군데 알아보았으나, '빵잽이'라는 이유로 번번이 퇴짜를 맞고 말았다. 김정준 교수께서 특별히 관심을 써주셨는데 모두 허사였다. 1980년 11월로 기억되는데, 한국신학연구소 간사로 오랫동안 수고하던 학형 신홍섭 목사가 독일 유학길에 올랐을 때 김포공항에 환송하러 나간 적이 있다. 그 자리에 안 선생께서도 와계셨다. 요즈음 어떻게 지내냐며 근황을 물으셔서 사실대로 대답했다. 며칠 후 연구소에서 연락이 왔다. 그래서 나는 손규태(현 성공회대학), 임태수(현 호서대학), 신홍섭 목사에 이어 한국신학연구소 네 번째 간사로 부임해, ≪신학사상≫ 출간을 비롯한 연구소 일 전반을 책임지고 선생님을 도와드리게 되었다.

그런데 문제가 발생했다. 전두환 정권이 언론을 장악하려고 언론기본법이라는 것을 만들어 모든 언론기관을 물리적으로 통폐합했을 뿐 아니라, 빵잽이들이 언론기관에서 일할 수 없도록 법으로 금지한 것이었다. 한국신학연구소도 계간지 ≪신학사상≫을 발간하고 있었기 때문에 언론기관으로 분류되었고, 나는 언론기본법에 묶여 ≪신학사상≫ 편집자로 일할 수 없었다. 내 문제로 몇 차례 이사회가 열렸다. 결국 소장인 안 선생께서 나에 대한 법적인 문제를 책임지겠다는 각서를 쓰고 나를 채용했다.

안암동 네거리에 위치한 연구소 시절은 비록 경제적으로는 어려웠지만, 의미와 보람 있는 기간이었다. 매주 월요일마다 독일 선교사 도로테아 슈바이처 선생을 포함해 온 직원이 함께 모여 예배를 드렸다. 예배 때마다 창세기부터 1장씩 돌아가면서 읽고, 안 선생께서 해석을 곁들인 설교 아닌 설교를 하셨는데, 이 시간을 통하여 성서를 보는 새로운 통찰력을 얻게 되었다.

선생님은 매달 한 차례씩 민중신학자들과 현장 활동가들 10여 명이 연구소에 모여 정기 발표회를 갖도록 주선했다. 이러한 모임이 기틀이 되어, 민중신학이 체계를 이루고 지속적인 발전을 할 수 있었다. 대만의 신학자 송천성 박사와 독일의 몰트만 교수가 이 모임에 참석하여 민중신학자들과 자리를 같이한 적도 여러 번 있다. 민중신학을 세계 신학계에 소개하는 데 결정적으로 기여했던 책 『민중과 한국신학』에 실린 글들은, 모두 이 모임에서 발표되고 토론을 거쳤던 논문들이다.

선생님은 오른손이 하는 일을 왼손이 모르게 자선을 베푸는 일도 게을리 하지 않으셨다. 한신대학교 후배들을 비롯해 선생님과 개인적인 인연을 맺고 있던 학생들이 출소한 다음 찾아오면, 선생님은 절대로 빈손으로 돌려보내시는 적이 없었다. 아무도 모르게 나를 통해 그들에게 성의를 표시하곤 하셨다. 한번은 감방 후배가 찾아와, 청계천에 있는 봉제공장 하나를 인수하려는데 자금이 모자란다고 하소연했다. 큰 액수는 아니었지만 나의 힘으로는 어쩔 수 없었다. 고민 끝에 선생님께 말씀드렸더니 선뜻 그 돈을 빌려주셨다. 나는 한신대학교 출신 빵잽이 가운데 직장생활을 하는 몇 안 되는 행운아이기도 했다. 그래서인지 많은 후배들이 항상 연구소를 드나들었고, 이것이 때로는 연구소 일에 지장을 주기도 했다. 했다. 그러나 선생님은 전혀 그런 일에 개의치 않으셨다.

연구소 직원들의 단합을 위하여 한 달에 한 번 정도 회식을 하고, 한 학기 한 번 정도 소풍을 간 것으로 기억되는데, 특별한 경우가 아닌 한 선생님은 꼭 참석하셨다. 우리에게 웃음을 선사하기 위하여 선생님은, 손바닥 크기의 수첩을 꺼내어 그곳에 깨알같이 작은 글씨로 적은 해학(諧謔)이나 유행가 가사를 들려주시곤 했다.

선생님은 학술강연차 독일 여행을 자주 하셨는데, 원고를 준비하면 반드시 직원들 앞에서 한 번 리허설을 하시고 우리의 반응과 느낌을 물으신 다음 원고를 최종 마무리하셨다. 독일 교회는 그 당시 발표된 글들을 모아 몇 권의 책으로 출판했다. 선생님은 바쁜 일정 가운데서도, 귀국하실 때 연구소 직원들에게 조그만 선물을 준비하는 것도 잊지 않는 세심함을 보여주시기도 했다.

독일 유학 시절

4년 동안의 신학연구소 생활은 나에게 많은 의미를 주었고, 내 인생에서 소중한 시기였다. 여러 가지 학문적 넓이와 깊이를 더할 수 있는 계기가 되었을 뿐 아니라, 특히 선생을 가까이서 모실 수 있던 행운의 기회이기도 했다. 많은 민주인사와 재야인사를 만날 수 있는 계기도 되었다.

어느 날 선생님께서 나를 부르셔서, 독일 유학을 권유하셨다. 케리그마의 그리스도가 아니라 역사적 예수에 더 많은 비중을 두고 있는 민중신학의 기초를 다지기 위해서는, 초기 그리스도교 예수운동에 대한 사회사적 연구가 필수적으로 요구된다는 것이었다. 서구 신학과 대결하고 민중신학의 학문적 토대를 마련하기 위해서는 전문적인 신학자들이 많이 배출되어야 한다는 것이 선생의 뜻이었다. 그래서 손규태, 임태수, 신홍섭 목사를 먼저 유학시켰고, 연구소 직원으로 일했던 황현숙(협성대학교), 황정욱(한신대학교), 김홍수(목원대학교), 이선희(목원대학교), 윤선아, 김판임 등이 그 뒤를 이었다. 박재순과 박경미(이화여자대학교)는 국내에서 학위를 마쳤다.

나는 사회학적 방법론을 동원해 성서를 해석하는 타이센, 쇼트로프, 슈테게만 등의 신학 논문을 부분적으로 ≪신학사상≫에 번역해 소개하기도 하면서 유학 준비를 했다. 순조롭게 진행되는 듯이 보였다. 때마침 쇼트로프 교수 밑에서 학위를 마치고 귀국을 서두르던 김창락 박사(한신대학교)의 도움으로 쇼트로프 교수와 연결되었고, 그분 밑에서 논문을 쓰기로 되어 있었다. 나는 일단 함부르크 대학 개신교 신학부에 등록하고 다니다가 때를 보아 쇼트로프 교수가 재직하고 있는 마르부르크 대학으로 옮길 예정이었다. 독일에 도착했음을 쇼트로프 교수에게 알렸더니, 그녀에게서 장문의 편지가 왔다. 요약하자면, 마르부르크 대학 신학부의 보수화 경향으로 자기 위치가 불안정하고 다른 곳으로 떠나야 할 형편이니 함부르크 대학에서 학위과정(promotion)을 밟으라는 권면이었다. 그러면서 그의 동료인 헤닝 파울젠(Henning Paulsen) 교수를 소개해 주었다. 나는 함부르크 대학에 머물게 되었고 필요한 과정을 이수한 후, 「초기 그리스도교 예수 어록 공동체에 대한 사회사적 연구」라는 제목으로 논문을 준비하기 시작했다. 논문의 전체적인 윤곽을 잡는 일을 비롯해 편지를 드릴 때마다 안 선생은 답장을 주셨고, 여러 가지 조언을 아끼지 않으셨다. 선생님은 1년에 한 차례 정도 독일에 오셨는데, 그때마다 찾아뵙고 여러 가지 이야기를 나누었다. 그때도 함부르크에서 선생이 계신 곳까지 왕복 차비는 선생께서 지불하셨다.

일차로 논문을 완성해 제출했으나 부심을 맡았던 에카 라우(Ecar Rau) 교수가 이의를 제기했다. 그는 보수적 성향을 지니면서도 이른바 서구적 학문의 방법론을 중시했는데, 오늘의 민중 현실을 신학의 출발점으로 삼는, 민중신학을 포함한 제3 세계 신학의 방법론을 달갑지 않게 생각했던 터였다. 도대체 예수 어록에 '민중'이란 개념이 중심적으로 등장하지 않는데, 예수 어록을 전승했던 공동체의 성격을 어떻게 민중 공동체로 규정할 수 있느냐는 것이 그의 문제 제기였다. 그는 언어적 개념에 절대성을 부여했다. 그러나 나의 견해는 달랐다. 개념이나 언어가 공동체의 성격을 규정하는 하나의 요인은 될 수 있지만, 지배적인 요인은 될 수 없다는 것이 나의 견해였다. 비록 민중이라는 개념이 예수 어록에서 주도적인 역할을 하지 않는다 할지라도, 오히려 어록 공동체가 전승하는 예수 말씀의 성향, 그리고 하나님 나라 선교의 실천적 내용과 민중 지향성이 공동체의 성격을 결정하는 주도적인 요인이 될 수 있다는 것이 나의 견해였다. 이 시각에서 귀납적 방법을 동원해 예수 어록 공동체의 민중적 성향을 추적하는 것이 나의 과제였다. 민중신학적 방법론을 도입한 성서 해석의 학문적 타당성에 관해 나와 라우 교수 사이에 의견이 팽팽하게 맞섰고, 주심인 파울젠 교수는 나의 견해를 지지하면서도 곤란해했다.

때마침 안 선생께서 베를린 선교 센터(Berliner Missions Werk)의 초청으로 독일에 머물고 있었다. 함부르크 대학에 재직하면서 동시에 선교 아카데미 소장을 맡은 테오도르 아렌스(Theodor Ahrens) 교수 또한 내 논문의 부심이었는데, 그는 민중신학에 많은 관심을 나타낸 보기 드문 분이었다. 아렌스 교수의 주선으로 안 선생을 함부르크 선교 아카데미로 초청하고, 동시에 라우 교수를 비롯해 함부르크 대학 신학부 교수들과 신학자들을 초청했다. 안 선생께서 민중신학에 관해서 발제를 하고, 이어서 몇 시간에 걸쳐 진지한 토론이 진행되었다. 이 세미나를 통해 라우 교수는 민중신학에 관해서 어느 정도 인식할 수 있었고, 나의 신학적 견해를 이해하게 되었다. 나는 그와 타협점을 마련해 논문을 마칠 수 있었다. 안 선생과 아렌스 교수 두 분이 아니었더라면 아마 나는 몇 학기를 더 고생했을 것이다.

논문을 제출한 후 구두시험을 앞두고 선생님께 진로에 관해 편지를 썼다. 번역으로 빌어먹을 요량을 하고 오라는 답장이었다. 한신대학교를 비롯해 몇 군데 알아보셨으나 사정이 여의치 않았던 것 같다.

시대의 증언자 안병무

안병무는 신학자이기에 앞서 뛰어난 사상가였다. 그는 정교한 신학이론을 동원해 논리가 정연한 신학 작업을 하기보다는, 민중이 당하는 고난의 현실을 그리스도의 고난으로 증언하는 데 전 생애를 투신했다. 초기 그리스도교 마가 교회 공동체가, 기적이 아니라 "엘리 엘리 라마 사박다니"를 외치며 십자가 위에서 처절하게 죽어간 예수에게서 '초월'을 만나라고 외쳤다면, 안병무는 오늘날 민중이 당하는 수난의 현장에서 현존의 그리스도를 만나라고 우리에게 결단을 촉구한다. 현존의 그리스도를 만날 수 있는 장소는 교회, 신비, 황홀경, 성서에 대한 문자주의적 해석이 아니다. 민중사건과 민중역사야말로 초월을 만날 수 있는 결정적인 장소(topos)임을 그는 증언했다.

안병무 선생은 기존 질서에 안주하거나 한 가지 사상에 매이기를 거부했다. 언젠가 그는 인생을 수영에 비유한 적이 있다. 수영하는 사람은 손을 뻗어 끊임없이 앞으로 나아가지 않으면 가라앉고 만다. 안병무 선생은 바로 이와 같이 한 곳에 머물지 않고 끊임없이 앞을 향해 나아가는 삶을 사셨다. 그는 끊임없이 현실에서 탈출하는 삶, 곧 '탈향적(脫向的) 삶'을 살다 가신 분이다.

안병무 주요 연표

1922년 6월 23일 평안남도 안주군 신안주면 운송리에서 부친 안봉식과 모친 정원숙의 장남으로 출생

1923년 부친을 따라 모친의 등에 업혀 간도 명동 달라즈(大拉子) 들미동 마을로 이주

1929년 소학교 입학

1937년 용정 은진중학교 입학 김재준, 강원용, 문익환을 만남

1941년 동경 다이쇼(大正) 대학 문학부 입학

1945년 간도에서 해방을 맞이함

1946년 서울대학교 사회학과 입학

1951년 전주에서 일신회 회원들과 함께 공동체 생활 시작

1953년 향린교회 설립

1956년 독일 하이델베르크 대학으로 유학을 떠남

1965년 귀국

1967년 7월 동백림 사건에 연루되어 중앙정보부에 끌려가 취조를 받음. 12월 김재준 목사의 주례로 박영숙과 결혼

1970년 한국신학대학 교수로 부임

1973년 한국신학연구소 설립

1976년 3월 3·1 민주구국선언 사건에 관련되어 투옥

1980년 한국 최초의 개신교 수녀원 한국 디아코니아 자매회 설립

1987년 한신대학교 정년퇴임, 명예교수

1989년 미국 버클리 대학 초빙교수

1994년 재단법인 '아우내' 이사장 취임

1996년 8월 고향인 간도 들미동 마을 방문

1996년 10월 19일 향년 75세로 별세

안병무 주요 논저

『역사와 증언』, 대한기독교서회, 1972.

『해방자 예수』, 현대사상사, 1975.

『성서적 실존』, 한국신학연구소, 1977.

『시대와 증언』, 한길사, 1978.

『역사와 해석』, 대한기독교서회, 1978.

『역사 앞에 민중과 더불어』, 한길사, 1986.

『민중신학 이야기』, 한국신학연구소, 1987.

『갈릴래아의 예수』, 한국신학연구소, 1990.

『안병무 전집』, 한길사, 1993.

『선천댁』, 범우사, 1996.

『공관복음서의 주제』, 한국신학연구소, 1996.

『너는 가능성이다』, 사계절, 1996.

『역사와 현존』(회갑기념논집), 대한기독교서회, 1982.

『예수 · 민중 · 민족』(고희기념논집), 한국신학연구소, 1992.

『갈릴래아의 예수와 안병무』(추모문집), 한국신학연구소, 1998.

지은이

김명수

김명수는 1970년대 중반 한국신학대학 대학원 시절, 안병무 선생의 조교로 일하면서 그분의 폭넓은 신학사상과 청빈한 삶의 자세에 깊은 감명을 받고, 그를 사표로 지금까지 인생의 길을 걷고 있다. 1975년 10월, 김명수가 긴급조치 및 국가보안법 위반 혐의로 10년 형을 선고받고 옥고를 치르는 동안, 안병무 선생도 그다음해 3·1절 민주구국선언 사건으로 서대문구치소에 수감되었다. 스승과 제자는 10개월 동안 같은 교도소에 있으면서도 서로 얼굴 한 번 볼 수 없었다. 시대의 아픔이 아닐 수 없었다. 1979년 12월 박정희 대통령이 암살당하자, 김명수는 1,540일 만에 대전교도소에서 풀려났다. 그는 안병무 선생이 설립한 한국신학연구소 학술부장을 지내면서, 신학전문 잡지인 계간 ≪신학사상≫과 '국제성서주석' 시리즈 등을 통해 유럽의 신학 서적을 번역해 출판하는 일에 몸담았다. 그 후 독일 함부르크 대학으로 유학하여, 한국인으로는 처음 Q 연구로 학위를 취득했고, 귀국 후 한국 신학계와 교계에 Q를 알리는 일에 앞장섰다. 독일 함부르크 대학교 부설 선교아카데미 연구원, 미국 샌프란시스코 신학대학원 초빙교수, 일본 후쿠오카 서남학원대학의 교환교수를 지냈고, 현재 경성대학교 교수로 재직 중이다. 최근에는 다석 유영모, 함석헌, 안병무로 맥을 잇는 씨알민중 신학사상 연구에 몰두하고 있다. 도올 김용옥이 서문을 쓴 『Q복음서의 민중신학』을 비롯해 『시대와 민중의 증언자 안병무』 등 25권에 이르는 저서와 역서가 있다.

한울 아카데미 1386

안병무의 신학사상

지은이 | 김명수
펴낸이 | 김종수
펴낸곳 | 도서출판 한울
편집책임 | 최규선

초판 1쇄 인쇄 | 2011년 10월 4일
초판 1쇄 발행 | 2011년 10월 19일

주소 | 413-756 파주시 교하읍 문발리 535-7 302 (본사)
121-801 서울시 마포구 공덕동 105-90 서울빌딩 1층 (서울 사무소)
전화 | 영업 02-326-0095, 편집 031-955-0606, 02-336-6183
팩스 | 02-333-7543
홈페이지 | www.hanulbooks.co.kr
등록 | 1980년 3월 13일, 제406-2003-051호

Printed in Korea.
ISBN 978-89-460-5386-1 93230 (양장)
ISBN 978-89-460-4525-5 93230 (학생용)

* 책값은 겉표지에 표시되어 있습니다.
* 이 책은 강의를 위한 학생용 교재를 따로 준비했습니다.
강의 교재로 사용하실 때에는 본사로 연락해주십시오.